QUADERNI DEL CENTRO CULTURALE S. AGOSTINO / 10

SI RINGRAZIANO:

Banca Popolare di Crema - Arquati SpA Parma
Aziende distributrici gas e acqua, Gruppo Dr. D. Bernardi Crema
Banca Emiliana Parma - Bormioli Rocco SpA Parma - Cariplo Filiale di Crema
Chiesi Farmaceutici SpA Parma - Florbath SpA Parma - Parmalat SpA (Collecchio) Parma

ISBN: 978-1-9998664-8-8

Ristampato e ripubblicato da Stephen Street nel 2021 con il permesso.
Parte del progetto Bottesini Urtext ® www.bottesiniurtext.com
www.stephenstreet.com

COMUNE DI CREMA
CENTRO CULTURALE S. AGOSTINO

CONSERVATORIO DI MUSICA
«A. BOITO» DI PARMA

GIOVANNI BOTTESINI

E LA CIVILTÀ MUSICALE CREMASCA

ATTI DEL CONVEGNO DI STUDI
CREMA 25 OTTOBRE 1989

A CURA DI
FLAVIO ARPINI e ELENA MARIANI

COMITATO PROMOTORE

Ing. Augusto Galli Sindaco di Crema

Ing. Francesco Torrisi Assessore alla cultura, p.i. e tempo libero Comune di Crema

M° Ferruccio Bianchessi Vice Presidente Amministrazione Provinciale di Cremona

Dr. Luigi Ferrigno Presidente Centro Culturale S. Agostino di Crema

M° Fabrizio Garilli Consulente musicale

Ing. Giorgio Paini Presidente Conservatorio di Musica «A. Boito» di Parma

Arch. Giuseppe Pelosio Rettore dell'Università degli Studi di Parma

Dr. Luciano Manzoni Presidente dell'Orchestra Sinfonica dell'Emilia Romagna «A. Toscanini»

Arch. Marco Tiella Presidente Ente Triennale Internazionale Strumenti ad arco di Cremona

COMITATO ESECUTIVO

Ing. Francesco Torrisi Presidente

Dr. Luigi Ferrigno Coordinatore

M° Fabrizio Garilli Consulente musicale

Ing. Giorgio Paini Presidente Conservatorio di Musica «A. Boito» di Parma

Dr. Nello Gaspare Vetro Bibliotecario del Conservatorio di Musica di Parma

Arch. Tiziano Zanisi Consigliere Ente Triennale Internazionale Strumenti ad arco di Cremona

Dr. Carlo Piastrella Direttore Centro Culturale S. Agostino di Crema

Manuela Pedrini Segreteria

Francesco Albergoni Consulente

Arriva a conclusione, e quindi alla possibile fruizione da parte dei Cittadini, un importante compito che ci eravamo dati nell'ambito delle Celebrazioni dell'ottobre '89 commemorative del grande musicista cremasco: la pubblicazione degli Atti del Convegno.

Non è dato, se non in rare eccezioni, essere partecipi e responsabili di accadimenti che coinvolgano l'ambito Artistico, Culturale, Sociale di tanta rilevanza e di così elevato livello e contenuto. Nel caso delle Celebrazioni Bottesiniane dell'89 ciò è avvenuto e non posso che ricordare con enorme piacere di aver partecipato a questo irripetibile avvenimento.

La continuità per il futuro del Concorso Internazionale, di esecuzione: «Bruno Manenti» (che oggi possiamo affermare con certezza), la pubblicazione degli Atti del Convegno, stanno a dimostrare come le Celebrazioni siano state, così come volevamo, la solida partenza per una sorta di «continuità di Presenza» nella città e nel tempo che il genio musicale del nostro concittadino Giovanni Bottesini ampiamente ha meritato.

FRANCESCO TORRISI
Presidente del Comitato organizzatore

Nell'ambito delle celebrazioni del primo centenario della morte di Giovanni Bottesini tenutesi nell'ottobre 1989 a Crema, sua Città natale e a Parma città dove diresse il Conservatorio di Musica, ebbe luogo nella Sala Consiliare del Comune di Crema un Convegno su «Giovanni Bottesini e la civiltà musicale cremasca».

Nel ricordare il grande contrabbassista non poteva essere ignorato l'ambiente nel quale egli si era formato.

Il Comitato organizzatore è lieto di pubblicare ora gli atti, per assolvere all'impegno assunto e con l'intento di proporre spunti ed argomenti per nuove ricerche ed approfondimenti su un interessante periodo della vita culturale cremasca.

Le relazioni svolte dai musicologi intervenuti al Convegno infatti hanno dimostrato che in quel tempo operarono in Città diverse istituzioni pubbliche e private che svolsero intensa e feconda attività di promozione e divulgazione culturale, particolarmente significativa in un'epoca in cui la vita sociale si svolgeva precipuamente nell'ambito locale.

Nel campo musicale si distinsero, quali veri e propri centri propulsori di cultura, il Teatro Sociale e la cappella del Duomo, Enti attorno ai quali si formò una nutrita schiera di musicisti tuttora ricordati ed amati.

E tra essi, Giovanni Bottesini che assurse a celebrità mondiale.

Va rinnovato un vivo ringraziamento a tutti i relatori, dal Presidente prof. Giovanni Carli Ballola ai professori Piero Santi, Licia Sirch, Elena Mariani, Flavio Arpini; agli sponsor e a tutti coloro che hanno collaborato per la migliore riuscita dell'iniziativa.

LUIGI FERRIGNO
Coordinatore del Comitato organizzatore

Gli atti del convegno intitolato a Giovanni Bottesini trovano ora cortese ospitalità nella collana dei Quaderni del Centro Culturale S. Agostino.

La giornata di studio, svoltasi sotto la presidenza del prof. Giovanni Carli Ballola, ha messo in luce, attraverso i singoli contributi, diversi momenti della evoluzione artistica di Giovanni Bottesini e della tradizione musicale di Crema. Dalla formazione agli anni giovanili — nello spaccato della realtà cremasca di fine XVIII ed inizio XIX secolo, con l'individuazione dei nuclei motori della vita musicale cittadina — al compositore maturo ed ormai famoso, al rapporto con i grandi contemporanei italiani ed europei.

L'appartenenza del poliedrico musicista ad una città che ha sempre dimostrato storicamente una forte identità è divenuta stimolo per affrontare un'indagine sugli eventi musicali nell'Ottocento cremasco.

Gli studi che si sono avvalsi delle fonti d'archivio locali sono stati corredati in sede di stampa di Appendici dedicate all'interpretazione o alla trascrizione dei documenti.

FLAVIO ARPINI
ELENA MARIANI

INDICE

TAVOLA DELLE ABBREVIAZIONI

AC = Archivio Comunale di Crema
ACSS = Archivio del Consorzio del Santissimo Sacramento nella Cattedrale di Crema
ASC = Archivio Storico di Crema, presso la BC
ATS = Archivio del Teatro Sociale, presso la BC
BC = Biblioteca Comunale di Crema

A = contralto
B = basso
bombne = bombardone
cac = da caccia
cb = contrabbasso
cemb = cembalo, clavicembalo
cl = clarinetto
cor = corno
cor ingl = corno inglese
dir = direttore
fag = fagotto
fl = flauto
gc = gran cassa
m° = maestro
mdc = maestro di cappella
ob = oboe
org = organo
Org = organista
ott = ottavino
S = soprano
T = tenore
timp = timpani
Timp = timpanista
tr = tromba
trb = trombone
triang = triangolo
vl = violino
vla = viola
vlc = violoncello
1,2,3 = primo/i, secondo/i, terzo/i

GIOVANNI CARLI BALLOLA

DUE VOLTI DI BOTTESINI

Il panorama della civiltà strumentale italiana del secondo Ottocento, quale era descritto da più di un osservatorio musicologico di qualche decennio fa, si delineava in modulazioni alquanto uniformi, dominate da un'egemonia manieristica di uno stampo che da Mendelssohn andava a Brahms e dintorni. Si trattava di giudizi, anzi, pregiudizi sostanzialmente privi del conforto di una seria e sistematica verifica stilistica: un facile gioco di raccordi sincronici sotteso tra gli autori italiani e i loro presunti modelli d'oltralpe e combinato con alcune dichiarate predilezioni, sostituiva l'escussione di una delle parti in causa in un processo indiziario istruito in modo sommario e unilaterale.

Ma basterà il più elementare tentativo di ricognizione di quel panorama, per rivelarne tutta la variegata complessità di scelte linguistiche; varietà dovuta all'assenza, nell'Italia di Verdi, di Ponchielli, di Boito e di Catalani, di Puccini e di Mascagni, di una tradizione emergente di cultura strumentale paragonabile a quella melodrammatica che aveva dominato tutto il secolo in una fortissima identità di strutture ma che proprio in quegli anni stava a sua volta disgregandosi nelle diverse 'scuole' (come allora usava dire), al confronto sempre più coinvolgente con un teatro musicale europeo di una diversificazione e di un'imponenza senza precedenti storici. Ora, la stessa inquietudine nella ricerca di un *ubi consistam,* di un punto di riferimento lessicale confacentesi con la formazione e le inclinazioni individuali, sembra animare il *côté* dei cultori della musica sinfonica e da camera; tra i quali il mendelssohnismo sussiste tutt'al più come frangia accademica e *old fashioned,* mentre lo stimolo brahmsiano, là dov'è riconoscibile, non è che uno, e neppure tra i più frequentati, dei vari altri poli stilistici tra i quali bordeggiano gli eredi di Vivaldi, Scarlatti, Boccherini, Clementi, Paganini.

Tra questi la personalità di Giovanni Bottesini, direttore d'orchestra di raggio internazionale, virtuoso di contrabbasso, compositore d'opere e di musiche sinfoniche, cameristiche e sacre, animatore culturale e, alla fine della carriera, direttore di conservatorio, emerge con i tratti di una vivacità e di un'intrinseca ricchezza che attende ancora di essere definita in tutte le sue sfaccettature. Il fin troppo famoso ritratto postumo che di lui tracciò Bruno Barilli in *Delirama,* di là della seducente iperbole immaginifica coglie nel segno individuando, tra le righe, lo specifico dell'artista. La cui *lignée* non è quella, professorale, compassata e istituzionale di un Golinelli, un Martucci, uno Sgambati per non dire della maggior parte dei cultori italiani di una strumentalità compunta e seriosa, alimentata da diligenti e aggiornate letture e allignante nei salotti e nelle conventicole ben frequentate. Le radici di Bottesini affondano in tutt'altro terreno: quello stesso, intriso di umori irregolari, picareschi ed istrionici e percorso dei fuochi fatui di una genialità discontinua e fumigante, ma vivacissima, nel quale era germinata la progenie dei Paganini e, più in generale, dei mitici, mirabolanti strumentisti virtuosi del secolo.

Non ci occuperemo, in questa sede, del teatro bottesiniano, che pure offre stimolanti spunti di riflessione critica e che, proprio per tale ragione, merita una specifica trattazione; e neppure di quella produzione di genere sinfonico e sacro tra cui emergono il *Requiem* (recentemente ridestato dall'oblio) e la meritatamente celebre *Alba sul Bosforo.* Ci sembra più urgente trattare qui delle due anime di che consiste quello specifico della personalità bottesiniana cui si accennava più sopra, ossia della produzione improntata al virtuosismo concertante e di quella, rigorosa e meditata, relativa alla letteratura quartettistica e quintettistica. Come contrabbassista virtuoso Bottesini compose un buon numero di pezzi destinati alla personale attività concertistica, associando talora al proprio altri strumenti, quali il violino, il violoncello, il clarinetto. Più che a quella del concerto tradizionale in due o tre movimenti, egli parve però interessato a strutture più agili e contenute, sorta di *Konzertstücke* all'italiana costituiti generalmente da un movimento lento a carattere introduttivo, seguito da un Allegro assai sviluppato e per lo più in forma di rondò: a ben vedere, la metafora strumentale di un'immaginaria scena di melodramma, dove la prima parte è assimilabile al 'cantabile', la seconda alla cabaletta. Si tratta, in effetti, della struttura concertante più congeniale alla natura antiaccademica del Nostro, la cui prorompente e spregiudicata musicalità non tanto si rifaceva all'idea platonica di un manierismo sonatistico di stampo genericamente germanico, quanto all'estroso empirismo di una generazione di virtuosi italiani — pensiamo a Ferdinando Carulli, Mauro Giuliani, Giulio Briccialdi, Ernesto ed Eugenio Cavallini, Luigi Belloli, Camillo Sivori, Gaetano Braga, Alfredo Piatti — tutti più o meno radicati nel *milieu* di una cultura strumentale 'occidentale', brillante e concertante, aperta agli echi del melodramma e di conseguenza alle sirene della spettacolarità, del franco edonismo e della meraviglia illusionistica e prestidigitatoria, nonchè al mercato del *morceau de salon* caratteristico e pittoresco.

Una produzione su cui, quali che siano stati i suoi particolari esiti qualitativi, è gravata a lungo una pregiudiziale condanna estetica concernente la connotazione negativa della quale erano investite le categorie del virtuosismo 'fine a se stesso' e del piacere sonoro. Saranno viceversa le vicende della musica del nostro tempo più specificamente collegate con l'esplorazione nei domini del parametro timbrico avvertito come elemento primigenio e assoluto dell'invenzione, a far suonare, per queste vecchie, vituperate partiture di un Ottocento 'minore', l'ora di una rivisitazione criticamente avvertita. Riascoltandole, sarà opportuno por mente non tanto alla qualità generica di un'invenzione motivica mutuata da un lessico di scontato stampo operistico, e neppure alla loro scrittura orchestrale semplicistica e sommaria, poco più che un assemblaggio di chiassose formule di accompagnamento, senza danno e non di rado con vantaggio sostituibili con la trascrizione pianistica. Ciò che conta sarà individuare di volta in volta gli effetti, in fatto d'invenzione timbrica allo stato puro, provocati dalla deflagrazione nucleare prodotta dalla componente virtuosistica nei materiali sonori trattati; e come tali accensioni timbriche investano gli altri parametri del discorso musicale (in primo luogo quelli di massa e d'intensità dinamica, senza trascurare quelli attinenti alla melodia) rigenerandoli dall'intimo e stravolgendone le valenze che essi potevano suggerire sulla carta.

Così, nel celebre *Gran Duo concertante* per violino e contrabbasso, lo scatenarsi del raptus timbrico nella cascata dei «flautati» e degli «armonici» più stratosferici («Dal credenzone spiritato», scrive Barilli, «uscivano, allora, i suoni più volubili, scivolando via stretti in successioni di accordi e in 'glissandi' veloci, leggeri e lucenti come i raggi che trafiggono le nubi») colora di una smorfia d'ironia sardonica quelle melodie facili e bonarie, introducendo un diaframma alienante, di gusto squisitamente moderno, tra l'oggetto trattato e l'autore che sembra prenderne le distanze. Lo stesso si dica del sesquipedale *Duetto* per due contrabbassi, denominato *Passioni amorose* con un umorismo che se fosse inconsapevole (come opiniamo, vista l'*allure* meyerbeeriana di quelle eloquenti melodie strappacore) sarebbe ancora più saporoso; del *Duetto* per violoncello e contrabbasso, di quello per clarinetto e contrabbasso e di molti altri brani analoghi, dove il gioco dell'illusionismo sonoro si fa, di volta in volta, spiritato e corrusco, istrionico ed elegante, sempre con quell'alludere sornione ed ambiguo sopra il rigo. Siamo, come appare evidente, le mille miglia lontani dai valori e dal messaggio della letteratura concertistica di area o di modello germanici come anche dal decorativo e asettico virtuosismo di matrice *Biedermeier.* Se un qualche riscontro analogico è lecito rintracciare per queste pagine bottesiniane, esso andrebbe semmai individuato tra le pieghe della più scatenata fantasia paganiniana (si pensi in modo particolare ai tempi finali dei *Concerti,* o, al di fuori di tal genere, al bagliore luciferino di non pochi *Capricci*) o tra gli stridori stranianti di certo Berlioz: analogie che per conto del musicista di Crema vanno corrette con l'addizione di una buona dose di casalinga cordialità per nulla diabolica né tampoco *maudite.*

Di tutt'altra natura è la produzione cameristica di matrice che chiameremo culta, cui Bottesini, fuori del teatro e giù dalla pedana del concertista, affidò la propria immagine di compositore sapiente e informato. Si tratta, allo stato attuale delle ricerche, di sei quartetti e di quattro quintetti (questi ultimi per due violini, viola e due violoncelli, o due violini, viola, cello e contrabbasso) risalenti per la maggior parte al periodo mediano della parabola del compositore, ossia intorno agli anni 50 e 60 del secolo, in coincidenza quindi con il nascere delle varie Società italiane del Quartetto, delle quali egli fu volta a volta membro e fondatore.

Sappiamo che il quartetto fu, per ogni rispettabile musicista contemporaneo di Haydn, Beethoven, Spohr, Mendelssohn, e tanto più per i promotori della rinascita strumentale italiana del secondo Ottocento, il banco di prova della professionalità, dottrina tecnica e conoscenza della letteratura relativa al genere trattato (conoscenza che non coincideva necessariamente con un aggiornamento in materia). Come siffatte premesse si potessero frequentemente tradurre in saggi di un dignitoso accademismo non di rado condotti su modelli risalenti ad Haydn o al primo Beethoven, quando non al prediletto postclassicismo *Biedermeier* (al già citato Spohr si potrebbe aggiungere il nome di Onslow, particolarmente caro ai quartettisti italiani del primo Ottocento), è facile comprendere. Nulla di tutto questo in Bottesini, il cui contributo alla letteratura ottocentesca del quartetto e del quintetto si configura in una serie di lavori tra i più autentici sotto il profilo stilistico e in assoluto tra i più belli mai prodotti da compositore italiano dopo Cherubini e prima di Respighi e Pizzetti.

Un esame particolareggiato di tali opere esorbita da proposte critiche che vogliono essere sintetiche e propositive in vista di ulteriori progressi da compiere in una ricerca appena agli inizi. Come dato preliminare, una certa differenza strutturale separa il quartetto bottesiniano, generalmente parlando più tradizionalista nella morfologia, più asciutto ed austero nell'invenzione tematica e nella sua elaborazione, meno indulgente a brillantezze di scrittura e piuttosto incline a sfoggi di sapere contrappuntistico, dal quintetto, più estroso ed avventuroso, più attento ai valori timbrici e in generale fonici, più curioso e vibratile agli echi della grande musica da camera coeva.

Basti qui raffrontare il più noto tra i quartetti del Nostro, quello in Re maggiore, risultato vincitore alla seconda edizione del concorso Basevi indetto dalla Società del Quartetto di Firenze nel 1862 e pubblicato dall'editore fiorentino Guidi nelle sue squisite edizioni tascabili, col più noto tra i quintetti, quello in Do minore, con violoncello e contrabbasso, del 1858. Nel primo dei due lavori, l'impulso classicistico dell'assunto, proveniente senza dubbio da Mozart (Quintetto in Re maggiore K.593, dal quale è mutuata l'idea di quell''Andante' posto a introduzione e ripetuto a conclusione del primo tempo) appare temperato da una saporosa plasticità motivica immersa nella *langue* del melodramma coevo e condita di adeguati pimenti armonici che valgono a preservare il discorso sonatistico da ipoteche accademiche. Anche lo Scherzo, col solo di violoncello del Trio (cui forse Verdi una decina d'anni dopo porgerà orecchio scegliendo la stessa soluzione nello stesso luogo del proprio Quartetto) e l'Adagio con le sue mendelssohniane divagazioni polifoniche e i suoi cupi unisoni alternati ai vibranti squarci cantabili del primo violino, procedono in un sapiente equilibrio tra ineludibili riscontri con il patrimonio classico in costante, fecondo attrito con i dati di un lessico tematico, armonico e ritmico decisamente moderno.

Tale equilibrio o compromesso cessa di essere motivato nel Quintetto, dove l'urgere tumultuoso di un'invenzione esuberante e talora qualche poco eccessiva induce l'autore ad accantonare rigori strutturali di tipo classicistico per un assetto formale assai più affine all'empirica rilassatezza della letteratura cameristica per archi di area italo-francese. Riaffiora dunque un certo apparato virtuosistico-concertante nelle parti del primo violino e del violoncello (il contrabbasso qui rimane nei ranghi con funzioni di tradizionale basamento dell'edificio armonico); e si fa strada, nella gestualità patetica di certi temi a carattere interrogativo, procedenti per incisi melodici sopra giri armonici irrisolti, come in certe formule di accompagnamento alle effusioni liriche del primo violino o del violoncello, quella suggestione teatrale che, dissimulata nel Quartetto, qui viceversa s'impone con plastica evidenza. Opera permeata di un acceso lirismo percorso da misteriosi brividi drammatici, il Quintetto in Do minore riserva altresì, nel primo tempo e nello Scherzo, la sorpresa di colori e ritmi zingareschi che erano nell'aria nell'Europa musicale di quegli anni sull'onda delle rapsodie lisztiane e degli estri di un giovane Brahms peraltro ancora relativamente malnoto in area italiana, ma non al direttore d'orchestra e virtuoso ambulante Giovanni Bottesini, cittadino del mondo.

Al di qua del generico neoclassicismo nel quale si era aggirata la più parte della musica strumentale prodotta dai compositori italiani nella prima metà del secolo, egli aveva intrapreso scelte contrassegnate da quella spregiudicata autenticità affrancata da remore accademiche e aperta alla viva esperienza personale — dal melodramma al virtuosismo strumentale —, che sarà più tardi da guida a un Verdi desideroso di dimostrare a se stesso, prima ancora che al mondo, di saperci fare comunque in un genere ritenuto peraltro dalle sue convinzioni personali non confacente allo spirito e alla tradizione autentica della musica italiana.

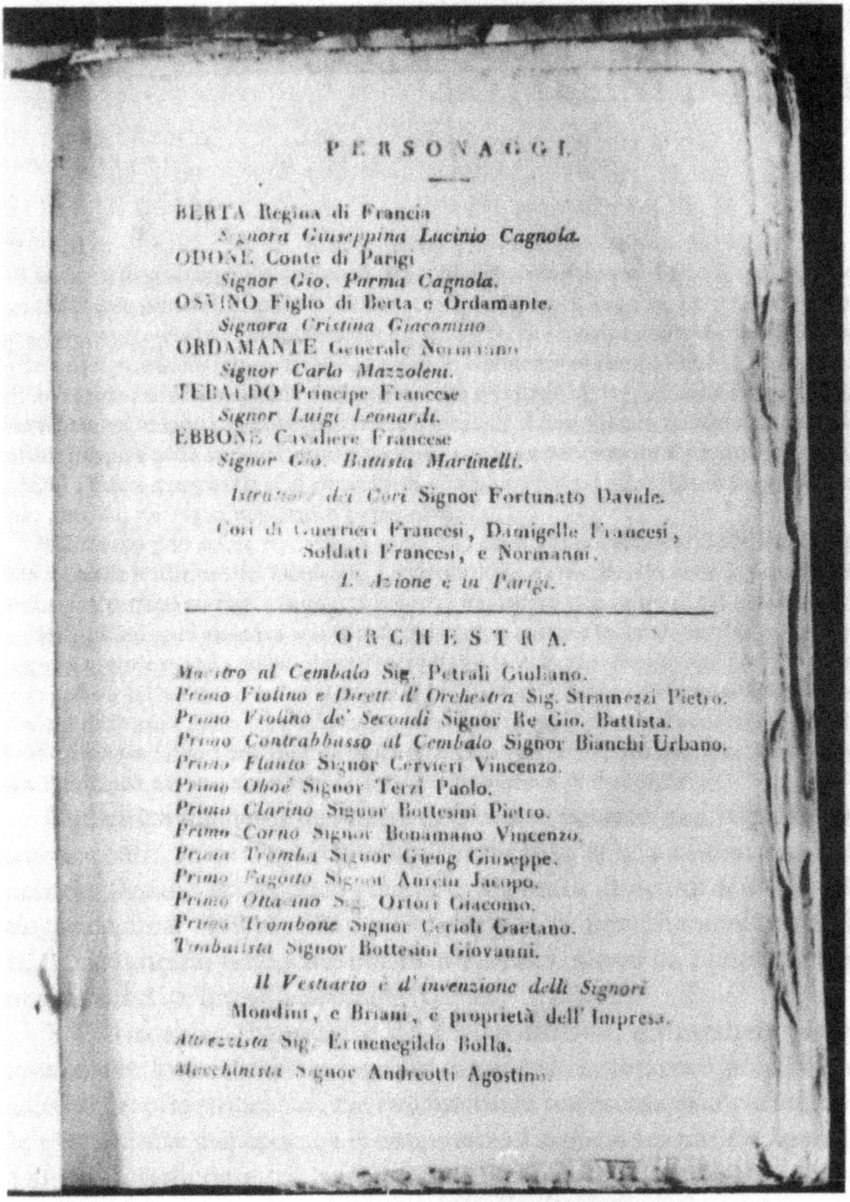

PERSONAGGI.

BERTA Regina di Francia
Signora Giuseppina Lucinio Cagnola.
ODONE Conte di Parigi
Signor Gio. Parma Cagnola.
OSVINO Figlio di Berta e Ordamante.
Signora Cristina Giacomino.
ORDAMANTE Generale Normanno
Signor Carlo Mazzoleni.
TEBALDO Principe Francese
Signor Luigi Leonardi.
EBBONE Cavaliere Francese
Signor Gio. Battista Martinelli.

Istruttore dei Cori Signor Fortunato Davide.

Cori di Guerrieri Francesi, Damigelle Francesi, Soldati Francesi, e Normanni.

L' Azione è in Parigi.

ORCHESTRA.

Maestro al Cembalo Sig. Petrali Giuliano.
Primo Violino e Dirett. d' Orchestra Sig. Stramezzi Pietro.
Primo Violino de' Secondi Signor Re Gio. Battista.
Primo Contrabbasso al Cembalo Signor Bianchi Urbano.
Primo Flauto Signor Cervieri Vincenzo.
Primo Oboè Signor Terzi Paolo.
Primo Clarino Signor Bottesini Pietro.
Primo Corno Signor Bonamano Vincenzo.
Prima Tromba Signor Gieng Giuseppe.
Primo Fagotto Signor Aurelli Jacopo.
Primo Ottavino Sig. Ortori Giacomo.
Primo Trombone Signor Cerioli Gaetano.
Timbalista Signor Bottesini Giovanni.

Il Vestiario è d' invenzione delli Signori Mondini, e Briani, e proprietà dell' Impresa.
Attrezzista Sig. Ermenegildo Bolla.
Macchinista Signor Andreotti Agostino.

1. - Libretto de *I Normanni a Parigi,* in scena a Crema nella stagione di carnevale del 1833-34 (BC, Misc. Cr. Braguti XLIII/1).

PIERO SANTI

BOTTESINI E VERDI

«Concertista sommo, lo si disse il Paganini del contrabbasso. Sotto il suo archetto il contrabbasso gemeva, sospirava, tubava, cantava, fremeva, ruggiva, un'orchestra completa con impeti terribili e con sfumature dolcissime. Se la virtuosità rese celebre il concertista e gli procacciò fama e trionfi, nocque in compenso al compositore. L'originalità dell'invenzione non corrisponde nel Bottesini alla spontaneità; versato nella tecnica, abile strumentatore, troppo sovente egli ci si rivela ineguale. L'impazienza farraginosa del concertista traspare nelle evidenti improvvisazioni che sono concessioni al cattivo gusto della folla. Fattosi compositore, il concertista non ha né tempo né voglia di adoperare la lima; sfavilla, raccoglie applausi e passa oltre.

Il Bottesini può essere riguardato come uno degli ultimi campioni della scuola italiana ligia alle tradizioni del Donizetti. La rivoluzione wagneriana lo ebbe avversario tenace, si era persino accinto a musicare contro i wagneristi una satira di cui lessi il libretto. Negli ultimi anni tuonava violentemente contro costoro ai quali attribuiva tutte le disgrazie proprie e tutti i malanni del Teatro italiano. Rimproverando agli altri l'intolleranza cadeva egli stesso in un'intransigenza furibonda. Considerava intangibili le forme classiche dell'opera italiana e credeva in buona fede di rammodernarla conforme ai tempi col curarne la fattura contrappuntistica ed orchestrale. Un simile concetto d'arte riduceva l'italianità ad una questione di forma e trascurava la sostanza».

Una lettura sommaria dell'opera di Giovanni Bottesini non può che confermare esatto, ancor oggi, il giudizio che diede su di lui e sulla sua musica Giuseppe Depanis nel secondo volume di appunti e di ricordi di vita musicale torinese dal 1879 al 1886 [1], dove si trova, di Bottesini uomo ed artista, l'unico ritratto veramente obiettivo e sereno, scevro da compiacimenti bozzettistici e da intenti celebrativi [2].

Sul virtuosismo sbalorditivo del contrabbassista, sul carattere prestigioso ed esteriore delle sue esecuzioni fanno fede le composizioni che egli dedicò al proprio strumento, ma copiosamente testimoniano anche le critiche e le cronache dell'epoca, e le innumerevoli vignette letterarie e figurative di cui fu fatto oggetto. Nessuna delle quali, ad ogni modo, riuscì mai a rendere con altrettanta suggestione lo stupore ed il fascino irresistibile sprigionati dalle esibizioni contrabbassistiche del Bottesini quanto il mirabile schizzo — piccolo capolavoro di destrezza letteraria — che un altro artista a lui congeniale, Bruno Barilli, pubblicò in non so quale giornale, e poi nuovamente raccolse in due suoi famosi libriccini, *Delirama* e *Il Sorcio nel violino* [3].

«Niente lo accontentava. Istrione, disseppellitore di effetti sempre più rari e pericolosi, egli si rifaceva sotto, mettendo, di nuovo, tutto a soqquadro per stanare, scuotere e risvegliare il mostro sedentario.

Superando le difficoltà, così, a scalinate; sfasciando piramidi di ottave; sollevando, in burrasca, il suo lento pachiderma sino alle stelle; con uno scrollare avventato, astioso e gigantesco egli frullava l'arco tozzo e formidabile, come una tramontana tempestosa, fra il groviglio dei cordami. [...]»

E così via. Era questo il carattere delle esecuzioni bottesiniane, che corrispondevano ai gusti dell'epoca, e che trovavano una ragione d'essere in virtù delle difficoltà trascendentali insite in uno strumento ingrato, forzato ad assumersi prerogative solistiche che per sua natura non possedeva. Bottesini lo sapeva bene:

«Il Contrabbasso dunque non deve punto aspirare al vantaggio degli strumenti solisti, a ciò opponendosi non solamente l'irregolarità del suo meccanismo, ma eziandio la gravità de' suoni che lo caratterizzano [...] Non s'illuda dunque chi fosse per abbracciare lo studio di questo strumento nella speranza di poter giungere all'esecuzione di pezzi agili e brillanti con purità di suoni, eleganza di colorito e leggerezza d'arco [...]» [4].

Ma proprio codeste impossibilità stimolavano poi la bravura dell'esecutore e ne provocavano i prodigi e il successo.

Che la mentalità un po' superficiale del virtuoso finisse per introdursi nelle composizioni del Bottesini, e talvolta per prevalere anche fuori dei lavori per contrabbasso, esplicitamente destinati all'esercizio virtuosistico, non fa meraviglia. «Eppure — scrive ancora il Depanis — il sentimento poetico a tratti sgorgava limpido e puro dalla fantasia del Bottesini. L'invocazione religiosa del primo atto, per restringermi ad *Ero e Leandro,* il declamato di Leandro, l'anacreontica, varii episodi dei due duetti d'amore e la barcarola sono gioielli di melodia espressiva ed appropriata. La dipintura di una notte lunare sul Bosforo con cui si apre il terzo atto è squisita davvero. Pochi tocchi sfumati e l'evocazione diventa perfetta; l'anima delle cose si rivela e ci investe dall'orchestra e dalle sommesse voci del coro che si perdono nella lontananza azzurrina del cielo e del mare» [5]. Erano, appunto, i momenti in cui l'effetto si affidava alla descrizione pittoresca o alla suggestione poetica. Avveniva allora che l'impressione musicale coincidesse con un abbandono spontaneo dell'animo, con una commozione genuina. Qui la musica di Bottesini attingeva un certo grado di poesia, sia nelle opere religiose (l'oratorio *Getsemani o l'orto degli ulivi* e la *Messa da requiem*), sia in quelle drammatiche, come nei punti dell'*Ero e Leandro* indicati dal Depanis, sia nei lavori sinfonici, appartenenti in massima parte al genere descrittivo (*Sinfonia caratteristica, Promenades des ombres, Notti arabe, Una rêverie, Malinconia campestre, Serenata al castello medievale*).

Fra questi ultimi è da annoverare anche il preludio *Alba sul Bosforo,* datato Napoli 18 marzo 1881, e quindi posteriore di due anni a quell'*Ero e Leandro* che costituì il maggior successo del compositore, e nella quale, come abbiamo visto, veniva rivissuto musicalmente il medesimo paesaggio, che il Boito, librettista alias Tobia Gorrio, a sua volta, non aveva mancato dall'illustrare poeticamente con l'inevitabile rima:

«Risplendon di fosforo
i flutti del Bosforo» [6].

Entro codesti limiti è da comprendere, a nostro avviso, la produzione di Bottesini, specie quella sinfonica, dove il Carniti osserva che il musicista cremasco «emancipandosi dai vieti procedimenti convenzionali, dimostra di subire l'influenza di Berlioz, di Saint-Säens, di Massenet e di Verdi, e di aspirare ad una forma più complessa ed evoluta, mantenendosi però sempre italiano nella melodia» [7].

Alle giuste proporzioni va riportata anche l'affermazione, più volte ripetuta, della grande stima professata verso di lui, come compositore e come direttore d'orchestra, da Giuseppe Verdi, il quale si sarebbe persino giovato di alcuni suoi preziosi suggerimenti [8]. Certo Verdi lo apprezzò come musicista e gli si dimostrò amico; alle sue raccomandazioni, quantunque sollecitate dall'interessato stesso [9], dovette Bottesini la nomina a direttore del Conservatorio di Parma nel 1889. Ma che sul valore del compositore e del direttore d'orchestra Verdi non avesse a nutrire qualche riserva, non è da credere.

È inutile opporre le attestazioni di stima contenute nelle pubbliche manifestazioni di cordoglio in occasione della morte del Bottesini. Allo stesso modo, non provano nulla le lettere indirizzate a questi da Verdi. «Hanno molto torto — scrive Verdi a Bottesini da Genova il 4 marzo 1883 — quelli che si permettono di servirsi del mio nome per farmi dire sul conto tuo quello che non ho mai detto, né potevo dire. Tu sai, e tutti sanno quanta stima io abbia del tuo talento e come compositore e come concertista. Questa verità a tutti nota, avrebbe dovuto mettere un freno alle lingue pronte a mentire» [10]. In realtà questo era l'unico modo per tranquillizzare Bottesini, ma a noi quella lettera non prova altro che l'esistenza di quelle voci maligne, avessero o meno, esse, un fondamento di verità. Verdi poteva aver espresso verbalmente sul Bottesini giudizi non del tutto favorevoli. Quanto a metterli per iscritto in qualcuna delle sue lettere — e logicamente non si andrà a cercarli proprio in quelle inviate al Bottesini — a parte ogni comprensibile riserbo, non ci fu, per Verdi, motivo di farlo, soprattutto per quanto riguardava la musica del cremasco. Le poche volte però che Verdi nelle sue lettere ebbe a riferirsi al Bottesini le sue espressioni lasciarono trasparire, dietro ogni eventuale moto di umana simpatia, una certa riserva mentale nei confronti dei valori artistici di lui.

L'unico accenno di Verdi ad un'opera di Bottesini che noi si conosca è contenuto in una lettera al Dott. Cesare Vigna, inviata da Genova il 14 aprile 1879:

«[...] Le cose musicali non vanno meglio delle politiche, un vero caos! Hanno confuso tutto senza badare all'indole e natura nostra! Alcuni teatri si sono sostenuti bene come Milano, Torino, etc., ma non si produce, vale a dire si produce male. L'opera di Gomez alla Scala *Maria Tudor* è caduta! Altre opere in altri teatri idem, meno l'*Ero e Leandro* di Bottesini... ma sarà poi buona?!!!» [11].

A giudicare dai puntini e dai punti esclamativi si direbbe che Verdi nutrisse forti dubbi; e si trattava, si badi, di un'opera che non aveva neppure ascoltato. Dunque un giudizio, tale da disporlo a una certa diffidenza, egli se l'era formato già da prima in base alla precedente produzione del Bottesini.

Maggiori occasioni ebbe Verdi di occuparsi del Bottesini come direttore d'orchestra, soprattutto all'epoca dell'*Aida,* che, come tutti sanno, fu tenuta a battesimo da questi al Cairo il 24 dicembre 1871. Anche qui non devono impressionare le espressioni di gratitudine e di ammirazione rivolte al Bottesini da Verdi, il quale non fu presente né a questa né probabilmente ad altre esecuzioni di *Aida* dirette da lui. Invece può essere significativa una lettera indirizzata a Verdi da Teresina Stolz dal Cairo nel 1873, dove, informandolo di una ripresa di *Aida,* scrive: «Bottesini ha diretto con grande impegno, con molta accuratezza, ma è freddo, molle...» [12]. È un giudizio della Stolz, ma, comunicato a Verdi, come pensare ch'esso osasse contrastare i sentimenti di questi e non fosse piuttosto l'eco di un'opinione comune?

La scelta del Bottesini come primo direttore di *Aida* non era stata, del resto, voluta da Verdi, né aveva davvero suscitato dapprima il suo entusiasmo. Seguiamo indatti la corrispondenza fra Draneht Bey, sopraintendente del Teatro del Cairo, e Verdi. Il 24 marzo 1871 Draneht Bey scrive a Verdi per informarlo delle difficili trattative per l'ingaggio della Stolz e di Mariani, e di essersi rivolto al Bottesini in previsione del loro naufragio: «Je me suis adressé aussi pour l'orchestre a Bottesini, j'attends sa réponse» [13]. Il 30 marzo Verdi risponde:

«Aussitôt de retour à Gênes je me suis empressé de parler à Mariani, mais je ne l'ai pas trouvé disposé de venir au Caire. S'il ne change pas d'avis (chose très possible) il ne faut pas compter sur lui, et avant de faire choix d'un Directeur d'orchestre, je prends la liberté de vous prier d'attendre encore un peu de temps, car j'aurai quelqu'un de fort capable à vous proposer» [14].

Il 3 aprile ancora Draneht Bey scrive:

«Je vous remercie infiniment des démarches que vous voulez bien faire auprès de Mariani, et des vos conseils relatifs au choix d'un bon chef d'orchestre. Je comprends si bien ce que vous me dites à ce sujet, que j'ai voulu ne m'adresser qu'à des hommes hors ligne, Mariani d'abord avec qui je suis en pourparler, et à defaut de lui Bottesini avec qui je suis à peu près d'accord et avec qui je serais très disposé à conclure, si, comme je le crains, je ne puis arriver à m'entendre avec Mariani. Je vous serai très reconnaissant si vous vouliez bien me donner votre avis sur ce choix. Dans tous les cas, je suis décidé à ne traiter qu'avec talent reconnu, l'expérience des ces deux dernières années m'en faisant une loi, et voulant d'ailleurs satisfaire le goût difficile du public du Caire. Je crois, du reste, en agissant ainsi, entrer dans vos vues» [15].

E il 13 aprile nuovamente:

«Je vous remercie infiniment des démarches que vous avez bien voulu faire auprès de Mariani, sur lequel je ne compte du reste plus guère. Ainsi que j'ai eu l'honneur de vous en informer par une des mes précédentes lettres, je me suis adressé aussi à Bottesini qui vient de m'envoyer le télégramme suivant: «J'accèpte engagement offert par votre ordre, et reçu de Mariani». Je lui ai immediatement répondu que je ne pourrais lui donner une réponse définitive que lorsque je serais en Italie, c'est-à-dire vers la fin de ce mois. Comme, à propos du choix d'un chef d'orchestre, vous m'avez prié de ne rien conclure sans vous avertir, je vous serai très reconnaissant si vous voulez bien m'écrire de suite pour me faire connaître votre opinion à ce sujet, afin que je puisse, en toute connaissance de cause, faire une réponse catégorique à Bottesini dès mon arrivée en Italie» [16].

Bottesini ha dunque ormai accettato; Verdi non osa rifiutarlo, e tuttavia fa capire, senza nominarlo, il 14 aprile, che la distanza fra lui e Mariani è molta, e consiglia Draneht Bey di aspettare ancora ad assumere impegni contrattuali. Un direttore d'orchestra come Bottesini lo si troverà sempre:

«Si, comme vous le dites, vous voulez comme chef d'orchestre un talent reconnu et sûr, il n'y a absolument que Mariani. Tous les autres, croyez moi, se valent; et si l'expérience faite dans les deux dernières années ne vous a pas satisfait, vous ne le serez pas non plus dans les années suivantes, car vous trouverez à peu près les mêmes qualités et les mêmes defauts dans tous les chefs d'orchestre que vous serez obligê d'engager. Du reste, si vous n'ètes pas trop pressê, Mariani pourrait bien changer d'avis; dans tous le cas, on trouvera toujours un chef d'orchestre» [17].

Ma il 28 dello stesso mese, di fronte all'impazienza di Draneht Bey, Verdi finisce per cedere e per rimettersi alla coscienza di questi:

«Je crois décidément qu'il est inutile de songer à Mariani comme chef d'orchestre. Engagez, dans ce cas, celui que vous croyez le meilleur, quoique ce meilleur soit fort difficile à trouver. J'aurais bien voulu parler avec vous avant d'engager ce Chef; mais, si vous ne pouvez pas attendre, faites ce que vous croyez utile pour vos affaire» [18].

Quando però più tardi sorgono contestazioni intorno alla scrittura del mezzo-soprano che avrebbe dovuto interpretare Amneris, Verdi non sa trattenersi, e scrive in data 20 luglio:

«Mi sia permesso fare un po' di storia di quest'*Aida*... Scrissi quest'Opera per la stagione passata, né fu per colpa mia se non venne eseguita. - Fui pregato differire l'esecuzione un anno dopo: cosa a cui accondiscesi senza difficoltà, benché mi fosse assai pregiudicevole. Fin dal 5 Gennaio, indicai che la parte d'Amneris era scritta per mezzo-soprano..., e più tardi pregavo di non fissare un Direttore d'orchestra senza prevenirmene. Così io speravo sempre aver Mariani. - Intanto che io era in queste trattative si è scritturato altro Direttore, e non si è mai pensato a scritturare un mezzo-soprano!! Perché questo? - E perché, quando si trattava di un'opera ESPRESSAMENTE scritta, non si è pensato prima di tutto a provvedere tutti gli elementi di esecuzione che potevano abbisognare? A me sembra strano assai che questo non sia stato fatto, e mi permetta V.E. dirle che non è questa la via per ottenere una buona esecuzione ed un successo» [19].

Infine il primo settembre, pur sempre senza nominare il Bottesini, Verdi confessa che, in mancanza di Mariani, avrebbe preferito come direttore della sua opera Muzio o Faccio:

«Il Maestro di mia soddisfazione che avrei voluto mandare al Cairo sarebbe stato veramente Muzio, ed in mancanza di lui il M° Faccio. Ma credo che ora non potrò contare né sull'uno né sull'altro. Ciò è ben doloroso per me, perchè V.E. può esser ben certa che senza una direzione, dirò anzi interpretazione intelligente, sicura e, starei per dire, devota, non vi è successo possibile, qualunque siasi la musica. Dirò di più che trattandosi di opera sconosciuta è indispensabile (sia pur valente quanto si voglia il Direttore) conoscere le intenzioni dell'autore. Lo creda alla mia lunga esperienza, ed un po' alle mie abitudini su questo genere di cose» [20].

Come si vede, almeno fino all'*Aida* Verdi non doveva tenere in gran conto il Bottesini quale direttore d'orchestra.

Anche le osservazioni del Bottesini sull'*Aida,* dalle quali Verdi dichiara di voler trarre partito, si riducono, a quanto è dato capire, a delle informazioni sull'effetto prodotto da alcuni particolari del duetto finale dell'opera, espressamente richieste dall'autore. «Bada bene - precisa però Verdi — che io non ti parlo del valore, ma unicamente dell'effetto. Se non m'hai già scritto, scrivimi lungamente su questo, e dimmi pure tutta la verità. Desidero sapere quali sono gli effetti d'orchestra, quali del canto, e sopratutto l'effetto complessivo, ossia quale impressione produce» [21]. Bottesini dunque non era tenuto a riferire del valore musicale e drammatico della scena, bensì della sua riuscita fonica e delle reazioni suscitate nel pubblico. Tutte cose di cui Verdi non aveva difficoltà a riconoscere a Bottesini, evidentemente, competenza di giudizio.

Anche alla luce dei suoi rapporti con Verdi, il Bottesini conferma la sua vera statura e il significato della sua figura aristica, quale ho cercato di delineare partendo dalla definizione del Depanis. Col quale voglio ancora concludere questa mia relazione sul musicista cremasco. «A sufficienza egli si raccomanda alla simpatia dei posteri per quello che fece e per quello che fu e non abbisogna delle iperboli e delle ipocrisie oltraggiose alla memoria dei morti attribuendo loro qualità che non ebbero e non potevano e forse non volevano avere» [22].

NOTE

(1) Giuseppe Depanis, *I Concerti Popolari ed il Teatro Regio di Torino,* II, 1879-1886. Torino, 1915, pag. 18.

(2) Vedi specialmente: C. Lisei, *Giovanni Bottesini.* Cenni biografici, nella «Gazzetta Musicale di Milano», 1886 (anche in estratto); A. Carniti, *La memoria di Giovanni Bottesini,* Crema, 1922.

(3) Bruno Barilli, *Delirama,* Roma, 1924; *Il Sorcio nel violino,* Milano, 1926.

(4) Giovanni Bottesini, *Metodo di Contrabbasso,* Milano, s.d.

(5) G. Depanis, *op. cit.*, pag. 19.

(6) *Ero e Leandro,* atto terzo.

(7) A. Carniti. *op. cit.*

(8) Vedi specialmente: Teodoro Costantini, *Sei lettere inedite di Giuseppe Verdi a Giovanni Bottesini,* Trieste, 1908.

(9) Leggi completa la lettera citata nella nota seguente.

(10) Riportata da T. Costantini, *op. cit.*

(11) Riportata da Franco Abbiati in *Giuseppe Verdi,* Milano, 1960.

(12) Riportata da F. Abbiati, *op. cit.*

(13) *I Copialettere di Giuseppe Verdi* pubblicati e illustrati da Gaetano Cesari e Alessandro Luzio e con prefazione di Michele Scherillo, Milano, 1913, pag. 252.

(14) *Id.*, pag. 253.

(15) *Id.*, pag. 253.

(16) *Id.*, pag. 258.

(17) *Id.*, pag. 259.

(18) *Id.*, pag. 259.

(19) *Id.*, pag. 265.

(20) *Id.*, pag. 269.

(21) Vedi in proposito le quattro lettere indirizzate da Verdi al Bottesini in data 10, 17 e 27 dicembre 1871, e 13 gennaio 1872, ora conservate nella Biblioteca del Conservatorio di Milano, e riportate anche nel *Copialettere* cit., pag. 677-9.

(22) G. Depanis, *op. cit.*, pag. 21.

2. - Bozzetto per il pannello di riduzione del palcoscenico a sala da ballo (parete) (ATS, b.36, fasc.2, 1839).

FLAVIO ARPINI

LA CAPPELLA MUSICALE DELLA CATTEDRALE DI CREMA NELLA PRIMA METÀ DELL'OTTOCENTO

Il problema della ricostruzione storica è strettamente legato allo stato delle fonti. I manoscritti compulsati per il presente contributo sono soprattutto documenti che testimoniano la presenza musicale nel territorio dal punto di vista economico: ovvero pagamenti, assunzioni, licenziamenti che si ritrovano sotto forma di mandati, polizze, suppliche, libri di amministrazione quali *Giornali, Cassa, Mastri, Unioni e Determinazioni* [1]. Per ciò che concerne il secolo scorso la documentazione conservata permette una visione che seppur parziale lascia però scorgere le linee essenziali.

Nella Cattedrale di Crema la tradizione di arricchire le manifestazioni di carattere religioso, con l'apporto musicale curato da un corpo stabile che ne garantisse la continuità, risale al primo decennio del secolo XVI e si inoltra sino al declinare del secolo XIX [2]. Per buona parte del secolo XVI fu la Municipalità ad occuparsi della cappella musicale della chiesa dedicata a S. Maria Assunta, responsabilità che finanziariamente venne condivisa, dagli anni '30 del secolo, dal Consorzio della Beata Vergine. In seguito all'elezione della cittadina a sede vescovile (avvenuta nel 1580) la Municipalità mantenne le proprie attenzioni alla sola elezione, e spesa, dell'organista della chiesa cattedrale e dagli inizi del XVII secolo il Consorzio citato venne affiancato, nello sforzo economico sostenuto, dal Consorzio del Santissimo Sacramento e dal Capitolo. Ogni ente garantiva l'onere dell'intervento musicale per le funzioni che gli competevano. Il secolo successivo vide nel primo decennio l'affermazione del Consorzio del Santissimo Sacramento quale principale responsabile per le decisioni inerenti alla presenza musicale nel

Duomo; citiamo a questo proposito l'esemplare vicenda che nel 1709 contrappose la Municipalità al citato Consorzio — un vero e proprio litigio — in relazione ad un maestro di cappella sgradito agli uni ma scelto dagli altri. Il tutto si risolse poi con la nomina di un maestro gradito ed entrambe le parti: Carlo Marini [3].

I documenti della Fabbriceria, l'ente che si occupò della cappella musicale dal primo decennio del XIX secolo in poi [4], sono custoditi presso l'Archivio del Consorzio del Santissimo Sacramento. La documentazione conservata testimonia la sostanziale continuità della presenza dei musicisti da l'un secolo all'altro [5]. Nei secoli XVI, XVII e XVIII i musicisti trovarono motivo di committenza diffusa nella numerosa presenza dei luoghi di culto e delle associazioni ad essi legate che caratterizzarono la cittadina. Probabilmente con il passaggio alla Fabbriceria dei compiti precedentemente assegnati ai diversi consorzi ne derivò una riduzione della spesa complessiva destinata alla musica, ora affidata ad un ente unico, e perciò una riduzione delle entrate per i musicisti; tale è la situazione descritta dal maestro di cappella Giuseppe Gazzaniga nel 1809 nella richiesta di aiuto economico, esaudita, indirizzata alla Fabbriceria della Cattedrale [6].

Nella seconda metà del secolo XVIII le possibilità di impiego dei musicisti della cappella non si limitarono alla sola città di Crema ed il loro raggio d'azione coinvolse anche il territorio storicamente aggregato alla cittadina: Casale, Santa Maria della Croce, Gombito, Ombriano, S. Stefano, la «Chiesa detta del Binengo» a Sergnano sono le sedi in cui ebbero luogo alcune funzioni con l'apporto musicale della cappella della Cattedrale nel 1760 [7].

Al nome di Gazzaniga si legò il passaggio delle competenze, avvenuto nell'anno 1798, fra i diversi enti relativamente all'organista. In tale anno la Municipalità cremasca trasmise «alli Cittadini Sindici del Consorzio» la decisione presa di non corrispondere più il dovuto «indennizzo» all'organista: il Consorzio era invitato a disporre in merito qualora avesse ritenuto necessarî gli interventi di tale strumento [8]. Probabilmente memori del già citato scontro del 1709, in relazione al quale furono chiaramente riaffermate le rispettive competenze — al Consorzio il maestro di cappella e i musicisti e alla Municipalità il solo organista —, i responsabili della confraternita stabilirono di pagare il Gazzaniga in via mediata tramite il Capitolo. In seguito fu la Fabbriceria, unitamente al Capitolo, ad occuparsene [9].

Il secolo XIX ereditò dai secoli precedenti la suddivisione dei musicisti che intervennero nella chiesa in ordinari e salariati — di fatto quelli realmente appartenenti alla cappella poiché regolarmente assunti — e «straordinari», ovvero coloro che venivano corrisposti a prestazione [10]. Tale suddivisione, già delineata nel '600 [11], fu affiancata nel secolo successivo dalla figura del musicista «soprannumerario». Il termine è mutuato da una supplica del 1790 ed indica coloro che intervenivano alle «Funzioni» gratuitamente [12]. Solitamente il quadro biografico ed il *curriculum* dei musicisti, e in esso gli anni di servizio prestati senza nessun emolumento, si apprendono dalle loro suppliche [13]. Ma a questo proposito meritano una digressione i capitoli stabiliti nel 1782 [14]. Il 14 febbraio di quell'anno, infatti, si decise di regolamentare le successioni negli incarichi disponibili nella cappella — il cui numero complessivo era vincolato all'andamento del Consorzio — e l'accesso alle esecuzioni. Per le successioni si risolse di seguire, oltre alla perizia dimostrata, il criterio dell'anzianità di servizio; per accedere alle esecuzioni — alle quali partecipavano allora oltre agli «stipendiati» anche «giovani di abilità» senza nessun riconoscimento economico — si stabilì che i candidati dovessero sostenere una prova pubblica e produrre, nella sede deputata, le «fedi» del maestro di cappella e del «primo violino Capo d'orchestra». Nel 1783 tali prove furono riaffermate quali necessarie per poter accedere alla categoria dei salariati [15]. Il capo d'orchestra legato alle decisioni — ed eletto in tale sede — è quel Carlo Cogliati che vedremo attivo nella cappella dal 1776 al 1834 [16]. I capitoli del 1782 oltre a regolare l'accesso alle esecuzioni, garantire una presenza di strumentisti senza aggravio di spesa, stimolare — con la prospettiva di una possibile assunzione — lo «studio di tale Professione», privilegiarono gli allievi del Cogliati che videro riconosciuto il loro primato nell'ordine di accesso alla cappella in caso di assunzioni [17]. L'intervento dei musicisti ordinari, regolato dagli obblighi previsti, poteva essere integrato dalla presenza degli «straordinari» e «soprannumerari».

Le festività nelle quali era richiesto l'apporto musicale della cappella, all'uopo confermata annualmente, nell'ottobre 1818 trovano una puntigliosa definizione — ed in questo si differenzia il documento dalle precisazioni contrattuali precedenti — non solo del calendario ma bensì dei brani musicali previsti in tali appuntamenti [18]. Non possiamo non sottolineare la corrispondenza di codeste indicazioni con la produzione sacra di Giuseppe Gazzaniga ora conservata presso la Biblioteca Comunale cittadina [19]. Messe, Salmi, Inni, Cantici, Sequenze: la vivacità della cappella del Duomo di Crema trova una musicale testimonianza nei manoscritti custoditi presso la Biblioteca Comunale che costituiscono una raccolta della produzione dei diversi maestri (si pensi a Fezia, Nevodini, Gazzaniga, Pavesi, Benzi e Petrali) succedutisi nell'incarico [20]. All'inizio del XIX secolo alla terza domenica di ogni mese, al Corpus Domini, alla Quaresima — fissate anche nei periodi precedenti — si aggiunse l'ultimo giorno dell'anno [21]. Ma altri appuntamenti si rilevano pressoché costanti dallo spoglio dei volumi del più volte citato Archivio: la Novena del S. Natale, le festività dei SS. Pietro e Paolo, e quella dedicata al patrono di Crema, S. Pantaleone [22]. A tale quadro si debbono aggiungere tutte le occasioni straordinarie (ad esempio l'insediamento del Vescovo nel 1835) che potevano verificarsi [23].

Nelle celebrazioni relative al Corpus Domini e a S. Pantaleone, con annesse processioni, dal 1829 si deve rilevare la presenza, accanto ai musicisti ordinari, di una nuova componente della vita musicale cittadina: la Banda Civica [24]. Le definizioni ad essa relative — nel '40 «Tubarmonica società», nel '47 «Banda dei Dilettanti Tubarmonici» o «Banda Tubarmonica» [25] — pongono il problema di sciogliere gli interrogativi che sorgono circa l'aggregazione (o aggregazioni?) di musicisti dediti agli strumenti a fiato nella città in quegli anni [26].

Il raffronto fra l'organico ordinario e quello straordinario permette la ricostruzione della reale presenza musicale nella Cattedrale [27]. Il concerto strumentale e vocale presente nella chiesa cattedrale di Crema conobbe una costante espansione che arricchì la sezione dei legni, adottò gli ottoni ed elevò la presenza numerica dei cantanti (definiti di concerto o di ripieno). Tale processo ebbe luogo con i maestri di cappella Paolo Nevodini (che portò l'organico ad una quindicina di presenze) e il già citato Gazzaniga (con una ventina di suonatori e cantori), ovvero dall'ultimo ventennio del XVIII secolo in poi [28]. L'orchestra si avvaleva di una sezione d'archi la cui solidità veniva garantita dalla presenza di Carlo Cogliati quale primo violino e direttore e dai suoi successori: dal 1829 Luigi Bottesini e, dopo la morte del «benemerito reverendo» avvenuta il 23 marzo 1834, Pietro Stramezzi [29]. Ricorderemo i nuclei familiari Truffi, Guerini, Rè, Marzetti, Stramezzi e Bottesini [30]. Questi ultimi presenti non solo negli archi — con Luigi, Pietro (dal primo gennaio 1807 al 30 settembre 1810) e Cesare — ma anche nei fiati con Luigi (tromba) e il padre di Giovanni primo clarinetto dal primo ottobre 1810 al 15 ottobre 1863 quando con una lettera da Teramo declinò l'incarico [31]. Tra i cantori vorremmo segnalare il soprano Antonio Pavesi (presente dal primo gennaio 1807 al 31 dicembre 1811 quale ordinario e poi ancora sino al 1827 tra le fila degli «straordinari»), nonché, sempre fra gli «straordinari» dal 1839 al 1843 quale cantante e dal 1844 al 1846 come violoncellista, Antonio Petrali [32]. Entrambi necessitano di una indagine biografica [33].

La continuità delle presenze fra il XVIII e il XIX secolo probabilmente trovò legami certi e saldi, fra i due periodi, anche dal punto di vista prettamente musicale. Per una visione storicamente attendibile dovrà essere valutato come la solida pratica compositiva del periodo precedente si unisse al gusto della sperimentazione timbrica del nuovo secolo [34], sia essa strumentale, ancora oggi agevolmente leggibile, o vocale, la cui ricostruzione diviene invece più complessa [35]. Giuseppe Gazzaniga fu il compositore che garantì, in terra cremasca, il legame tra i due secoli, unitamente agli esecutori e cantanti la cui presenza venne costantemente sollecitata dalle istituzioni musicali cittadine. Stefano Pavesi, Vincenzo Petrali, Giovanni Bottesini furono i compositori che legarono il nome della città natale all'Ottocento musicale. Dei tre il più versatile oggi appare essere l'ultimo.

La presenza di Giovanni Bottesini nella Cattedrale è testimoniata tra le fila dei musicisti impiegati nelle singole occasioni da diciassette documenti [36]. La maggior parte di essi, cinque sono le eccezioni, appartengono alle note di spesa relative agli offici, celebrati con solenne messa da requiem, predisposti per ottemperare agli obblighi testamentari del legato di Giovan Battista Marchi e della di lui moglie Caterina Bisleri, i cui testamenti sono datati 1665 e 1674 [37]. Nella prima metà dell'Ottocento tali funzioni, nel numero di due all'anno quelle con un significativo apporto musicale, furono pressoché regolari [38]. Quattro delle cinque eccezioni della documentazione bottesiniana riguardano la Novena del S. Natale (negli anni 1832,1833,1834) e la quinta è relativa ai festeggiamenti dedicati al nuovo Vescovo della città insediatosi nel 1835. I documenti datati 1831, 1832 e 1833 [39] annoverano Bottesini fra le fila dei «cantanti», anche se in due casi, il 28 dicembre 1832 e il 29 dicembre 1833, viene annotato il solo cognome del giovane musicista, e solo nel secondo di essi viene specificato il registro vocale, «Soprano». Le date, che escludono altri membri della famiglia, e l'appartenenza al concerto vocale permettono di riconoscere nel giovane cantore dei due citati documenti Giovanni Bottesini e rendono plausibile l'estensione dell'indicazione del ruolo ricoperto anche agli episodi antecedenti. All'attività di soprano, così testimoniata dal 1831 al 1833, si sovrappose, nel novembre 1833, quella di timpanista che caratterizzò i due anni successivi [40]. I cinque documenti che lo annotano quale cantore pongono il problema se, pur essendo «straordinario», il giovinetto si avvalesse in quegli anni dell'insegnamento dell'allora «instruttore de 4 giovanetti nel Canto» [41] — e talvolta maestro di cappella supplente nonché organista — Giuliano Petrali.

La continuità della presenza di Giovanni Bottesini, nelle occasioni specifiche, dal 1833 in poi — annualmente testificata — si conclude nel 1836 con un documento in cui non esiste l'annotazione del ruolo svolto il 25 ottobre di quell'anno, ma dalla posizione nell'elenco dei musicisti e dalla cifra corrisposta si può ragionevolmente supporre che lo strumento utilizzato fosse quello prescelto per gli studi in sede milanese, ovvero il contrabbasso [42]. La documentazione, dopo un episodio del Natale 1840 quale contrabbassista, lo rivela presente in tre offici del citato legato: il 17 novembre 1842, il 26 ottobre e il 29 novembre 1843. Nel primo di essi manca l'indicazione del ruolo e la posizione del nominativo lascia aperta la possibilità sia dell'utilizzo del contrabbasso sia del violoncello. Chiarissima, invece, è la specificazione «violoncello», accanto al nome, il 26 ottobre 1843 e tale si deve ritenere lo strumento prescelto nella funzione musicale indicata dall'ultimo documento.

Se, e in quale misura, le esperienze musicali nella chiesa cattedrale influirono sul giovane musicista, rimane un quesito aperto. Certo è che una delle composizioni più notevoli dell'Autore cremasco è proprio la *Messa da*

Requiem. Inoltre negli anni in cui si evidenzia la presenza di Giovanni, nelle funzioni citate, l'orchestra rivela una carenza numerica negli archi medio gravi (viola e violoncello) ed una relativa sovrabbondanza di violini e contrabbassi. È noto come il violoncello, e talvolta anche la viola, raddoppiasse quanto eseguito dal contrabbasso; ciò potrebbe denotare una consuetudine timbrica nel frequentare proprio con quest'ultimo rappresentante della sezione degli archi regioni poi distinte in strumenti specifici. La componente virtuosistica, che spinse nelle regioni sovracute l'utilizzo dello strumento, è ovviamente acquisita, ma, nel caso di Giovanni Bottesini, dovremo considerare come ciò possa essere stato un traslato riflesso, almeno nelle prime fasi, della prassi strumentale della cittadina natale.

La civiltà musicale cremasca trova probabilmente la propria ragion d'essere nella continuità e tradizione delle proprie istituzioni musicali che, unitamente al connubio determinatosi con il felice incontro di nuclei familiari particolarmente attivi, permisero agli ingegni di poter vivificare il quadro dell'arte loro specifica. Rammenteremo a questo proposito come in due momenti, distanti due secoli l'uno dall'altro, si crearono in tal modo le coordinate descritte ed esse furono esemplate da Pier Francesco Caletti prima e da Giovanni Bottesini poi.

NOTE

(1) La documentazione oggetto della nostra lettura è conservata presso l'Archivio del Consorzio del Santissimo Sacramento della Cattedrale di Crema. Vorrei ringraziare il responsabile dell'Archivio Don Paolo Uberti Foppa per aver permesso con la sua disponibilità la consultazione del prezioso fondo, rendendo possibile la stesura del presente contributo.

(2) Sulla documentazione analizzata per il periodo qui considerato si rimanda all'Appendice. Per i periodi antecedenti cfr. FLAVIO ARPINI, *La musica a Crema (1508-1671) e la produzione musicale di G.B. Leonetti (il primo libro di madrigali a cinque voci, 1617)*, Tesi di Diploma in Paleografia e Filologia Musicale, Università degli Studi di Pavia, A.A. 1983-84, voll. 3; sull'Ottocento si vedano EMMA BARBAGLIO, *La cappella musicale del Duomo di Crema dal 1837 al 1862. Studi su documenti d'archivio*, Tesi di laurea, Università degli Studi di Parma, Facoltà di Magistero, A.A. 1983-84; MARIANUNZIA BAJETTI, *La cappella del duomo di Crema dal 1863 al 1877. Studio su documenti di Archivio*, Tesi di laurea, Università degli Studi di Parma, Facoltà di Magistero, A.A. 1980-81; FLAVIO ARPINI, *La produzione sacra di Giuseppe Gazzaniga nella Biblioteca Comunale di Crema*, in AA.VV. *Gli affetti convenienti alle idee*, a cura di Maria Caraci Vela, Rosa Cafiero, Angela Romagnoli, Napoli, Edizioni Scientifiche Italiane, di prossima pubblicazione. Sulla musica a Crema nel Settecento è in corso una indagine che nel quadro delle ricerche d'archivio sin qui effettuate permetterà di completare la visione d'insieme degli avvenimenti.
Vorrei esprimere la mia gratitudine al responsabile dell'Archivio della Curia Vescovile Don Battista Inzoli per aver cortesemente consentito l'accesso alla raccolta libraria annessa al fondo.

(3) Cfr. FLAVIO ARPINI, *La musica a Crema* cit., tomo I e II, p. 151 sgg.

(4) L'ultima «parte presa» dal consiglio del Consorzio ad essere annotata nel volume VII *Unioni e Determinazioni 1767-1806*, alle carte 108 e 109, è datata 13 maggio 1805.

(5) Si vedano le ricostruzioni degli organici nell'Appendice.

(6) ACSS, cartella *Organisti*, supplica datata 22 marzo 1809: «Se la soppressione dei consorzi e delle corporazioni Religiose seguite in questa città non m'avessero tolto ogni altro mezzo di sussistenza, non avrei avuto il coraggio di presentarmi alla pietà delle Signorie loro». Cfr. FLAVIO ARPINI, *La produzione sacra di Giuseppe Gazzaniga* cit. Una trascrizione del documento è data in EMMA BARBAGLIO, *op. cit.*, p. 68.

(7) ACSS, vol. VI *Unioni e Determinazioni 1732-1767*, c. 119r in data 31 agosto 1760. La presenza di alcuni musicisti non appartenenti al concerto della cappella e l'esclusione di membri in essa «ordinari» dalle compagini che intervennero alle funzioni citate, mossero il maestro in carica Carlo Fezia ad una vibrata protesta. Il consiglio si espresse in merito il 3 settembre successivo con una regolamentazione che, se accettò e fece proprie le rimostranze del Fezia, non sedò comunque gli opposti pareri e rinfocolò le polemiche. Cfr. anche alcuni documenti, inerenti al problema sorto, nella cartella *Sindaci e Deliberazioni dal 1548 al 1693. Deliberazioni dal 1548 al 1681 e dal 1780 al 1806*. Il documento citato è decisamente interessante: si veda la chiarificazione circa i possibili impieghi dei musicisti della cappella in quel periodo, la differenza — sottolineata anche dalle evidenti preferenze accordate — fra «Musici» e «Professori di Suono». La trascrizione del documento è data in Appendice.

(8) Il documento, che ora si trova nella cartella *Sindaci* cit., datato «Crema li 23 nevoso anno VI repubblicano», venne trascritto alla c. 97v del vol. VII *Unioni* cit., in data 6 marzo 1798. Il testo è riprodotto in FLAVIO ARPINI, *La produzione sacra di Giuseppe Gazzaniga* cit.

(9) ACSS, vol. VII *Unioni* cit., c. 98r, 6 marzo 1798: «Reso avertito questo V(eneran)do Consorzio con lettera 23 Nevoso di q(ues)ta Municipalità, che se crede bene, e conveniente di continuare nell'essercizio dell'organo, delle campane, e di tenere pulita la Chiesa pensi anco di rendere indenizzati li tre suggetti esercenti in questi il loro Officio non potendo essa più oltre continuare per capitolo suo [...] Che pagare debba annualm(en)te questo V(eneran)do Consorzio al Capitolo de' Cittadini Canonici lire centoventicinque dovendo esso Capitolo continuare a far di p(rese)nte pratticati, e massime nelle Funzioni sole spettanti a questo Consorzio [...]». Per le successive vicende si veda la documentazione nella cartella *Organisti* nello stesso Archivio.

(10) Naturalmente gli ordinari potevano essere contemporaneamente «straordinari» nelle diverse e singole occasioni, come è possibile verificare dal raffronto delle tabelle in Appendice.

(11) Cfr. FLAVIO ARPINI, *La musica a Crema* cit., tomo I cap. 3.

(12) ACSS, vol. VII *Unioni* cit., c. 77v, 13 gennaio 1790: «Essendo stato io Alessio Buonamano umilissimo servo delle SS.e loro con Parte Presa. [...] li 17 Maggio 1785 aggregato nel numero degl'attuali Professori di Musica in qualità di Contrabasso Supranumerario, ma senza alcun salario [...]»; ed ancora nel 1796, il 13 marzo, nella supplica dei fratelli Tarra, alla c. 94v e 95r: «Desiderando noi Fran(ces)co, e Luiggi Tarra sonatori di trombe dritte, e corni dà caccia di essere admessi [...] nel numero de' Professori some sopranumerarj, e senza essere di aggravio al sud(det)to V(eneran)do Cons(orzi)o [...]. Anderà parte per l'admissione di d(et)ta supplica, qual venendo suffragata [...] s'intenderanno admessi d(et)ti Frat(el)li Tarra per suonatori supranumerarj di tromba, e come senza alcun minimo aggravio [...]». Costanti nei decenni precedenti sono le suppliche inoltrate al consiglio direttivo che dichiarano anni di servizio prestati senza emolumenti.

(13) Le suppliche originali pervenuteci (dalla fine del XVIII secolo in poi) sono per lo più conservate oggi nelle cartelle *Cappella di Musica, Organisti* e *Sindaci* cit.; lette nelle riunioni del consiglio, venivano ricopiate nel volume *Unioni e Determinazioni*.

(14) ACSS, vol. VII *Unioni* cit., c. 52v; la trascrizione è data in Appendice.

(15) ACSS, 9 giugno 1783, c. 57r sgg., in particolare alla c. 58r: «E siccome con troppa facilità s'introducono nelle aggregaz(io)ni di Musica soggetti di poca capacità, così si aggionge, che qualunque Persona aspirasse all'aggregazione sud(dett)a con Salario, debba prima, premessi gli altri requisiti in simili casi, per l'avvenire di scorgere la sua supplicaz(ion)e, esibire alli Mag(nifi)ci SS.ri Sindici *pro tempore* fedi giurate de SS.ri Maestro di Capella, e p(ri)mo Violino di q(ues)to V(eneran)do Cons(orzi)o, che saranno *pro tempore*, d'avere in pubblico fatta la prova della loro rispettiva abilità senza delle quali non potrà venire accettada alcuna supplica; e così pure s'intenderanno obligati alla stessa prova ciascuno degli attuali Professori, che tentasse augmento di Salario [...] e salve sempre tutte le altre espresse nella Parte del g(ior)no 14 Febr(a)ro 1782».

(16) ACSS, vol. VII *Unioni* cit., c. 33r, 28 aprile 1776, cfr. la trascrizione in Appendice. Carlo Cogliati morì il 23 luglio 1834, sulla sua scomparsa cfr. nota (30). Inoltre il 30 settembre 1834 venivano corrisposte agli «Eredi del P(re)te Carlo Cogliati P(ri)mo Violino morto li 23 lug(li)o p(rossi)mo p(assa)to £ 11.23» (nota di pagamento n. 41, alla data, cartella *Ricapiti dal 1832 al 1839*).

(17) Cfr. il documento in Appendice 14 febbraio 1782. Sull'importanza della figura del Cogliati nella vita musicale cittadina si veda il contributo di Licia Sirch in questa stessa sede.

(18) Una trascrizione del documento datato «ottobre 1818», avente oggetto gli obblighi dei musicisti della cappella, da porre in relazione alla nomina di Stefano Pavesi, è data in EMMA BARBAGLIO, *op. cit.*, alla p. 76. Classificato con il n. 8 è da ritenere strettamente correlato al documento (classificato con il n. 7 alla p. 74) del 6 ottobre 1818 in cui vengono dichiarati gli impegni della cappella sotto la voce «Discipline». Dall'esame della documentazione trascritta si evince che la stessa è ora collocata nelle cartelle *Cappella di Musica, Organisti* e *Sindaci* cit. Ma attualmente nell'Archivio (ed intendiamo nelle cartelle o manoscritti da noi compulsati per il presente contributo, il cui elenco si può leggere in apertura d'Appendice) non è reperibile la parte attinente agli obblighi, ma solo quella relativa alle «Discipline». Il documento si trova nella cartella *Organisti* unitamente agli «obblighi», non datati ma del XIX secolo, successivamente stilati che confermano quanto affermato nell'ottobre 1818. Desunto dalla trascrizione citata ecco un quadro degli «obblighi» validi dal primo novembre 1818: lo schema segnala incolonnati da un lato le singole occasioni e le situazioni rituali e dall'altro le indicazioni circa le composizioni richieste e le eventuali specificazioni riguardanti i musicisti (cantanti o strumentisti). Per rendere più agevole la lettura abbiamo inserito alcuni simboli: (+) = con aggiunta di; (—) = senza; [ ] = integrazioni; [=] = ovvero.

TERZE DOMENICHE DI OGNI MESE

«Messa cantata»		«portate» dal mdc: ....o....		«Messa concertata»
		Kyrie, Gloria e	(+)	Sinfonia all'Offertorio dai
		Credo a cappella		«Professori di suono»
	(+)	mottetto		[= solo strumenti]
«Riposizione Santiss.mo»		Cantanti: Tantum ergo a cappella		
domeniche con processione		cantare e suonare: Inni sacri di rito		

OTTAVA CORPUS DOMINI

«tutti li giorni		3 salmi concertati		
compresi li vesperi	(+)	3 [salmi] a cappella		
del mercoledì»	(+)	sinfonia «al solito»		
giorno		«Messa Brevemente [=Breve]		
Corpus Domini		concertata»		
	(—)	mottetto		
	(+)	sinfonia all'Offertorio		
....		processione		«Inni sacri soliti»
....		«Riposizione SS.mo»		Tantum ergo a cappella
....		Vespro solenne		4 salmi concertati
			(+)	altri [n. ?] a cappella
			(+)	sinfonia
tutti i giorni		Mattutino		intervento
....		«Riposizione SS.mo»		Tantum ergo a cappella
Venerdì, Sabato, Lunedì, Martedì, Mercoledì		....		messa a cappella
			(—)	mottetto
			(+)	sinfonia

.... «Vesperi» .... 2 salmi concertati
Magnificat «mezzo concertato»
(+) sinfonia
«Mercoledì 2°» .... il Vespro solenne come il primo [=vedi Vespro solenne]
«Domenica infra» .... «Messa a pieno concerto»
(+) «mottetto breve» per soprano
...... (+) Vesperi come il giorno Corpus Domini
[= 4 Salmi concertati]
(+) Domine ad Adiuvandum
Dì Ottava .... [id. = «Messa a pieno concerto»]
[id. = (+) «Mottetto Breve»] per contralto
.... [id. = (+) Vesperi come il giorno Corpus Domini =
4 salmi concertati
(+) Domine ad Adiuvandum]
.... processione «come sopra»
(+) Tantum ergo concertato nella «Chiesa»

QUARESIMA
Primo Venerdì .... Salmo Miserere
musica concertata scelta dal mdc
(+) breve sinfonia
(+) Pange lingua concertato
e Tantum ergo concertato
1ª settimana .... Lunedì .... salmo «in musica concertata»
e le seguenti — Martedì — scelta dal mdc
fino al martedì — Mercoledì — (+) Mottetto con «istrumenti»
santo incluso — Giovedì — lunedì per Soprano
«dagli altri successivamente fino al giovedì»
[= martedì per contralto
mercoledì per tenore
giovedì per basso]
(+) sinfonia
(+) Tantum ergo concertato
Martedì santo .... [= come il] Primo Venerdì
.... Stabat Mater Dolorosa concertato in vece del salmo Miserere
Ottava Pasquale .... Processione con
SS.mo agli infermi; .... «Inni di rito»
ritorno in Duomo
SS.mo .... Tantum ergo a cappella

ULTIMO GIORNO DELL'ANNO
.... Te Deum
(+) Tantum ergo concertato
(+) QUALUNQUE FUNZIONE ORDINATA.

(19) Per un primo esame rimandiamo a FLAVIO ARPINI, *La produzione sacra di Giuseppe Gazzaniga* cit.

(20) Il successore di Carlo Marini fu eletto il 5 gennaio 1736: «Stante la morte del [...] Sig. Carlo Marini [...] è ritrovato il Sig: Giuseppe Carchani» (vol. V *Unioni e Determinazioni*

1703-1732, c.14r), ma il 28 ottobre 1739 «Absentatosi dal servizio [...] Giuseppe Carcheni [...] ebbe a presentarsi il S.D. Giovanni Sampieri» (vol. VI *Unioni* cit., c. 37v) che ottenne la nomina. L'assenza del Carcano (o Carcani) è probabilmente da porre in relazione all'incarico che nel 1739 lo vide succedere a Johann Adolf Hasse quale maestro di cappella agli Incurabili di Venezia (cfr. *s.v. Dizionario Enciclopedico Universale della Musica e dei Musicisti,* parte II: Le Biografie, voll. 8, Torino, UTET, 1985-1988, vol. II (1985), p. 105a).
Il 3 ottobre 1756 «Essendo state esposte le Cedole a Comune notizia p(er) il Carico di M(aest)ro di capella e stante l'essersi licenziato il m(ol)to R(everen)do Sig(nor) D. Gio Zampieri né comparsi altro, che il Sig(no)r Carlo Fezia di questa Città Soggetto capace, et cognito in tal ministero, avendo fatto tanto in questa città, che nel Territ(ori)o continue musiche, p(er) il qual motivo si è tralasciata la prova [...] venne a restare eletto Sig(no)r Carlo Fezia Ma(e)s(t)ro di Capella» (vol. VI *Unioni* cit., c.108v). Il nuovo maestro rimase in carica, almeno di diritto, sino alla sua scomparsa poiché nei fatti — avendo stipulato un accordo in base al quale gli si garantiva il «solito» riconoscimento economico finchè in vita non gravandolo però delle «incombenze» — venne sostituito, gratuitamente, dal suo allievo e poi successore Paolo Nevodini a partire dal 9 giugno 1783 (vol. VII *Unioni* cit., c. 57r). Nella partita intitolata al Fezia, alla c.284v del *Mastro G 1775-1806,* è riportata la data della sua scomparsa: «1784 Adi 9 Febr(ar)o [...] per saldo a tutto 20 (novem)bre attesa la di lui morte in d(ett)o g(ior)no seguita». Conferma l'informazione la scritta che nel medesimo *Mastro,* alla c. 299v, segnala il primo pagamento a Paolo Nevodini: «A(di) 31 gen(nai)o 1784 per Mesi 2 e g(ior)ni 10 [...] per saldo a tutto d(ett)o g(ior)no».
Scomparso il Nevodini il 2 gennaio 1791 il consiglio direttivo stabiliva di assumere Giuseppe Gazzaniga (per una trascrizione della parte presa cfr. FLAVIO ARPINI, *La produzione sacra di Giuseppe Gazzaniga* cit., alla nota 17) ma alla c. 299v, nel *Mastro G* cit., si precisa: «Al Sig(no)r Giuseppe Gazzaniga M(aestr)o di Capella successo al S(igno)r Paolo Nevodini d(eve) avere £ 400 all'anno di sua onoranza principiando li 20 Febr(ar)o 1791 g(ior)no in cui fece la prima Fonzione battendo» (cioè dirigendo) «in Duomo, e ciò relativamente alla Parte del g(ior)no 2 Gen(nai)o 1791».
Stefano Pavesi ottenne l'incarico tre giorni dopo la morte del Gazzaniga, il 4 febbraio 1818. Si veda il documento, registrato al n. 4 di quell'annata, nella cartella *Organisti;* una sua trascrizione è data in EMMA BARBAGLIO, *op. cit.,* p. 71 (classificato come documento n. 4). Esso viene menzionato anche nella partita del maestro, nel *Mastro H 1807-1852* alla c. 246r: «Pavesi Sig. Stefano Maestro di Musica eletto Maestro della Capella di q(ues)ta Cattedrale in luogo del Sig.r Gius(epp)e Gazzaniga defunto con Balottaz(ion)e del sud(dett)o g(ior)no Deve Avere Lire quattrocento d'Italia all'anno p(er) suo Onorario decorrendo da q(ues)to g(ior)no sotto tutti quegl'obblighi risultanti dall'Atto di detta Balottazione ed elezione».
Per i successori di Stefano Pavesi — Giuseppe Benzi dal 1850 al 25 febbraio 1857 e Vincenzo Petrali dal 5 marzo 1860 al 31 dicembre 1872 — rimandiamo a FRANCESCO SFORZA BENVENUTI, *Dizionario Biografico Cremasco,* Crema, [tipografia Cazzamalli], 1888, ristampa anastatica, Bologna, ed. Forni, 1972, pp. 32-33 ed EMMA BARBAGLIO, *op. cit.,* pp. 30-34 per il primo, per il secondo a MARIANUNZIA BAJETTI, *op. cit.,* pp. 25 sgg.; EMMA BARBAGLIO, *op. cit.*, pp. 42-57; inoltre si vedano BICE BENVENUTI, *La Musica in Crema,* Crema, tipografia Campanini di Enrico Delmati, 1881, p. 25; GINEVRA TERNI DE GREGORI, *La musica a Crema,* in «Archivio Storico Lombardo», LXXXV (1958), vol. VIII, p. 307; e, per la precisazione della data di nascita del Petrali, cfr. MARIO PEROLINI, *Vicende degli edifici monumentali e storici di Crema,* Crema, ed. «al grillo», 1975, pp. 93-94.

(21) Cfr. nota 18.

(22) Cfr. i libri *Giornale 1807-1824* e *Giornale 1825-1852*, come pure le note di pagamento riunite nelle cartelle *Ricapiti* dal 1807 sino al 1846.

(23) L'utilizzo di musicisti ordinari e straordinari della cappella da parte della Municipalità in occasioni particolari e specifiche è testimoniato ora da quattro documenti, datati 7 maggio 1812, 17 marzo 1835, [18] settembre 1838 e (?) 1843 rinvenuti da Elena Mariani, al cui intervento rimando, che qui ringrazio per la segnalazione.

(24) Le note di pagamento che la coinvolgono sono le seguenti:18.VI.1829 (n. 36); 10.VI.1830 (n. 36); 11.VI.1831 (n. 41); 30.VI.1832 (n. 44); 14.VI.1833 (n. 14); 15.VI.1834 (n. 17); 20.VII.1835 (n. 30); 13.VI.1836 (n. 14); 2.VI.1837 (n. 10); 22.VI.1838 (n. 10); 23.VI.1840 (n. 20); 16.VI.1841 (n. 14); 13.VI.1842 (n. 14); 23.VI.1843 (n. 17); 13.VI.1844 (n. 26); 14.VI.1844 (n. 27); 23.VI.1845 (n. 21); 19.VI.1846 (n. 12). Altri riferimenti si trovano nel libro *Giornale 1825-1852* alle date: 27.VI.1829; 16.VI.1841; 13.VI.1842; 15.VI.1844; 24.VI.1845; 2.VII.1846; 18.VI.1847; 24.VI.1848; 3.VII.1851; 19.VI.1852.

(25) Quest'ultima definizione è del 1848. Si vedano i documenti citati alla nota precedente, alla data.

(26) Si veda a questo proposito l'intervento in questa sede di Licia Sirch.

(27) Cfr. in Appendice. La ricostruzione è pertanto limitata ai musicisti riconosciuti economicamente, escludendo quelli sopranumerari.

(28) Cfr. gli elenchi e le tabelle nell'Appendice; si conferma per via documentaria quanto affermato da FRANCESCO SFORZA BENVENUTI, *op. cit.*, p. 207, *s.v.* Nevodini Paolo.

(29) Alla c. 236v del *Mastro H 1807-1852*, nella partita intitolata a Bottesini Luigi, si annotò: «Con decr(et)o 31 luglio 1829 [...] vennero assegnate annue £ 58.28 oltre il sud(ett)o Salario in titolo di gratificaz(ion)e p(er) le veci del P(re)te Violino in età avanzata, decorribile dal P(ri)mo Feb(ra)ro e preseguibile sino alla mancanza del P(re)te Cogliati». Seguono i conteggi relativi al compenso, calcolati sino al «30 Giug(n)o 1834 Stante la morte del P(re)te Cogliati avvenuta nel g(ior)no 23 luglio 1834». Alla scomparsa del Cogliati, Pietro Stramezzi fu preferito nell'incarico al Bottesini; cfr. la supplica datata 12 agosto 1834, registrata al n. 29, nella cartella *Organisti* con la risposta del consiglio del Consorzio: «Si ammette il Petente alla Capella di q(ues)ta Cattedrale nella qualità di Primo Violino e Capo d'Orchestra in rimpiazzo del defunto benemerito S.r Don Carlo Cogliati». Inoltre l'intestazione a c. 218r, sempre nel *Mastro H* cit., recita: «Stramezzi Sig(no)r Pietro eletto Primo Violino e Capo d'Orchestra [...]» e nella nota di pagamento n. 41, datata 30 settembre 1834, collocata nella cartella *Ricapiti dal 1832 al 1839* si legge: «Stramezzi Pietro P(ri)mo Violino da 23 luglio à 30 (settem)bre 1834».
Si tenga comunque presente come dal luglio 1830 anche lo Stramezzi fosse autorizzato a sostituire il Cogliati, anche se la clausola di intervento gratuito lascia supporre che, essendo all'uopo «stipendiato» il Bottesini, ciò dovesse accadere saltuariamente. Cfr. la supplica registrata al n. 45 nella cartella *Cappella di Musica:* «P(ri)mo Luglio 1830. Sebbene la Cappella sia provveduta d'altro Professore incaricato di supplire le veci del Capo d'Orchestra, pure [...] ritenuta l'offerta di gratuita prestazione del Sig(no)r Pietro Stramezzi, questa Fabb(riceri)a di buon grado lo riammette alla Capella di q(ues)ta Cattedrale nella qualità di Supplente al S(igno)r Don Carlo Cogliati Capo d'Orchestra [...]».

(30) Cfr. in Appendice; si notino anche gli altri cognomi ricorrenti.

(31) Per i pagamenti di Pietro Bottesini, il padre di Giovanni, quale violinista, si veda anche il *Giornale 1807-1825* alle cc. 8,14,26,35,58,71; alla c. 88 si trova il primo pagamento registrato in codesto testimone per il nuovo incarico di clarinettista. La lettera citata si tro-

va nella cartella *Cappella di Musica* ed è intestata «Teramo 15 ottobre 1863». Si veda la fotografia n. 3.

(32) Cfr. in Appendice.

(33) Si controllino comunque i nominativi dei musicisti in ambito cremasco negli interventi di Licia Sirch ed Elena Mariani.

(34) Oltre alla sperimentazione posta in essere dall'esplorazione delle possibilità strumentali legate al virtuosismo, di cui il secolo XIX si fece portavoce, si consideri anche l'utilizzo degli strumenti nel mondo operistico nei primi decenni dell'Ottocento dove le scelte in tal senso (vincolate dalla tradizione alle situazioni determinate dal testo) potevano divenire momenti di innovazione timbrica e, nella loro destinazione, simbolica. Cfr. WOLFGANG WITZENMANN, *Grundzüge der Instrumentation in italienischen Opern von 1770 bis 1830,* in «Analecta Musicologica», vol. 21 (1982), pp. 276-332.

(35) Sul mutamento dei registri vocali che si andava determinando nei primi decenni dell'Ottocento cfr. RODOLFO CELLETTI, *Storia del belcanto,* Firenze, La Nuova Italia, 1986, p. 138 sgg.; Id., *La vocalità romantica,* in AA.VV. *Storia dell'opera,* a cura di A. Basso, Torino, UTET, 1977, III, pp. 105-207; Id., *Il vocalismo italiano da Rossini a Donizetti. Parte II: Bellini e Donizetti,* in «Anacleta Musicologica», vol. 5 (1968), pp. 214-247.

(36) Rinvenuti durante la ricerca avviata per il presente contributo nell'ACSS, sono collocati nelle cartelle *Ricapiti,* alle date: 2»1.XII.1831 (n. 109); 14»12.IX.1832 (n. 82); 27.IX.1832 (n. 132); 28.XII.1832 (n. 154); 11»8.VII.1833 (n. 22); 12.XI.1833 (n. 51); 31»29.XII.1833 (n. 64); 8.VII.1834 (n. 27); 12.XI.1834 (n. 53); 26.XII.1834 (n. 71); 1»28.VII»VI.1835 (n. 19); 9»8.VII.1835 (n. 24); 25.X.1836 (n. 41); 31»24.XII.1840 (n. 62); 17.XI.1842 (n. 46); 27»26.X.1843 (n. 46); 29.XI.1843 (n. 51).
Cfr. in Appendice. Il simbolo » indica la discrepanza fra la data di registrazione del documento e quella invece relativa all'esecuzione.

(37) Gli obblighi vengono ricordati anche nel *Mastro H 1807-1852,* alla c. 250r: «Officii da Messe da celebrarsi ogni anno in questa Cattedrale pei legati Marchi detto Gio(van) Bat(tis)ta testatore 16 (settem)bre 1665 e Caterina Bisleri di lui Moglie testatrice 6 marzo 1674 [...]».

(38) Cfr. nell'Appendice la tabella relativa alle occasioni straordinarie.

(39) Cfr. nota 36 e in Appendice.

(40) Anche il 26.XII.1834 compare la scritta «al Bottesini Timpanista» ma è chiaro ormai che si tratta anche in questo caso di Giovanni.

(41) Come è definito nel *Mastro H* cit., alla c. 259r.

(42) Per la documentazione bottesiniana, rimandiamo all'Appendice.

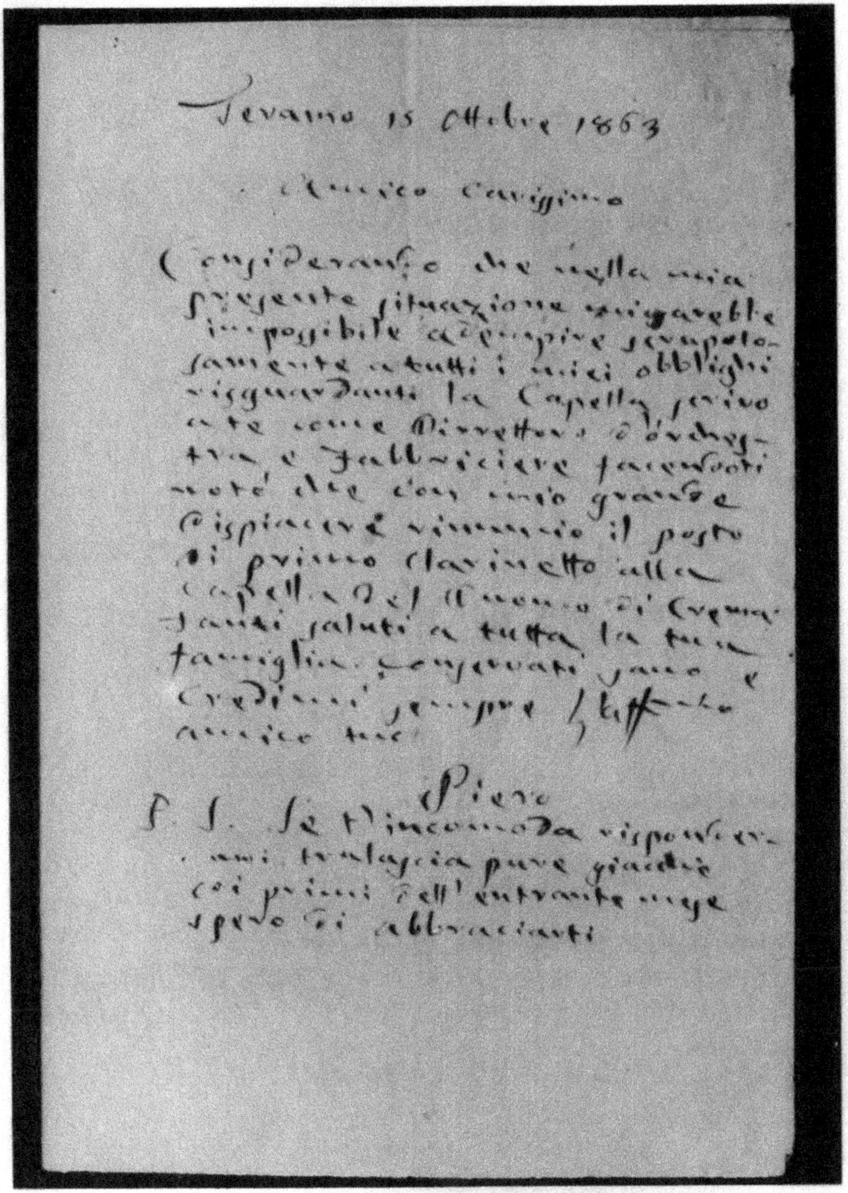
Teramo 15 Ottobre 1863

Amico Carissimo

Considerando che nella mia presente situazione mi sarebbe impossibile adempire scrupolosamente a tutti i miei obblighi risguardanti la Capella scrivo a te come Direttore d'Orchestra e Fabbriciere facendoti noto che con mio grande dispiacere rinunzio il posto di primo Clarinetto alla Capella del Duomo di Cremona. Tanti saluti a tutta la tua famiglia. Conservati sano e credimi sempre l'affezionato amico tuo

Piero

P.S. Se t'incomoda risponder-mi tralascia pure giacchè coi primi dell'entrante mese spero di abbracciarti

3. - Lettera di Pietro Bottesini datata 15 ottobre 1863 (ACSS, *Cappella di Musica*).

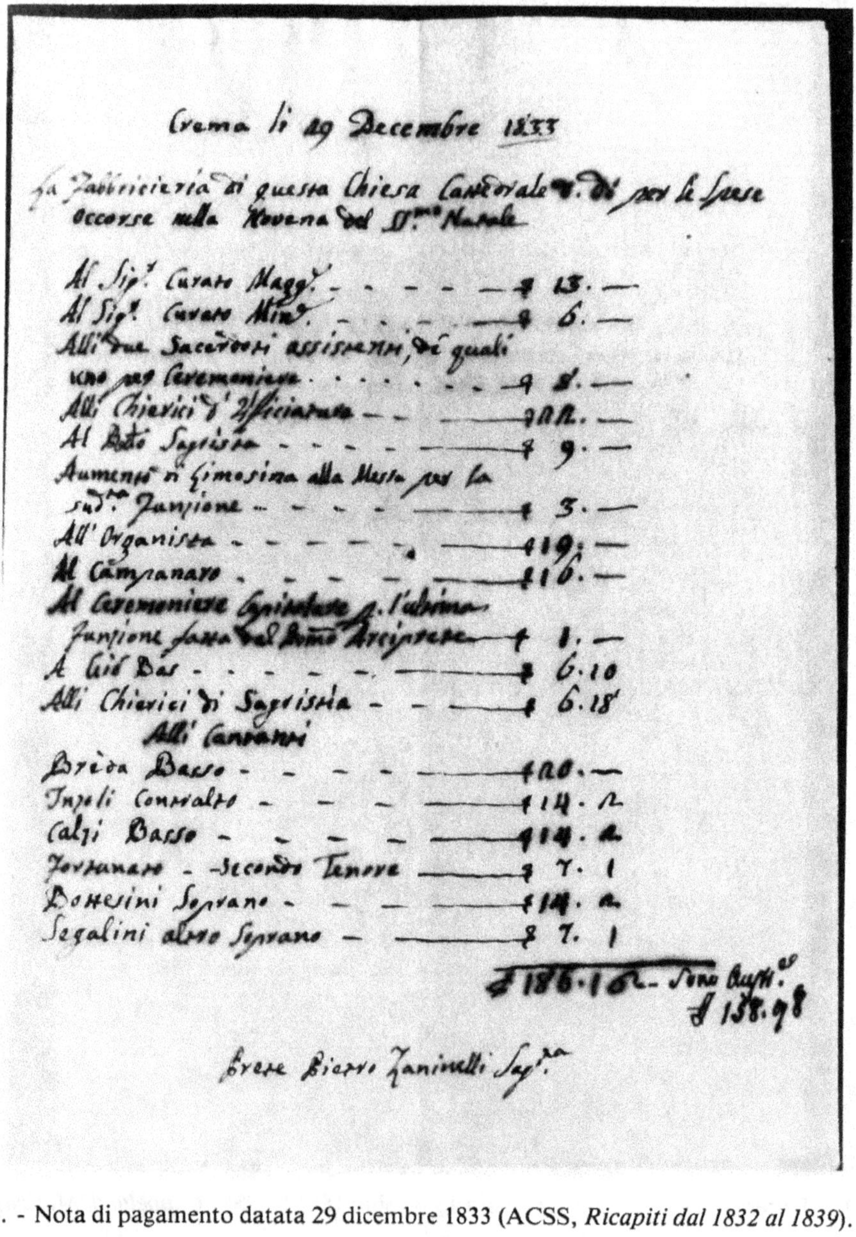

Crema li 29 Decembre 1833

La Fabbricieria di questa Chiesa Cattedrale d. dà per le spese occorse nella Novena del SS.mo Natale

Al Sig.r Curato Magg.e	£ 13.—
Al Sig.r Curato Min.e	£ 6.—
Alli due Sacerdoti assistenti, de' quali uno per Ceremoniere	£ 8.—
Alli Chierici d'Ufficiatura	£ 12.—
Al Detto Sagrista	£ 9.—
Aumento di Limosina alla Messa per la sud.ta Funzione	£ 3.—
All'Organista	£ 19.—
Al Campanaro	£ 16.—
Al Ceremoniere Capitolare p. l'ultima Funzione fatta dal Rmo Arciprete	£ 1.—
A Gio Das	£ 6.10
Alli Chierici di Sagristia	£ 6.18
Alli Cantanti	
Breda Basso	£ 20.—
Ingeli Contralto	£ 14.2
Calzi Basso	£ 14.2
Fortunato - Secondo Tenore	£ 7.1
Bottesini Soprano	£ 14.2
Segalini altro Soprano	£ 7.1
	£ 186.16 - Sono Austr. £ 158.78

Frate Pietro Zaninelli Sag.ta

4. - Nota di pagamento datata 29 dicembre 1833 (ACSS, *Ricapiti dal 1832 al 1839*).

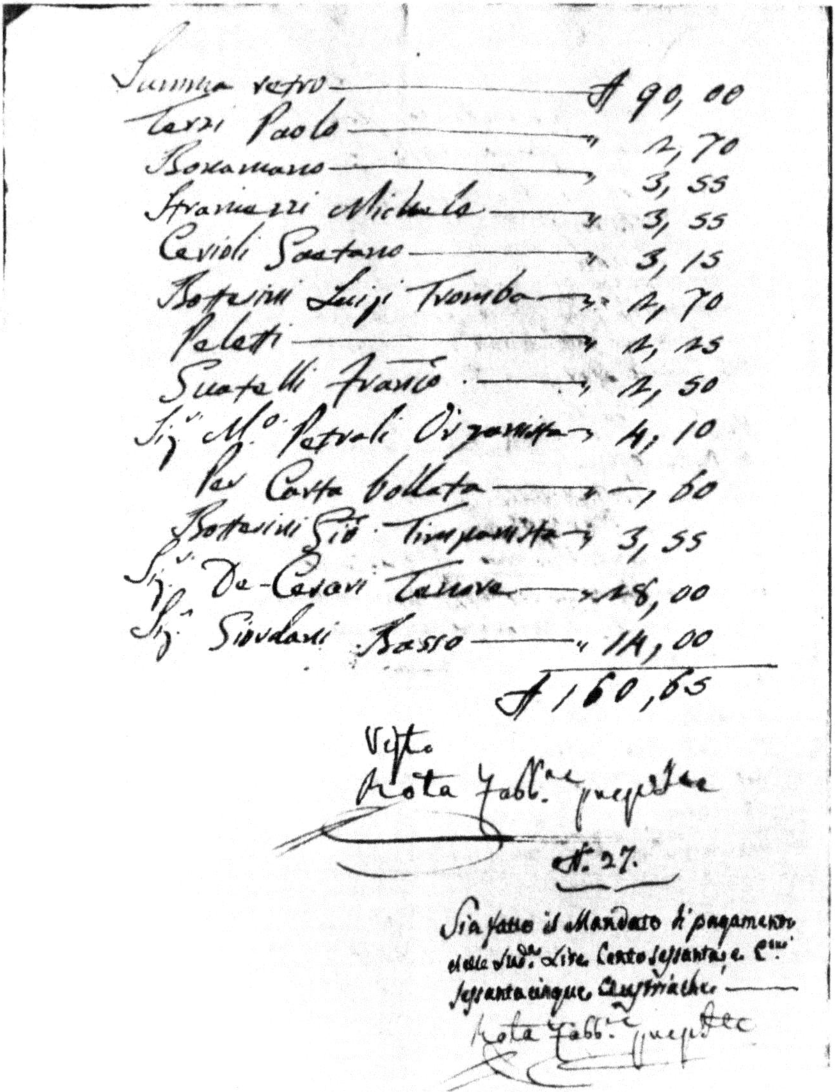

Summa retro — £ 90,00
Terzi Paolo — 2,70
Bonamano — 3,55
Stramazzi Michele — 3,55
Cavioli Gaetano — 3,15
Bottasini Luigi Tromba — 2,70
Paletti — 2,25
Guatelli Franco — 2,50
Sig.r M.o Patroli Organista — 4,10
Per Carta bollata — ,60
Bottasini Gio. Timpanista — 3,55
Sig.r De-Cesari Tenore — 18,00
Sig.r Giordani Basso — 14,00
£ 160,65

Visto
Nota Fabb.re preposto

N. 27.

Sia fatto il Mandato di pagamento delle sud.e Lire Cento sessanta, e Cent.i sessantacinque Austriache —
Nota Fabb.re preposto

5. - Nota di pagamento datata 8 luglio 1834 (ACSS, *Ricapiti dal 1832 al 1839*).

APPENDICE

PREMESSA

I limiti cronologici della ricerca condotta per il presente contributo vanno dal 1774 al 1846. Una visione più ampia cronologicamente, ma limitata nella consultazione delle carte ad alcuni manoscritti opportunamente scelti, è stata riservata ai decenni precedenti ed a quelli successivi.

L'analisi dell'ultima parte del secolo XVIII è determinante per comprendere in quali condizioni si trovò ad operare Giuseppe Gazzaniga, il maestro che dovette sovrintendere musicalmente alla formazione di una generazione di musicisti importanti nella vita cittadina negli anni in cui visse Bottesini; intendiamo la generazione della famiglia Bottesini, degli Stramezzi, dei Re, dei Bonamano, del Cogliati stesso che affiancò il Gazzaniga nelle responsabilità legate al buon andamento della cappella musicale, e il Pavesi poi. Quest'ultimo, come già il suo predecessore, la diresse sino alla morte, avvenuta nel 1850.

Il periodo interessante per la formazione del giovane Bottesini diviene così quello che vide il passaggio delle consegne dal Gazzaniga al Pavesi, e buona parte del mandato di quest'ultimo. I quesiti che ci siamo posti riguardano la presenza, i nominativi, i ruoli ricoperti dai diversi musicisti, la consistenza numerica e la composizione dei concerti vocali e strumentali. La prima risposta si è voluta cercare nell'ambito documentario.

Nell'ACSS sono stati consultati i ms. *Unioni e Determinazioni 1694-1703* (vol. IV), *Unioni e Determinazioni 1703-1732* (vol. V), *Unioni e Determinazioni 1732-1767* (vol. VI), *Unioni e Determinazioni 1767-1806* (vol. VII); *Mastro G 1775-1806, Mastro H 1806-1824, Giornale 1807-1824, Giornale 1825-1852;* e compulsate le carte ora collocate nelle cartelle *Ricapiti dal 1806 al 1809 e dal 1817 al 1823, Ricapiti dal 1824 al 1831, Ricapiti dal 1832 al 1839, Ricapiti dal 1840 al 1846; Spese ordinarie e straordinarie dal 1847 al ...; Cappella di Musica, Organisti, Sindaci e Deliberazioni dal 1548 al 1693. Deliberazioni dal 1548 al 1681 e dal 1780 al 1806; Consorzio della B.V.M.* Punto di partenza è stato lo spoglio delle *Unioni* dove, ormai dal 1671 con regolarità anche per gli eventi attinenti alla musica, i cancellieri del Consorzio annotavano le decisioni prese dal consiglio direttivo. La verifica di tali parti prese si può avere dalla lettura dei volumi destinati alla registrazione delle entrate e uscite della confraternita, concreto riscontro delle azioni intraprese. Per ciò che ci riguarda sono stati consultati i *Mastri,* dove si trovano alfabeticamente ordinate le singole partite aperte per le spese intitolate ai singoli musicisti, i *Giornali,* dove si possono leggere le spese correnti (e perciò anche quelle sostenute per occasioni particolari), nonché le singole note di pagamento, conservate in buona parte per il nostro periodo. La suddivisione in differenti registri delle attività del Consorzio, e poi della Fabbriceria, si deve ai diversi responsabili nominati a tale scopo: il controllo incrociato dell'operato dei singoli incaricati doveva rendere conto della correttezza della gestione. Non è nostro compito addentrarci nei problemi legati alle particolari registrazioni, in esse però possiamo trovare traccia dei musicisti sovvenzionati dall'ente, rispondendo almeno parzialmente ai quesiti che ci siamo posti.

Tabella 1.
Organico dei musicisti ordinari della cappella della Cattedrale di Crema (1774-1846)

La tabella riporta l'organico dei musicisti ordinari desunto dalle partite stilate sino al 31.XII.1838 nei libri *Mastri*. Nella resa grafica un asse è occupato dagli incarichi e l'altro invece dal tempo. Le annate successive ad un termine temporale dichiarato vengono omesse qualora l'organico riscontrato non subisca variazioni rispetto agli ultimi dati conosciuti, ed è solo alla comparsa di cambiamenti che viene riportata la nuova situazione determinatasi e l'anno ad essa relativo. I nomi sono stati uniformati all'uso corrente riscontrato nelle partite.

Dal 1838 sino al 1846 le vicende dell'organico della cappella possono essere seguite attraverso le note di pagamento trimestrali. Dopo tale termine cronologico, quelle riguardanti le attività musicali, diversamente da tutte le altre collocate nella cartella *Spese ordinarie e straordinarie dal 1647 al ...*, sono riunite nella cartella *Cappella di Musica* nell'ACSS. La ricostruzione dell'organico ottenuta dalla lettura delle note di pagamento viene data nella tabella a partire dal 1839; in particolare quelle a cui facciamo riferimento sono datate 1839 (30.vi, 30.ix, 31.xii), 1840 (31.iii, 30.vi, 30.ix), 1841 (31.iii, 30.vi, 31.xii), 1842 (31.iii, 30.vi, 30.ix, 31.xii), 1843 (31.iii, 30.vi, 30.ix, 31.xii), 1844 (31.iii, 30.vi, 30.ix, 31.xii), 1845 (31.iii, 30.vi, 30.ix, 31.xii), 1846 (31.iii, 30.vi, 30.ix, 31.xii). Anche in questo caso laddove non intervengano differenze fra un documento e l'altro nella tabella non sono stati riportati gli estremi cronologici. In tale parte della ricostruzione non abbiamo riportato i dati contrattuali, l'inizio o il termine di un incarico (cfr. l'elenco alfabetico), ma la sola presenza nominale certificata dal documento. Viceversa per il periodo contraddistinto dalle partite quali testimoni, le date sono riferite ai termini contrattuali: in tondo all'inizio dell'incarico, in corsivo la risoluzione; due date affiancate, l'una posta nella parentesi e l'altra no, indicano il contrasto che talora si verifica fra il termine cronologico testimoniato dal contratto e quello registrato nelle corresponsioni degli emolumenti.

Legenda:		
	§	= contratto precedente in corso;
	[	= ... sostituito da ...; da ruolo... a ruolo...;
	corsivo	= termine del contratto;
	?	= dubbio o dato sconosciuto;
	(PP.)	= cfr. Parte Presa il ...;
	id.	= conferma del musicista indicato nella linea antecedente;
	n°	= numero di riferimento protocollare delle note di pagamento.

	anno 1774	anno 1778	anno 1779
mdc	§ Fezia C. 31.v	id.	id.
vl	§ Corsini G.A.	id.	id.
vl	§ Colnago S.	id.	id.
vl	§ Vimercati G.B.	id.	id.
vl	Chiari G. 31.v	id.	id.
vl	Pastori G. 31.v	id.	id.
vl	Caprara F. 31.v	id.	id.
			Vinzio A. 1.vi
vla	§ Vimercati F. 31.v	id.	id.
vlc	§ Guerini A. 31.v	id.	id.
cb	§ Danzi F. 31.v	id.	id.
violona	§ Savioli G. *31.i*		
ob	§ Draghi C. *28.ii*	Cormieri L. 1.vi	id.
ob	Bettinelli A. (PP.29.v)	*Bettinelli A.31.v*	
fag	§ Leani F.	id.	id.
S	Moroni C. 31.v	id.	id.
A	§ Vignati G.	id.	id.
T	Piatelli F. 31.v	id.	id.
B	§ Ceriolo S.	id.	id.
vla?	Grossi G.B. 31.v	id.	id.

	anno 1780	anno 1783	anno 1784
mdc	id.	[*Fezia C. 20.xi*	
		Nevodini P.	
		(PP.9.vi) 20.xi	id.
vl	Corsini G.A.	*Corsini G.A. 9.vi*	Corsini G.A. 1.vi
vl	Colnago S.	id.	id.
vl	Vimercati G.B.	*Vimercati G.B. 31.v*	Rè Carlo
vl	[*Chiari G. 12.ii*	Rè Carlo 1.vi	Cogliati C.
vl	Cogliati C. 13.ii	id.	(PP.14.ii.84 vl 1)
vl	Pastori G.	id.	*Pastori G. 31.v*
vl	Caprara F.	id.	id.
vl	Vinzio A.	id.	id.
vl			Guerini Gio. 1.ii
vla	Vimercati F.	*Vimercati F. 9.vi*	
vlc	Guerini A.	id.	id.
cb	Danzi F.	id.	id.
cb		Leani Antonio 1.vi	id.
ob	Cormieri L.	id.	id.
ob			Terzi G. 1.vi, ob 2
cor		Scaraboccia G. 1.vi	id.
cor		Soldati G. 1.vi	id.
fag	Leani F.	id.	id.
S	Moroni C.	id.	id.
A	Vignati G.	id.	id.
T	Piatelli F.	id.	id.
B	Ceriolo S.	id.	id.
vla?	Grossi G.B.	id.	*Grossi G.B. 31.v*
vl?		Zanetti B. 1.vi	id.

	anno 1785	anno 1786	anno 1789
mdc	Nevodini P.	id.	id.
vl	Corsini G.A.	*Corsini G.A. 31.ix*	
vl	Colnago S.	id.	id.
vl	Rè Carlo	id.	id.
vl	Cogliati C.	id.	id.
vl	Caprara F.	id.	id.
vl	Vinzio A.	id.	id.
vl	Guerini Gio.	id.	id.
vlc	Guerini A.	id.	id.
cb	Danzi F.	id.	id.
cb	Leani Antonio	id.	*Leani Antonio 24.xi*
ob	Cormieri L.	id.	id.
ob	Terzi G.	id.	id.
cor	Scaraboccia G.	id.	*Scaraboccia G. 1.vi*
cor	Soldati G.	id.	id.
tr			Scaraboccia G. 1.vi
fag	Leani F.	id.	id.
S	Moroni C.	id.	id.
A	Vignati G.	id.	id.
T	*Piatelli F. 30.ix*		
T	Polati A. 1.ii	id.	id.
B	Ceriolo S.	id.	id.
vl?	Zanetti B.	id.	id.

	anno 1790	anno 1791	anno 1792
mdc	*Nevodini P. 31.xii*	Gazzaniga G. (PP.2.i) 20.ii	id.
vl	Colnago S.	id.	*Colnago S. 31.v*
vl	Rè Carlo	id.	id.
vl	Cogliati C.	id.	id.
vl	Caprara F.	id.	id.
vl	Vinzio A.	id.	id.
vl	Guerini Gio.	id.	id.
vla	Stramezzi Paolo 1.vii	id.	id.
vlc	Guerini A.	id.	id.
cb	Danzi F.	id.	id.
cb	Marzetti Giovanni 1.ii	id.	id.
cb	Bonamano A. 1.ii	id.	id.
ob	Cormieri L.	id.	id.
ob	Terzi G.	id.	id.
cor	Soldati G.	id.	id.
tr	Scaraboccia G.	id.	id.
fag	Leani F.	id.	id.
S	Moroni C.	id.	id.
S		Lorenzini D.	id.
A	Vignati G.	id.	id.
T	Polati A.	id.	id.
B	Ceriolo S.	id.	id.
vl?	Zanetti B.	id.	id.

	anno 1794	anno 1795	anno 1796
mdc	Gazzaniga G.	id.	id.
vl	Rè C.	id.	id.
vl	Cogliati C.	id.	id.
vl	Caprara F.	id.	id.
vl	Vinzio A.	id.	id.
vl	Guerini Gio.	id.	id.
vla	Stramezzi Paolo	id.	id.
vlc	Guerini A.	id.	id.
cb	Danzi F.	id.	*Danzi F. 5.xi*
cb	Marzetti Gio.	id.	id.
cb	Bonamano A.	id.	id.
ob	Cormieri L.	id.	id.
ob	Terzi G.	id.	id.
cor	Soldati G.	id.	id.
tr	Scaraboccia G.	id.	id.
fag	Leani F.	id.	id.
S	Moroni C.	id.	id.
S	*Lorenzini D. 30.vi*		
S	Lussana G. (PP.20.vii) 21.ix	*Lussana G. 30.iv*	Fasciotti F. 31.v
A	Vignati G.	id.	id.
T	Polati A.	id.	id.
B	Ceriolo S.	*Ceriolo S. 6.iv*	
B		Covi D. 12.iv	id.
vl?	Zanetti B.	id.	id.

	anno 1798	anno 1799	anno 1800
mdc	Gazzaniga G.	id.	id.
vl	Rè C.	id.	id.
vl	Cogliati C.	id.	id.
vl	Caprara F.	*Caprara F. 26.xi*	Comnasio L. 27.iii-*30.ix*
vl	Vinzio A.	id.	id.
vl	Guerini Gio.	id.	id.
vl		Guerini Gaetano 12.x	id.
vla	Stramezzi Paolo	id.	id.
vlc	Guerini A.	id.	id.
cb	Marzetti Gio.	id.	id.
cb	Bonamano A.	id.	id.
ob	Cormieri L.	id.	id.
ob	Terzi G.	id.	id.
cor	Soldati G.	id.	id.
tr	Scaraboccia G.	id.	id.
fag	Leani F.	id.	id.
S	Moroni C.	id.	id.
S	Fasciotti F.	id.	id.
A	Vignati G.	id.	id.
T	Polati A.	*Polati A. 7.iii*	
T		Meroni G.B. 12.x	id.
B	Covi D.	id.	id.
vl?	*Zanetti B. 1.x*		

	anno 1801	anno 1802	anno 1803
mdc	Gazzaniga G.	id.	id.
vl	Rè C.	id.	id.
vl	Cogliati C.	id.	id.
vl	Vinzio A.	id.	id.
vl	Guerini Gio.	id.	id.
vl	Guerini G.	id.	id.
vla	Stramezzi Paolo	id.	id.
vlc	Guerini A.	id.	id.
cb	Marzetti Gio.	id.	id.
cb	Bonamano A.	id.	id.
ob	Cormieri L.	id.	*Cormieri L. 30.ix*
ob	Terzi G.	id.	id.
ob			Guerini C. 14.xii
cor	Soldati G.	id.	id.
tr	Scaraboccia G.	id.	id.
fag	Leani F.	id.	id.
S	Moroni C.	id.	id.
S	*Fasciotti F. 16.vi*	Codini G. 1.ii-*31.vii*	
A	Vignati G.	id.	id.
T	Meroni G.B.	id.	id.
B	Covi D.	id.	id.

	anno 1804	anno 1806	anno 1807
mdc	Gazzaniga G.	id.	id.
vl	Rè C.	id.	id.
vl	Cogliati C.	id.	id.
vl	Vinzio A.	id.	id.
vl	Guerini Gio.	*Guerini Gio. 30.ix*	
vl	Guerini G.	id.	id.
vl			Rè G.B. 1.i
vl			Bottesini L. 1.i
vl			Bottesini P. 1.i
vla	Stramezzi Paolo	id.	id.
vla			Marenghi P. 1.i
vlc	Guerini A.	id.	id.
cb	Marzetti Gio.	id.	id.
cb	Bonamano A.	id.	id.
cb			Marzetti Gia. 1.i
ob	Terzi G.	id.	id.
ob	Guerini C.	id.	id.
cor	Soldati G.	id.	id.
cor			Bonamano V. 1.i
cor			Stramezzi M. 1.i
tr	Scaraboccia G.	id.	*Scaraboccia G. 1.ii*
tr			Leani Ag. 1.i
fag	Leani F.	*Leani F. 30.ix*	
S	Moroni C.	*Moroni C. 11.xii*	Pavesi A. 1.i
A	*Vignati G. 4.xii*	Smolzi A. 1.i	id.
T	Meroni G.B.	id.	id.
T			Guerini L. 1.i
B	Covi D.	id.	id.
istr			Smolzi A. 30.vi
Org			§ Piazza A. 31.xii

	anno 1809	anno 1810	anno 1811
mdc	Gazzaniga G.	id.	id.
vl	Rè C.	id.	id.
vl	Cogliati C.	id.	id.
vl	Vinzio A.	id.	id.
vl	Guerini G.	id.	id.
vl	Rè G.B.	id.	id.
vl	Bottesini L.	id.	id.
vl	Bottesini P.	*Bottesini P. 30.ix*	
vl	Truffi G. 20.iv	id.	id.
vla	Stramezzi Paolo	id.	id.
vla	Marenghi P.	id.	id.
vlc	Guerini A.	id.	id.
cb	Marzetti Gio.	id.	id.
cb	Bonamano A.	id.	id.
cb	Marzetti Gia.	id.	id.
cl		Bottesini P. 1.x	id.
cl		Fava G. 1.x	id.
ob	Terzi G.	id.	id.
ob	Guerini C.	id.	id.
cor	*Soldati G. 31.v*		
cor	Bonamano V.	id.	id.
cor	Stramezzi M.	id.	id.
tr	Leani Ag.	*Leani Ag. 30.ix*	
fag		Leani Ag. 1.x	id.
fag		Soldati G. 1.x	id.
S	Pavesi A.	id.	*Pavesi A. 31.xii*
A	Smolzi A.	*Smolzi A. 31.xii*	
T	Meroni G.B.	id.	id.
T	Guerini L.	id.	id.
B	Covi D.	id.	id.
B		Magnani F. 1.x	id.
istr	Smolzi A.	id.	id.
Org	Piazza A.	id.	id.

	anno 1812	anno 1813	anno 1814
mdc	Gazzaniga G.	id.	id.
vl	Rè C.	id.	id.
vl	Cogliati C.	id.	id.
vl	Vinzio A.	id.	id.
vl	Guerini G.	id.	id.
vl	Rè G.B.	id.	id.
vl	Bottesini L.	id.	id.
vl	*Truffi G. 31.v*		
vla	Stramezzi Paolo	id.	id.
vla	Marenghi P.	id.	*Marenghi P. 30.vi*
vlc	Guerini A.	id.	id.
cb	Marzetti Gio.	id.	id.
cb	Bonamano A.	id.	id.
cb	Marzetti Gia.	id.	id.
cl	Bottesini P.	id.	id.
cl	Fava G.	*Fava G. 31.xii*	
ob	Terzi G.	id.	id.
ob	Guerini C.	id.	id.
cor	Bonamano V.	id.	id.
cor	Stramezzi M.	id.	id.
fag	Leani Ag.	id.	id.
fag	Soldati G.	id.	id.
T	Smolzi A. 1.ii	*Smolzi A. 31.vii*	
T	Meroni G.B.	id.	id.
T	Guerini L.	id.	*Guerini L. 31.v*
B	Covi D.	id.	id.
B	Magnani F.	id.	id.
istr	Smolzi A.	id.	id.
Org	Piazza A.	id.	id.

	anno 1815	anno 1816	anno 1817
mdc	Gazzaniga G.	id.	id.
vl	Rè C.	id.	id.
vl	Cogliati C.	id.	id.
vl	Vinzio A.	id.	[*Vinzio A. 15.xi* Visconti C. (1.1.1818) 11.xii
vl	Guerini G.	id.	*Guerini G. 31.v*
vl	Rè G.B.	id.	id.
vl	Bottesini L.	id.	id.
vla	Stramezzi Paolo	id.	id.
vlc	Guerini A.	id.	id.
cb	Marzetti Gio.	id.	id.
cb	Bonamano A.	*Bonamano A. 30.ix*	
cb	Marzetti Gia.	id.	id.
cl	Bottesini P.	id.	id.
ob	Terzi G.	id.	id.
ob	Guerini C.	id.	*Guerini C. 30.vi*
cor	Bonamano V.	id.	id.
cor	Stramezzi M.	id.	id.
fag	Leani Ag.	*Leani Ag. 31.xii*	
fag	*Soldati G. 26.xi*		
T	Meroni G.B.	id.	id.
B	Covi D.	id.	id.
B	Magnani F.	id.	id.
istr	Smolzi A.	[*Smolzi A. 31.v* Petrali G. 2.vii	 id.
Org	Piazza A.	id.	id.

	anno 1818	anno 1819	anno 1820
mdc	[*Gazzaniga G. 1.ii* Pavesi S. 4.ii	id.	id.
vl	Rè C.	id.	*Rè C. 20.xii*
vl	Cogliati C.	id.	id.
vl	Visconti C.	id.	id.
vl	Rè G.B.	id.	id.
vl	Bottesini L.	id.	id.
vl		Cormieri P. 1.i	*Cormieri P. 26.iii*
vla	Stramezzi Paolo	id.	id.
vlc	[*Guerini A. 31.v* Truffi G. (15.vii) 1.vii	id.	id.
cb	Marzetti Gio.	id.	id.
cb	Marzetti Gia.	id.	id.
cl	Bottesini P.	id.	id.
cl	Pellegrini P. 1.i	id.	id.
ob	Terzi G.	id.	id.
cor	Bonamano V.	id.	id.
cor	Stramezzi M.	id.	id.
tr	Iublin G. 28.v	id.	id.
trb	Cerioli G. (28.v) 1.vi	id.	id.
T	Meroni G.B.	id.	id.
B	Covi D.	id.	id.
B	Magnani F.	id.	id.
istr	Petrali G.	id.	id.
Org	Piazza A.	id.	id.

	anno 1822	anno 1825	anno 1826
mdc	Pavesi S.	id.	id.
vl	Stramezzi Pietro	id.	id.
vl	Cogliati C.	id.	id.
vl	Visconti C.	id.	id.
vl	Rè G.B.	id.	id.
vl	Bottesini L.	id.	id.
vla	Stramezzi Paolo	id.	id.
vlc	Truffi G.	id.	id.
cb	Marzetti Gio.	*Marzetti Gio. 6.i*	
cb	Marzetti Gia.	id.	id.
cb		Freri C. 17.ii	id.
cl	Bottesini P.	id.	id.
cl	Pellegrini P.	id.	id.
ob	Terzi G.	*Terzi G. 31.xii*	Terzi P. 1.i
cor	Bonamano V.	id.	id.
cor	Stramezzi M.	id.	id.
tr	Iublin G.	id.	id.
trb	Cerioli G.	id.	id.
T	Meroni G.B.	id.	id.
B	Covi D.	id.	id.
B	Magnani F.	id.	id.
istr	Petrali G.	id.	id.
Org	Piazza A.	id.	id.

	anno 1828	anno 1829	anno 1830
mdc	Pavesi S.	id.	id.
vl	*Stramezzi P. 31.iii*		
vl	Cogliati C.	id.	id.
vl	Visconti C.	id.	id.
vl	Rè G.B.	id.	id.
vl	Bottesini L.	id.	id.
vl	Viscardi P. 21.xii	id.	id.
vla	Stramezzi Paolo	id.	id.
vlc	Truffi G.	id.	id.
cb	Marzetti Gia.	id.	id.
cb	Freri C.	id.	id.
cl	Bottesini P.	id.	id.
cl	Pellegrini P.	id.	id.
ob	Terzi P.	id.	id.
cor	Bonamano V.	id.	id.
cor	Stramezzi M.	id.	id.
tr	Iublin G.	id.	id.
trb	Cerioli G.	id.	id.
T	Meroni G.B.	id.	id.
B	Covi D.	id.	id.
B	Magnani F.	id.	id.
istr	Petrali G.	id.	id.
Org	Piazza A.	id.	[*Piazza A. 14.vii* Petrali G. 19.vii

	anno 1831	anno 1833	anno 1834
mdc	Pavesi S.	id.	id.
vl	Cogliati C.	id.	*Cogliati C. 23.vii*
vl			Stramezzi Pietro 30.ix
vl	Visconti C.	id.	*Visconti C. 31.iii*
vl			Bottesini Cesare 11.vii
vl	Rè G.B.	id.	id.
vl	Bottesini L.	id.	id.
vl	Viscardi P.	id.	id.
vl			Santelli G. 11.viii
vla	Stramezzi Paolo	id.	id.
vlc	Truffi G.	id.	id.
cb	*Marzetti Gia. 1.iii*		
cb	Freri C.	id.	id.
cb	Cerioli A. 1.vii	id.	id.
cl	Bottesini P.	id.	id.
cl	Pellegrini P.	id.	id.
ob	Terzi P.	id.	id.
cor	Bonamano V.	id.	id.
cor	Stramezzi M.	id.	id.
tr	Iublin G.	*Iublin G. 31.iii*	
tr		Bottesini L. 1.vii	id.
trb	Cerioli G.	id.	id.
T	Meroni G.B.	id.	id.
B	Covi D.	id.	id.
B	Magnani F.	id.	id.
istr	Petrali G.	id.	id.
Org	Petrali G.	id.	id.

	anno 1836	anno 1837	anno 1838
mdc	Pavesi S.	id.	id.
vl	Stramezzi P.	id.	id.
vl	*Bottesini C. 30.ix*		
vl	Rè G.B.	id.	id.
vl	Bottesini L.	id.	id.
vl	Viscardi P.	id.	id.
vl	Santelli G.	id.	id.
vl	Massari G. 16.ix	id.	id.
vl			Ortori G. 9.iv
vla	Stramezzi Paolo	id.	id.
vlc	Truffi G.	id.	id.
cb	Freri C.	id.	id.
cb	Cerioli A.	id.	id.
cl	Bottesini P.	id.	id.
cl	Pellegrini P.	id.	id.
ob	Terzi P.	id.	id.
cor	Bonamano V.	id.	id.
cor	Stramezzi M.	*Stramezzi M.*	Bonamano Antonio 9.i
cor		*(28.ix) 31.xii*	
tr	*Bottesini L. 30.ix*		
trb	Cerioli G.	id.	id.
T	Meroni G.B.	id.	id.
T			Pesadori R. 9.i
B	*Covi D. 21.iv*		
B	Magnani F.	id.	id.
istr	Petrali G.	id.	id.
Org	Petrali G.	id.	id.

data	30.vi.1839	30.ix.1839	31.iii.1840
n°	16	37	5
mdc	Pavesi S.	id.	id.
vl 1 dir	Stramezzi Pietro	id.	id.
vl	Bottesini L.	id.	id.
vl	Rè G.B.	id.	id.
vl	Santelli G.		
vl	Massari G.	id.	id.
vl	Ortori G.	id.	id.
vla	Stramezzi Paolo		
vla	Santelli G.	id.	id.
vlc	Truffi G.	id.	id.
cb	Cerioli A.	id.	id.
cb			Chiari Vincenzo
cl	Bottesini P.	id.	id.
cl	Pellegrini P.	id.	id.
ob	Terzi P.	id.	id.
cor	Bonamano V.	id.	id.
cor	Bonamano A.	id.	id.
tr	Viscardi Pietro	id.	id.
T	Meroni G.B.	id.	id.
T	Pesadori R.	id.	id.
B	Magnani F.	id.	id.
istr	Petrali G.	id.	id.

data	30.vi.1840	30.ix.1840	30.vi.1843
n°	21	41	23
mdc	Pavesi S.	id.	id.
vl 1 dir	Stramezzi P.	id.	id.
vl	Bottesini L.	id.	id.
vl	Rè G.B.	id.	id.
vl	Massari G.	id.	id.
vl	Ortori G.	id.	id.
vl		Pajardi Luigi	id.
vl		Barbarini Carlo	id.
vla	Santelli G.	id.	id.
vlc	Truffi G.	id.	
cb	Cerioli A.	id.	id.
cb	Chiari V.	id.	id.
cl	Bottesini P.	id.	id.
cl	Pellegrini P.	id.	id.
ob	Terzi P.	id.	id.
cor	Bonamano V.	id.	id.
cor	Bonamano A.	id.	id.
tr	Viscardi P.	id.	id.
trb		Cerioli G.	id.
T	Pesadori R.	id.	id.
istr	Petrali G.	id.	id.

data	30.ix.1843	31.xii.1846
n°	42	85
mdc	Pavesi S.	id.
vl 1 dir	Stramezzi P.	id.
vl	Bottesini L.	id.
vl	Rè G.B.	id.
vl	Massari G.	id.
vl	Ortori G.	id.
vl	Pajardi Luigi	id.
vl	Barbarini Carlo	id.
vla	Santelli G.	id.
cb	Cerioli A.	id.
cb	Freri C.	id.
cl	Bottesini P.	id.
cl	Pellegrini P.	id.
ob	Terzi P.	id.
cor	Bonamano V.	id.
cor	Bonamano A.	id.
tr	Viscardi P.	id.
trb	Cerioli G.	id.
T	Pesadori R.	id.
istr.	Petrali G.	id.

Tabella 2.
Musicisti «straordinari» intervenuti nella Cattedrale di Crema (1807-1846)

La tabella è relativa alle occasioni straordinarie con apporto orchestrale e vocale; rende perciò ragione delle presenze dei musicisti pagati per quella sola occasione e perciò considerati nella categoria degli «straordinari». Si noti però come molti di essi appartengano in realtà alla cappella musicale regolarmente stipendiata. I documenti qui schedati sono le note di pagamento raccolte per annate e custodite nell'ACSS del Duomo di Crema nelle cartelle *Ricapiti*; quelle riguardanti le occasioni con apporto musicale «straordinario» conservate vanno dal 1807 sino al 1846 fornendo così un panorama degli avvenimenti che coinvolsero il Consorzio nel periodo da noi individuato. Per rendere accessibile la loro lettura si è scelta, in questa sede, la forma della tabella: le informazioni sono inserite in una griglia organizzata cronologicamente su di un asse, e in funzione del ruolo ricoperto dai musicisti sull'altro. In essa il testo riproduce quanto si legge nel documento ed è affiancato da alcuni segni assenti nella versione originale. Tali segni, da noi aggiunti, evidenziano l'interpretazione che si è voluta dare dei dati.

La redazione dei documenti segue uno schema abbastanza rigido non solo per le formule protocollari mostrate ma bensì nella composizione del documento: la distribuzione sul foglio dei musicisti intervenuti, con la specificazione della cifra loro dovuta, segue ridigamente la divisione in aree che individuano chiaramente l'orchestra (e le famiglie degli strumenti sono anch'esse dislocate in modo distinto) ed i cantori. Tale schema è talvolta reso patente dalla presenza di inequivocabili scritte: violini, cantanti, corni etc. Nella ricostruzione degli organici impiegati si è perciò tenuto conto della priorità della posizione sul documento del nome del musicista, delle diverse indicazioni provenienti dall'insieme dei documenti qui schedati, delle indicazioni degli altri documenti visionati per il presente contributo, analizzati in altra parte nella Appendice o solo citati.

Nella tabella sono rese evidenti alcune situazioni particolari quali i casi in cui le informazioni determinanti provengono da documenti qui non schedati (il cui riferimento si trova citato nell'elenco alfabetico alla voce), o i nomi la cui collocazione sul mandato di pagamento rendono evidente la loro appartenenza al concerto vocale o strumentale ma non il singolo ruolo specifico (e ciò si riscontra particolarmente per i cantori), oppure ancora i casi in cui diverse indicazioni, soprattutto di differenti incarichi nel medesimo torno di tempo, pongono il problema dell'effettivo ruolo svolto in quell'occasione dal versatile musicista. Per il primo caso si è posto il nome entro parentesi tonde, nel secondo entro parentesi quadre e per il terzo si è affiancato a queste ultime un asterisco in alto a destra. Le annotazioni cumulative — come ad es. i termini «musici» o «violini» accanto ad un segno grafico, simile ad una parentesi, comprendente i nomi dei musicisti designati complessivamente in tal modo, nel caso specifico cantori i primi e strumentisti i secondi — vengono trascritte, tal quali, accanto ad i singoli nomi e corredate da un asterisco (*) che ne segnala il valore originale estensivo e non individuale.

Le date riportate sono quelle relative all'evento ed esse normalmente coincidono con la data della registrazione del documento, le eccezioni sono segnalate con il simbolo » posto fra la data relativa al protocollo e quella dell'effettiva esecuzione. Il numero di riferimento progressivo annuale viene riportato sotto la voce «n°»; le note di pagamento sprovviste di tale indicazione sono limitate alle prime annate qui schedate. Il tipo di manifestazione predisposta e la causa che la promosse sono ravvisabili nelle voci «dicitura» e «occasione». Le cifre corrisposte non vengono trascritte poiché esula dal presente contributo uno studio comparativo del trattamento economico riservato alla cappella.

Quanto scritto in tabella pertanto riproduce ciò che si legge nel documento, eccezion fatta per le integrazioni nostre — solitamente l'iniziale del nome di battesimo — poste entro i simboli «». Inoltre, per uniformare il testo e semplificare la consultazione sono state mantenute le semplici abbreviazioni originali (ma alcuni nomi sono stati sciolti con l'uso della parentesi tonda in corpo di parola), adottati S.r. e m° per indicare «Signor» e «Maestro» in vece delle diverse possibilità originali, si è ritenuto opportuno introdurre le abbreviazioni internazionali in uso oggigiorno per gli strumenti musicali o per i registri vocali anche laddove il documento ne chiarifica la presenza per esteso.

Perciò il testo rimanda alla lezione originale con le seguenti avvertenze:

( ) = informazioni provenienti da documenti qui non schedati (cfr. elenco alfabetico);
[ ] = permangono dubbi sul ruolo svolto pur essendo chiara l'area di appartenenza;
[ ]* = i documenti rivelano incarichi differenti nel medesimo periodo (cfr. l'elenco alfabetico);
[...] = omissis;
« .» = integrazioni;
? = dubbi.

anno	1807.10.vi	1807.16.viii	1808.26.v
n°			
m°	m° Gazzaniga«G»	S.r m° Gazzaniga«G»	m° Gazzaniga«G»
vl 1 dir	violini*Cogliati«C»		Cogliati«C»
vl	violini*Gio:Guerini	violini*Gio:Guerini	Gio:Guerini
vl	violini*Carlo Rè	violini*Carlo Rè	Carlo Rè
vl	violini*Vinzio«A?»	Rè figlio«G.B.»	Vinzio«A?»
vl	violini*Gaetano Guerini	violini*Vinzio«A?»	Gio Batt(ist)a Rè
vl	violini*Gio.Bat(tis)ta Rè	violini*Gaetano Guerini	Gaetano Guerini
vl	violini*Bottesini«L»	violini*Marenghi	Bottesini Luigi
vl	violini*Marenghi«P?»		Marenghi«P?»
vla	Stramezzi«P»vla	vla	Stramezzi«P»vla
vlc	Guerini«A?»vlc		Guerini«A?»vlc
cb	Due Marzetti«G,Gio»cb	Due Marzetti«G,Gio»cb	Due Marzetti«G,Gio»
cb	Bonamano«Al»cb		Bonamano«Al»cb
fl		fl	
cl	Bottesini«P»cl	cl	Bottesini«P»cl
ob	Guerini«C?»Primo ob	Primo ob Guerini«C?»	Guerini«C?»ob Primo
ob	Terzi«G?» 2do ob	2do ob	Terzi«G?» ob 2do
cor	Stramezzi Primo cor	Due cor di Caccia	Stramezzi cor P(ri)mo
cor	Bonamano«V» 2do cor		Bonamano«V» cor 2do
tr	Leani tr		Leani tr
fag	Soldati«G?» fag	Leani fag	Soldati«G?» fag
fag	Leani fag		
S	Musici*Pavesi«A»	Musici*[Tedeschino]	Pavesi«A»
S		Musici*[Prete Serena]	
A	Musici*(Smolzi)«A»		(Smolzi)«A»
T	Musici*Meroni«G»	Musici*(Piatelli)«F»	Meroni«G»
T	Musici*[Frà Guerini]	Musici*[Frà Guerini]	[Frà Guerini]
T	Musici*Piatelli«F»		Piatelli«F»
B	Musici*Covi«D»	Musici*Covi«D»	Covi«D»
B			Magnani«F»
org	Piazzino«A»Org	Piazzino«A»Org	Org Piazzino
dicitura	messa cantata	Te Deum	Te Deum
occasione	St. Pantaleone	G(ior)no (o)nomastico	Anniv.Coronaz.S.M.in Re d'Italia

anno	1809.29.x	1817.28.vi	1817.12.xi
n°		36	76
m°	m°[...]Giuseppe Gazzaniga M° di Cap.la	S.r m° Gazzaniga«G»	S.r m° Gazzaniga«G»
vl 1 dir	Cogliati«C»	violini*Cogliati«C»	violini*Cogliati«C»
vl	Carlo Rè	violini*Carlo Rè	violini*Carlo Rè
vl	Batt(ist)a Rè	violini*Vinzio«A?»	violini*Batt(ist)a Rè
vl	Truffi«G»	violini*Bottesini«L»	violini*Bottesini«L»
vl	Vinzio«A?»	violini*Guerini«?»	violini*Guerini«?»
vl	Gaetano Guerini	violini*Batt(ist)a Rè	violini*Visconti«C»
vl	Bottesini«L»	violini*Visconti«C»	violini*Ganazza
vl	Marenghi«P?»	violini*Cormieri	
vla		vla«Stramezzi P?»	vla«Stramezzi P?»
vlc	vlc	vlc	vlc
cb	Due Marzetti«G.,Gio.»	Due cb	Due cb
cb	Bonamano«Al» cb		
fl		fl Terzi	fl
cl	Due cl	Due cl	Due cl
ob	Due ob		ob
cor	Due cor	Due cor	Due cor
tr	tr Leani	tr	
fag	Soldati«G?» fag		
S	Pavesi«A»	Cantanti*Bonadé	Cantanti*Pavesi«A»
S		Cantanti*[Simonetti]	Cantanti*[Simonetti]
A	(Smolzi)«A»		
T	Meroni«G»	Cantanti*Meroni«G»	Cantanti*Meroni«G»
T	[Frà Guerini]	Cantanti*Pesadori«R»	Cantanti*Pesadori«R»
T	Piatelli«F»	Cantanti*Piatelli«F»	Cantanti*Piatelli«F»
B	Covi«D»	Cantanti*Covi«D»	Cantanti*Covi«D»
B	Magnani«F»	Cantanti*Magnani«F»	Cantanti*Magnani«F»
org	Org	Org	Org
dicitura	Te Deum	Messa di Requiem	Messa Solenne di Requiem
occasione	Pace	Commissaria Marchi	Commissaria Marchi

anno	1818.27.x	1818.11.xii	1819.27.ix
n°	181	199	270
m°	S.r. m° Pavesi«S»	S.r m° Petrali«G»	S.r m° Pavesi«S»
vl 1 dir	violini*Cogliati«C»	violini*Cogliati«C»	violini*Cogliati«C»
vl	violini*Carlo Rè	violini*Carlo Rè	violini*Carlo Rè
vl	violini*Batt(ist)a Rè	violini*Batt(ist)a Rè	violini*Bottesini«L»
vl	violini*Bottesini«L»	violini*Bottesini«L»	violini*Batt(ist)a Rè
vl	violini*Visconti«C»	violini*Visconti«C»	violini*Visconti«C»
vl	violini*Stramezzi«Pi»	violini*Cormieri«P?»	violini*Stramezzi«Pi»
vl		violini*Ganazza	violini*Ganazza
vl			violini*Cormieri
vla	vla«Stramezzi P?»	vla«Stramezzi P?»	vla«Stramezzi P?»
vlc	vlc	vlc	vlc
cb	Due cb	Due cb	Due cb
fl	fl	fl	fl
cl	Due cl	Due cl	Due cl
ob	Due ob	Due ob	
cor	Due cor	Due cor	Due cor
tr	tr	tr	tr
trb	trb	trb	trb
fag			fag
S	Cantanti*Bonadè	Cantanti*Bonadè	Cantanti*Bonadè
S	S di Bergamo		
A	Cantanti*(Inzoli)«A»	Cantanti*(Inzoli)«A»	Cantanti*(Inzoli)«A»
T	Cantanti*Pesadori«R»	Cantanti*Pesadori«R»	Cantanti*Pesadori«R»
T	Cantanti*Piatelli«F»	Cantanti*Piatelli«F»	Cantanti*Piatelli«F»
T	Cantanti*Meroni«G»	Cantanti*Meroni«G»	
B	Cantanti*Covi«D»	Cantanti*Covi«D»	Cantanti*Covi«D»
B	Cantanti*Magnani«F»	Cantanti*Magnani«F»	Cantanti*Magnani«F»
B	B di Bergamo		
org	Org Piazza«A»	Org	Org Piazza«A»
dicitura	Messa Solenne di Requiem	Messa Solenne di Requiem	Messa Solenne di Requiem
occasione	Commissaria Marchi	Commissaria Marchi	Commissaria Crescini

anno	1819.11.xii	1820.3.vii	1820.12.xii
n°	296	358	395
m°	S.r m° Pavesi«S»	S.r m° Pavesi«S»	m° Petrali«G»
vl 1 dir	violini*Cogliati«C»	violini*Cogliati«C»	Cogliati«C»
vl	violini*Carlo Rè	violini*Carlo Rè	Rè Carlo
vl	violini*Batt(ist)a Rè	violini*Bottesini«L»	Bottesini Luigi
vl	violini*Bottesini«L»	violini*Batt(ist)a Rè	Rè Batt(ist)a
vl	violini*Visconti«C»	violini*Visconti«C»	Visconti«C»
vl	violini*Cormieri«P?»	violini*Stramezzi«Pi»	Ganassa«Ganazza»
vl	violini*Ganazza	violini*Ganazza	Stramezzi Pietro
vl	violini*Stramezzi figlio«P»		
vla	vla«Stramezzi P?»	vla«Stramezzi P?»	vla«Stramezzi P?»
vlc	vlc	vlc	vlc
cb	Due cb	Due cb	Due cb
fl	fl	fl	fl
cl	Due cl	Due cl	
ob	Due ob	ob	
cor	Due cor	Due cor	cor P(ri)mo
cor			cor 2do
tr	tr	tr	tr
tr			tr di Bergamo
trb	trb	trb	trb
fag	fag	fag	fag
S	Cantanti*Bonadè	Cantanti*Bonadè	Bonadè sop(ran)o
S			S di Bergamo
A	Cantanti*(Inzoli)«A»	Cantanti*(Inzoli)«A»	Inzoli«A» A
T	Cantanti*Pesadori«R»	Cantanti*Pesadori«R»	Pesadori«R» T
T	Cantanti*Piatelli«F»	Cantanti*Piatelli«F»	Piatelli«F» T
T	Cantanti*Meroni«G»		T Cantù
B	Cantanti*Covi«D»	Cantanti*Covi«D»	Covi«D» B
B	Cantanti*Magnani«F»	Cantanti*Magnani«F»	Magnani«F» B
B			B di Bergamo
org	Org	Org Piazza«A»	Org
dicitura	Messa Solenne di Requiem	Messa di Requiem	
occasione	Marchi	Commissaria	

anno	1821.1.x	1821.9 » 29.xii » xi	1822.8.vii
n°	470	482	534
m°	S.r m° Pavesi«S»	S.r m° Pavesi«S»	S.r m° Pavesi«S»
vl 1 dir	S.r m° Cogliati«C»	S.r m° Cogliati«C»Primo vl	S.r m° Cogliati«C» Primo vl
vl	Bottesini Luigi	Rè Gio Bat(tis)ta vl	Bottesini Luigi vl
vl	Rè Gio Bat(tis)ta	Bottesini Luigi vl	Rè Gio Bat(tis)ta vl
vl	Bonegi Giovanni Forastiere	Truffi Giuseppe vl	Truffi Giuseppe vl
vl	Visconti Carlo	Visconti Carlo vl	Visconti Carlo vl
vl	Stramezzi Pietro	Stramezzi Pietro vl	Stramezzi Pietro vl
vl	Truffi Antonio	Truffi Antonio vl	Truffi Antonio vl
vla	Stramezzi Paolo	Stramezzi Paolo vla	Stramezzi Paolo vla
vlc	Truffi Giuseppe		
cb	Marzetti Giacomo	Marzetti Giacomo cb	Marzetti Giacomo Basso
cb	Marzetti Giovanni	Marzetti Giovanni cb	Marzetti Giovanni Basso
cb	Visconti Antonio	Visconti Antonio cb	Visconti Antonio cb
fl	Terzi Paolo	Terzi Paolo fl	Terzi Paolo fl
cl	Bottesini Pietro	Bottesini Pietro Primo cl	Bottesini Pietro Primo cl
cl	Pellegrini Pietro	Pellegrini Pietro Secondo cl	Pellegrini Pietro Secondo cl
ob	Cervieri Vincenzo	Cervieri Vincenzo ob	Cervieri Vincenzo ob
cor	Stramezzi Michele	Stramezzi Michele Primo cor	Buonamano Vincenzo Primo cor
cor	Bonamano Vincenzo	Bonamano Vincenzo Secondo cor	Stramezzi Michele Secondo cor
tr	Iublen Giacomo	Zublen Giacomo tr	Iublen Giacomo tr
trb	Cerioli Gaetano	Cerioli Gaetano trb	Cerioli Gaetano trb
fag	Peletti Bortolo	Peletti Bortolo fag	Peletti Bortolo fag
S	Pavesi Antonio	Pavesi Antonio S di concerto	Pavesi Antonio S
A	Inzoli Angelo	Inzoli Angelo A di concerto	Inzoli Angelo A
T	Meroni Giovanni	Meroni Giovanni T di concerto	Pesadori Renuzio T
T	Piatelli«F»	Pesadori Renuzio T di ripieno	Piatelli«F» T di ripieno
T	Pesadori Renuzio	Piatelli«F» T di ripieno	
B	Covi Domenico	Covi Domenico B di concerto	Covi Domenico B
B	Magnani Filippo		Magnani Filippo B di ripieno
B	Breda Domenico	Breda Domenico B di ripieno	Breda Domenico B di ripieno
org	Piazza«A» Org	Piazza«A» Org	Piazza«A» Org
dicitura	Officio in musica	Officio in musica	

anno	1822.11.xii	1823.8.vii	1824.8.vii
n°	560	610	22
m°	S.r m° Petrali«G»	S.r m° Stefano Pavesi	S.r m° Pavesi«S»
vl 1 dir	violini*Cogliati«C»	S.r m° Cogliati«C» Primo vl	S.r m° Cogliati«C»
vl	violini*Rè«G.B.»	Bottesini Luigi vl	Bottesini Luigi
vl	violini*Bottesini Luigi	Rè«G.B.» vl	Rè Gio Bat(tis)ta
vl	violini*Visconti Carlo	Truffi Giuseppe vl	Stramezzi Pietro
vl	violini*Stramezzi Pietro	Stramezzi Pietro vl	Visconti Carlo
vl		Visconti Carlo vl	Viscardi Pietro
vl		Truffi Antonio vl	Guatelli Gioacchino
vl			Santelli Giuseppe
vla	vla Stramezzi Paolo	Stramezzi Paolo vla	Stramezzi Paolo
vlc			Truffi Giuseppe
cb	Contrabbassi*Marzetti«G» Filio	Marzetti Giacomo Basso	Marzetti Giacomo
cb	Contrabbassi*Marzetti Padre «Gio»	Marzetti Giovanni Basso	Marzetti Giovanni
cb	Contrabbassi*Visconti Antonio	Freri Camillo Basso	Freri Camillo
fl	Flauti*Cervieri Vincenzo	Terzi Paolo fl	Terzi Paolo
fl	Flauti*Terzi«P»		
cl	clarinetti*Bottesini Pietro	Bottesini Pietro Primo cl	Bottesini Pietro
cl	clarinetti*Pellegrini«P»	Pellegrini Pietro Secondo cl	Pellegrini Pietro
ob		Cervieri Vincenzo ob	Cervieri Vincenzo
cor	cor*Stramezzi Michele	Stramezzi Michele Primo cor	Stramezzi Michele
cor	cor*Bonamano«V»	Bonamano Vincenzo Secondo cor	Bonamano Vincenzo
tr	tr Iublin«Gia»	Iublen Giacomo tr	Zublin Giacomo
trb	trb Cerioli«G»	Cerioli Gaetano trb	
fag	fag Bortolo Peletti	Peletti Bortolo fag	Peletti Bortolo
S	Cantori*Pavesi Antonio	Pavesi Antonio S	Pavesi Antonio
A	Cantori*Inzoli Angelo	Fortunato A	Fortunato Davide
T	Cantori*Meroni«G»	Meroni«G» T	Meroni Giovanni
T	Cantori*Pesadori«R»	Pesadori«R» T	Pesadori Renuzio
T	Cantori*Piatelli«F»	Inzoli«A» T di ripieno	Piatelli Francesco
T		Piatelli T di ripieno	[Inzoli Angelo]*
B	Cantori*Covi«D»	Covi«D» B	Covi Domenico
B	Cantori*Magnani«F»	Magnani«F» B di ripieno	Magnani Filippo
B	Cantori*Breda Domenico	Breda«D» B di ripieno	Breda Domenico
org	Org Piazza«A»	Piazza«A» Org	Piazza«A» Org
dicitura	Officio	Officio	Officio

anno	1824.13.x	1825.8.vii	1825.27.ix
n°	44	106	122
m°	S.r m° Pavesi«S»	S.r m° Pavesi«S»	S.r m° Pavesi«S»
vl 1 dir	S.r m° Cogliati«C»	S.r m° Cogliati«C»	S.r m° D.n Carlo Cogliati
vl	Bottesini Luigi	Bottesini Luigi	Bottesini Luigi
vl	Rè Gio Bat(tis)ta	Rè Gio Bat(tis)ta	Rè Gio Bat(tis)ta
vl	Stramezzi Pietro	Stramezzi Pietro	Stramezzi Pietro
vl	Visconti Carlo	Visconti Carlo	Visconti Carlo
vl	Santelli Giuseppe	Viscardi Pietro	Viscardi Pietro
vl	Bottesini Cesare	Bottesini Cesare	Bottesini Cesare
vl		Guatelli Gioacchino	
vl		Zardelli Maurizio	
vla	Stramezzi Paolo	Stramezzi Paolo	Stramezzi Paolo
vlc	Truffi Giuseppe	Truffi Giuseppe	Truffi Giuseppe
cb	Marzetti Giacomo	Marzetti Giacomo	Marzetti Giacomo
cb	Freri Camillo	Freri Camillo	Freri Camillo
cb	Marzetti Giovanni		Cerioli«A» cb
fl	Terzi Paolo	Terzi Paolo	Terzi Paolo
cl	Bottesini Pietro	Bottesini Pietro	Bottesini Pietro
cl	Pellegrini Pietro	Pellegrini Pietro	Pellegrini Pietro
ob	Cervieri Vincenzo	Cervieri Vincenzo	
cor	Stramezzi Michele	Stramezzi Michele	Stramezzi Michele
cor	Bonamano Vincenzo	Bonamano Vincenzo	Bonamano Vincenzo
tr	Zublin Fran(ces)co	Zublin Fran(ces)co	Zublin Fran(ces)co
trb	Cerioli Gaetano	Cerioli Gaetano	Cerioli Gaetano
fag	Peletti Bortolo		Peletti Bortolo
S	Pavesi Antonio	Pavesi Antonio	Pavesi Antonio
A	Fortunati Davide	Fortunati Davide	Fortunato Davide
T	Meroni Giovanni	Meroni Giovanni	Meroni Giovanni
T	S.r Piatelli Francesco	[Inzoli Angelo]*	Piatelli Francesco
T	[Inzoli Angelo]*		[Inzoli Angelo]*
B	Covi Domenico	Covi Domenico	Covi Domenico
B	Magnani Filippo	Magnani Filippo	Magnani Filippo
B	Breda Domenico	Breda Domenico	Breda Domenico
org	Piazza«A» Org	Piazza«A» Org	Piazza«A» Org
dicitura	Officio	Officio	Officio

anno	1826.11.vii	1826.17.xi	1827.4.ix
n°	194	225	62
m°	S.r m° Pavesi«S»	S.r m° Pavesi«S»	S.r m° Stefano Pavesi
vl 1 dir	S.r m° D.n Carlo Cogliati	S.r m° Cogliati«C»	S.r m° D.n Carlo Cogliati
vl	Bottesini Luigi	Bottesini Luigi	Bottesini Luigi
vl	Rè Gio Bat(tis)ta	Rè Gio Bat(tis)ta	Rè Gio Bat(tis)ta
vl	Stramezzi Pietro	Stramezzi Pietro	Truffi Giuseppe
vl	Visconti Carlo	Visconti Carlo	Stramezzi Pietro
vl	Viscardi Pietro	Viscardi Pietro	Visconti Carlo
vl	Bottesini Cesare	Bottesini Cesare	Viscardi Pietro
vl			Bottesini Cesare
vla	Stramezzi Paolo	Stramezzi Paolo	Stramezzi Paolo
vlc	Truffi Giuseppe	Truffi Giuseppe	
cb	Marzetti Giacomo	Marzetti Giacomo	Marzetti Giacomo
cb	Freri Camillo	Freri Camillo	Freri Camillo
cb	Cerioli«A» cb		Cerioli Antonio
fl	Terzi Paolo	Terzi Paolo	Terzi Paolo
cl	Bottesini Pietro	Bottesini Pietro	Bottesini Pietro
cl	Pellegrini Pietro	Pellegrini Pietro	Pellegrini Pietro
cor	Stramezzi Michele	Stramezzi Michele	
cor	Bonamano Vincenzo	Bonamano Vincenzo	Bonamano Vincenzo
tr	Zublin Fran(ces)co	Zublin Fran(ces)co	Iublin Francesco
trb	Cerioli Gaetano	Cerioli Gaetano	Cerioli Gaetano
fag	Peletti Bortolo		Peletti Bortolo
S	Pavesi Antonio	Pavesi Antonio	Pavesi Antonio
A	S.r Fortunato Davide	Fortunati Davide	Fortunato Davide
A			[Pigola Davide]
T	Meroni Giovanni	Meroni Giovanni	
T	[Inzoli Angelo]*	[Inzoli Angelo]*	[Inzoli Angelo]*
B	Covi Domenico	Covi Domenico	Covi Domenico
B	Magnani Filippo	Magnani Filippo	Magnani Filippo
B	Breda Domenico	Breda Domenico	Breda Domenico
org	Piazza«A» Org	Piazza«A» Org	Piazza«A» Org
dicitura	Officio	Officio	Officio

anno	1827.16.xi	1828.5 » 4.ix	1828.18 » 17.xi
n°	80	201	231
m°	S.r m° Stefano Pavesi	S.r m° Stefano Pavesi	S.r m° Stefano Pavesi
vl 1 dir	S.r m° D.n Carlo Cogliati	S.r m° Cogliati«C»	S.r m° Cogliati«C»
vl	Bottesini Luigi	Bottesini Luigi	Bottesini Luigi
vl	Rè Gio Bat(tis)ta	Rè Gio Bat(tis)ta	Rè Gio Bat(tis)ta
vl	Truffi Giuseppe	Stramezzi Pietro	Stramezzi Pietro
vl	Stramezzi Pietro	Visconti Carlo	Visconti Carlo
vl	Visconti Carlo	Viscardi Pietro	Viscardi Pietro
vl	Viscardi Pietro	Bottesini Cesare	
vl	Bottesini Cesare		
vla	Stramezzi Paolo	Stramezzi Paolo	Stramezzi Paolo
vlc		Truffi Giuseppe	Truffi Giuseppe
cb	Marzetti Giacomo	Marzetti Giacomo	Marzetti Giacomo
cb	Freri Camillo	Freri Camillo	Freri Camillo
cb	Cerioli Antonio	Cerioli Antonio	Cerioli Antonio
fl	Terzi Paolo	Terzi Paolo	Terzi Paolo
cl	Bottesini Pietro	Bottesini Pietro	Bottesini Pietro
cl	Pellegrini Pietro	Pellegrini Pietro	Pellegrini Pietro
cor	Stramezzi Michele	Stramezzi Michele	Stramezzi Michele
cor	Bonamano Vincenzo	Bonamano Vincenzo	Bonamano Vincenzo
tr	Iublin Francesco	Zublin Fran(ces)co	Zublin Fran(ces)co
trb	Cerioli Gaetano	Cerioli Gaetano	Cerioli Gaetano
fag	Peletti Bortolo	Peletti Bortolo	Peletti Bortolo
S	Pavesi Antonio	[Chiari]	Pavesi Antonio
A	Fortunato Davide	Fortunati Davide	Fortunati Davide
A	[Pigola Davide]	[Pigola Davide]	
T		Meroni Giovanni	Meroni Giovanni
T	[Inzoli Angelo]*	[Inzoli Angelo]*	[Inzoli Angelo]*
T	Pergami Angelo T di Romano		
B	Covi Domenico	Covi Domenico	Covi Domenico
B	Magnani Filippo	Magnani Filippo	Magnani Filippo
B	Breda Domenico	Breda Domenico	Breda Domenico
org	Piazza«A» Org	Piazza«A» Org	Piazza«A» Org
dicitura	Officio	Officio	Officio

anno	1829.23.xi	1829.2.xii	1830.12.viii
n°	76	98	62
m°	S.r m° Stefano Pavesi	S.r m° Stefano Pavesi	S.r m° Stefano Pavesi
vl 1 dir	S.r m° D.n Carlo Cogliati	S.r m° D.n Carlo Cogliati	S.r m° D.n Carlo Cogliati
vl	Bottesini Luigi	Bottesini Luigi	Stramezzi Pietro
vl	Rè «G.B.»	Rè «G.B.»	Bottesini Luigi
vl	Truffi «G»	Truffi «G»	Rè Gio Bat(tis)ta
vl	Visconti«C»	Visconti«C»	Visconti Carlo
vl	Bottesini Cesare	Bottesini Cesare	Viscardi Pietro
vl	Viscardi«P»	Viscardi«P»	Bottesini Cesare
vl	Chiari	Chiari	Truffi Giuseppe
vl			Santelli Giuseppe
vla	Stramezzi Paolo	Stramezzi Paolo	Stramezzi Paolo
cb	Marzetti«Gia»	Marzetti«Gia»	Marzetti Giacomo
cb	Freri Camillo	Freri Camillo	Cerioli Antonio
cb	Cerioli Antonio	Cerioli Antonio	
fl	Terzi«P»	Terzi«P»	Terzi Paolo
cl	Bottesini Pietro	Bottesini Pietro	Bottesini Pietro
cl	Pellegrini«P»	Pellegrini«P»	Pellegrini Pietro
cor	Stramezzi Michele	Stramezzi Michele	Stramezzi Michele
cor	Bonamano«V»	Bonamano«V»	Bonamano Vincenzo
tr	Zublin«F»		Zublin Fran(ces)co
trb	Cerioli Gaetano	Cerioli Gaetano	Cerioli Gaetano
fag	Peletti«B»	Peletti«B»	Peletti Bortolo
S	(Chimeri)«F»	(Chimeri)«F»	(Chimeri)«F»
S	[Sentati]	[Sentati Paolo]	[Sentati Paolo]
A	Fortunati«D»	Fortunati«D»	Fortunati Davide
T	Meroni«G»	Meroni Giovanni	Meroni Giovanni
T	[Inzoli]*«A»	[Inzoli Angelo]*	[Inzoli Angelo]*
B	Covi«D»	Covi Domenico	Covi Domenico
B	Magnani«F»	Magnani«F»	Magnani Filippo
B	Breda«D»	Breda Domenico	Breda Domenico
B	Cantante B S.r Chiodo	Cantante B S.r Chiodo	
org	Piazza«A» Org	Piazza«A» Org	S.r m° Petrali«G» Org
dicitura	Officio	Officio	Officio

anno	1830.17.xi	1831.27.ix	1831.2 » 1.xii
n°	91	82	109
m°	S.r m° Stefano Pavesi	S.r m° Stefano Pavesi	S.r m° Pavesi«S»
vl 1 dir	S.r m° D.n Carlo Cogliati	S.r m° D.n Carlo Cogliati	S.r m° Cogliati«C»
vl	Stramezzi Pietro	Bottesini Luigi	Stramezzi Pietro
vl	Bottesini Luigi	Rè«G.B.»	Bottesini Luigi
vl	Rè Gio Bat(tis)ta	Truffi«G»	Rè«G.B»
vl	Visconti Carlo	Visconti«C»	Truffi«G»
vl	Viscardi Pietro	Bottesini Cesare	Visconti«C»
vl	Bottesini Cesare	Viscardi«P»	Santelli«G»
vl	Truffi Giuseppe	Chiari	Viscardi«P»
vl	Santelli Giuseppe	Santelli«G»	Bottesini Cesare
vl	Chiari	Stramezzi Pietro	Chiari
vla	Stramezzi Paolo	Stramezzi Paolo	Stramezzi Paolo
cb	Marzetti Giacomo	Marzetti«Gia»	Marzetti«Gia»
cb	Cerioli Antonio	Freri Camillo	Freri Camillo
cb	Freri Camillo	Cerioli Antonio	Cerioli Antonio
fl	Terzi Paolo	Terzi«P»	Terzi Paolo
cl	Bottesini Pietro	Bottesini Pietro	Bottesini Pietro
cl	Pellegrini Pietro	Guatelli«F»	Pellegrini«P»
cor	Stramezzi Michele	Stramezzi Michele	Stramezzi Michele
cor	Bonamano Vincenzo	Bonamano«V»	Bonamano«V»
tr	Zublin Fran(ces)co	Zublin«F»	Zublin«F»
trb	Cerioli Gaetano	Cerioli Gaetano	Cerioli Gaetano
fag	Peletti Bortolo	Peletti«B»	Peletti«B»
S	(Chimeri)«F»	(Chimeri)«F»	(Chimeri)«F»
S		(Gilera)	(Bottesini Giovanni)
S			(Gilera)
A	Fortunati Davide	Fortunati«D»	Fortunati Davide
T	Meroni Giovanni	Meroni Giovanni	Meroni«G»
T	[Inzoli Angelo]*	[Inzoli Angelo]*	[Inzoli]*«A»
B	Covi Domenico	Covi Domenico	Covi«D»
B	Magnani Filippo	Magnani«F»	Magnani«F»
B	Breda Domenico	Breda Domenico	Breda«D»
B		Cantante B S.r Chiodo	
org	S.r m° Petrali«G» Org	S.r m° Petrali«G» Org	S.r m° Petrali«G» Org
dicitura	Officio	Officio	Officio

anno	1832.14 » 12.ix	1832.27.xi	1833.11 » 8.vii
n°	82	132	22
m°	S.r m° Pavesi«S»	S.r m° Stefano Pavesi	S.r m° Stefano Pavesi
vl 1 dir	S.r m° D.n Carlo Cogliati	S.r m° D.n Carlo Cogliati	S.r m° D.n Carlo Cogliati
vl	Stramezzi Pietro	Stramezzi Pietro	Stramezzi Pietro
vl	Bottesini Luigi	Bottesini Luigi	Bottesini Luigi
vl	Rè «G.B.»	Rè «G.B.»	Rè «G.B.»
vl	Truffi«G»	Truffi«G»	Truffi«G»
vl	Santelli«G«	Santelli«G»	Santelli«G»
vl	Visconti«C»	Bottesini Cesare	Bottesini Cesare
vl	Viscardi«P»	Visconti«C»	Visconti«C»
vl	Bottesini Cesare	Viscardi«P»	Viscardi«P»
vl	Chiari	Chiari	Chiari
vl			Massari«G»
vla	Stramezzi Paolo	Stramezzi Paolo	Stramezzi Paolo
cb	Marzetti«Gia»	Marzetti«Gia»	Marzetti«Gia»
cb	Cerioli Antonio	Freri Camillo	Freri Camillo
cb		Cerioli Antonio	Cerioli Antonio
fl	Terzi«P»	Terzi«P»	Terzi«P»
fl	Guatelli«F»	[Guatelli]«F»	[Guatelli]«F»
cl	Bottesini Pietro	Bottesini Pietro	Bottesini Pietro
cl	Pellegrini«P»	Pellegrini«P»	Pellegrini«P»
cor	Stramezzi Michele	Stramezzi Michele	Stramezzi Michele
cor	Bonamano«V»	Bonamano Vincenzo	Bonamano«V»
tr	Iublin«F»	Iublin«F»	Bottesini Luigi tr
trb	Cerioli Gaetano	Cerioli Gaetano	Cerioli Gaetano
fag	Peletti«B»	Peletti«B»	Peletti«B»
S	(Chimeri)«F»	(Chimeri)«F»	(Bottesini Giovanni)
S	(Bottesini Giovanni)	(Bottesini Giovanni)	(Gilera)
S	(Gilera)	(Gilera)	
A	Fortunati«D»	Fortunati«D»	Fortunati«D»
T	Meroni«G»	Meroni«G»	Meroni«G»
T	[Inzoli]*«A»	[Inzoli]*«A»	[Inzoli]*«A»
T			S.r De Cesari T
B	Covi«D»	Covi«D»	Covi«D»
B	Magnani«F»	Magnani«F»	Magnani«F»
B	Calzi	Breda«D»	Breda«D»
B		Calzi	Calzi
B			S.r Rigamonti Basso
org	S.r m° Petrali«G»	S.r m° Petrali«G» Org	m° Petrali«G» Org
dicitura	Officio	Officio	Officio

anno	1833.12.xi	1834.8.vii	1834.12.xi
n°	51	27	53
m°	S.r m° Stefano Pavesi	S.r m° Stefano Pavesi	S.r m° Pavesi«S»
vl 1 dir	S.r m° D.n Carlo Cogliati	S.r m° D.n Carlo Cogliati	Stramezzi Pietro
vl	Stramezzi Pietro	Stramezzi Pietro	Bottesini Luigi
vl	Bottesini Luigi	Bottesini Luigi	Rè«G.B.»
vl	Rè Gio Bat(tis)ta	Rè«G.B»	Truffi«G»
vl	Santelli«G»	Truffi«G»	Santelli«G»
vl	Visconti«C»	Santelli«G»	Bottesini Cesare
vl	Bottesini Cesare	Bottesini Cesare	Viscardi«P»
vl	Viscardi«P»	Viscardi«P»	Chiari
vl	Chiari	Chiari	Massari«G»
vl	Massari«G»	Massari«G»	Benzi
vl		Benzi	
vla	Stramezzi Paolo	Stramezzi Paolo	Stramezzi Paolo
cb	Marzetti«Gia»	Freri Camillo	Freri Camillo
cb	Freri Camillo	Cerioli Antonio	Cerioli Antonio
cb	Cerioli Antonio		
fl	Terzi«P»	Terzi«P»	Terzi«P»
fl	Guatelli«F»		
cl	Bottesini Pietro	Bottesini Pietro	Bottesini Pietro
cl	Pellegrini«P»	Pellegrini«P»	Pellegrini«P»
ob		[Guatelli Francesco]	[Guatelli]«F»
cor	Stramezzi Michele	Stramezzi Michele	Stramezzi Michele
cor	Bonamano«V»	Bonamano«V»	Bonamano«V»
tr	Bottesini Luigi tr	Bottesini Luigi tr	Bottesini Luigi tr
trb	Cerioli Gaetano	Cerioli Gaetano	Cerioli«G» trb
fag		Peletti«B»	Peletti«B»
timp	Bottesini Giovanni Timp	Bottesini Giovanni Timp	Bottesini Gio(vanni) Timp
S	(Segalini)	(Segalini)	(Segalini)
S		(Gilera)	(Gilera)
A	Fortunati«D»	[Fortunati]*«D»	[Fortunati]*«D»
T	Meroni«G»	Meroni«G»	Meroni«G»
T	[Inzoli]*«A»	[Inzoli]*«A»	[Inzoli]*«A»
T		S.r De Cesari T	
B	Covi«D»	Covi«D»	Covi«D»
B	Magnani«F»	Magnani«F»	Magnani«F»
B	Breda«D»	Breda«D»	Breda«D»
B	Calzi	Calzi	Calzi
B		S.r Giordani Basso	
org	S.r m° Petrali«G» Org	S.r m° Petrali«G» Org	S.r m° Petrali«G» Org
dicitura	Officio	Officio in musica	Officio in musica

anno	1835.1 » 28.vii » vi	1835.9 » 8.vii	1835.17.xi
n°	19	24	52
m°	S.r m° Stefano Pavesi	S.r m° Pavesi«S»	S.r m° Stefano Pavesi
vl 1 dir	Stramezzi Pietro	Stramezzi Pietro	Stramezzi Pietro
vl	Bottesini Luigi	Bottesini Luigi	Bottesini Luigi
vl	Rè «G.B.»	Rè «G.B.»	Rè «G.B.»
vl	Santelli«G»	Truffi«G»	Truffi«G»
vl	Bottesini Cesare	Santelli«G»	Santelli«G»
vl	Viscardi«P»	Bottesini Cesare	Bottesini Cesare
vl	Massari«G»	Viscardi«P»	Viscardi«P»
vl	Benzi	Massari«G»	Massari«G»
vl		Benzi	
vla	Stramezzi Paolo	Stramezzi Paolo	Stramezzi Paolo
vlc	Truffi Isidoro		
cb	Freri Camillo	Freri Camillo	Freri Camillo
cb	Cerioli Antonio	Cerioli Antonio	Cerioli Antonio
cb	Timolati cb di Lodi		
fl	Terzi«P»	Terzi«P»	Terzi Paolo
cl	Bottesini Pietro	Bottesini Pietro	Bottesini Pietro
cl	Pellegrini«P»	Pellegrini«P»	Pellegrini«P»
ob		[Guatelli]«F»	[Guatelli]«F»
cor	Stramezzi Michele	Stramezzi Michele	Stramezzi Michele
cor	Bonamano«V»	Bonamano«V»	Bonamano«V»
tr	Bottesini Luigi tr	Bottesini Luigi tr	Bottesini Luigi tr
trb	Cerioli Gaetano trb	Cerioli Gaetano	Cerioli Gaetano
fag	Peletti«B» fag	Peletti«B»	Peletti«B»
timp	Bottesini Giovanni Timp	Bottesini Giovanni Timp	Corbellini Timp
S	(Segalini)	(Segalini)	(Segalini)
S	(Gilera)	(Gilera)	(Gilera)
A		[Fortunati Davide]*	[Fortunati]*«D»
T	Meroni«G»	Meroni«G»	Meroni«G»
T	[Inzoli]*«A»	[Inzoli]*«A»	[Inzoli]*«A»
T		De Cesari T	
B	Covi«D»	Covi«D»	Calzi
B	Magnani«F»	Magnani«F»	Breda«D»
B	Breda«D»	Breda«D»	Covi«D»
B	Calzi	Calzi	Magnani«F»
B		Giordani Basso	
org	S.r m° Petrali«G» Org	S.r m° Petrali«G» Org	S.r m° Petrali«G» Org
dicitura		Officio in musica	Officio in musica
occasione	Solenne ingresso [...] Vescovo [...]	Legato Marchi	Legato Marchi

anno	1836.25.x	1836.22.xii	1837.4.vii
n°	41	57	17
m°	S.r m° Pavesi«S»	S.r m° Pavesi«S»	S.r m° Stefano Pavesi
vl 1 dir	S.r Stramezzi Pietro	Stramezzi Pietro	S.r Bottesini Luigi 1.o vl
vl	Bottesini Luigi	Bottesini Luigi	Rè Gio Bat(tis)ta
vl	Rè Gio Bat(tis)ta	Rè«G.B»	Truffi«G»
vl	Truffi«G»	Truffi«G»	Santelli«G»
vl	Santelli«G»	Santelli«G»	Massari«G»
vl	Bottesini Cesare	Massari«G»	Ortori«G»
vl	Massari«G»	Ortori«G»	Soffiantini vl
vl	Ortori«G»		
vla	Stramezzi Paolo	Stramezzi Paolo	Stramezzi Paolo
vlc	Truffi Isidoro vlc	Truffi Isidoro vlc	Truffi Isidoro vlc
cb	Freri Camillo	Freri Camillo	Freri Camillo
cb	Cerioli Antonio	Cerioli Antonio	Cerioli Antonio
cb	Bottesini Giovanni		
fl	Terzi Paolo	Terzi Paolo	Terzi«P»
fl	Guatelli«F»	Guatelli«F»	Guatelli«F»
cl	Bottesini Pietro	Bottesini Pietro	Bottesini Pietro
cl	Pellegrini«P»	Pellegrini«P»	Pellegrini«P»
cor	Stramezzi Michele	Stramezzi Michele	Stramezzi Michele
cor	Bonamano«V»	Bonamano«V»	Bonamano«V»
tr	Viscardi«P» tr	Viscardi«P» tr	Viscardi«P» tr
trb	Cerioli«G» trb	Cerioli«G» trb	Cerioli«G» trb
fag		Peletti«B»	Peletti«B» fag
timp	Corbellini Timp	Corbellini Timp	Corbelli Timp
S	[Ortori]*	[Ortori]*	Pestagalli S
S	Pestagalli	Pestagalli	Pajardi S
S	Pajardi	Pajardi	
S	[Sentati]		
A	[Fortunati]*«D»	[Fortunati]*«D»	[Fortunati Davide]*
A			Ortori A
T	Meroni«G»	Meroni«G»	Meroni«G» T
T	[Inzoli]*«A»	[Inzoli]*«A»	Inzoli«A» T
T	Pesadori«R»	Pesadori«R»	S.r Ranuzio Pesadori T
B	Breda«D»	Breda«D»	Calzi B
B	Calzi	Calzi	Breda«D» B
B	Magnani«F»	Magnani«F»	Magnani«F»
org	m° Petrali«G» Org	m° Petrali«G» Org	S.r m° Petrali«G» Org
dicitura	Officio	Officio	Messa da Requiem
occasione	Legato Marchi	Legato Marchi	

anno	1837.29.xi	1838.31 » 30.x	1838.3 » 29.xii » xi
n°	53	51	57
m°	S.r m° Stefano Pavesi	S.r m° Pavesi«S»	S.r m° Pavesi«S»
vl 1 dir	Stramezzi Pietro 1.o vl	Stramezzi Pietro 1.o vl	Stramezzi Pietro 1.o vl
vl	Bottesini Luigi	Bottesini Luigi	Bottesini Luigi
vl	Rè «G.B.»	Rè «G.B.»	Rè «G.B.»
vl	Truffi«G»	Truffi«G»	Truffi«G»
vl	Santelli«G»	Santelli«G»	Santelli«G»
vl	Bottesini Cesare	Massari«G»	Massari«G»
vl	Massari«G»	Ortori«G»	Ortori«G»
vl	Ortori«G»		
vla	Stramezzi Paolo	Stramezzi Paolo	Stramezzi Paolo
vlc	Truffi Isidoro vlc	Truffi Isidoro vlc	
cb	Freri Camillo	Freri Camillo	Freri«C»
cb	Cerioli Antonio	Cerioli Antonio	Cerioli Antonio
fl	Terzi«P»	Terzi«P»	Terzi«P»
fl	Guatelli«F»	Guatelli«F»	
cl	Bottesini Pietro	Bottesini Pietro	Bottesini Pietro
cl	Pellegrini«P»	Pellegrini«P»	Pellegrini«P»
ob			[Cervieri]«V»
ob			[Guatelli]«F»
cor	Stramezzi Michele	Bonamano Vincenzo	Bonamano Vincenzo
cor	Bonamano«V»	Bonamano Antonio	Bonamano Antonio
tr	Viscardi«P» tr	Gaudenzio tr	Gaudenzio
tr		Viscardi«P» tr	Viscardi«P»
trb	Cerioli«G» trb	Cerioli«G» trb	Cerioli Gaetano
fag	Peletti«B» fag	Peletti«B» fag	Peletti«B»
timp	Corbellini Timp	Corbellini Timp	Corbellini
S	Pestagalli	Pestagalli	Pestagalli
A	[Fortunati Davide]*	[Davide]* «Fortunati»	[Davide]* «Fortunati»
A	Ortori A	[Ortori]*	[Ortori]*
T	Meroni«G»	Meroni«G»	Meroni«G»
T	[Inzoli]*«A»	[Inzoli]*«A»	[Inzoli]*«A»
T	Pesadori«R»	Pesadori«R»	Pesadori«R»
B	Breda«D»	Calzi	Breda«D»
B	Magnani«F»	Breda«D»	Magnani«F»
B		Magnani«F»	Calzi
org	S.r m° Petrali«G» Org	S.r m° Petrali«G» Org	S.r m° Petrali«G» Org
dicitura	Officio	Officio in Musica	Officio in Musica
occasione	Legato Marchi	Legato Marchi	Legato Marchi

anno	1839.29.xi	1839.11.xii	1840.13.x
n°	44	47	46
m°	S.r m° Pavesi«S»	S.r m° Pavesi«S»	S.r m° Pavesi «S»
vl 1 dir	N.7violini*Stramezzi«Pi» P.mo vl	N.7violini*Stramezzi«Pi» P.mo vl	N.7violini*Stramezzi«Pi» P.mo vl
vl	N.7violini*Bottesini Luigi	N.7violini*Bottesini Luigi	N.7violini*Bottesini Luigi
vl	N.7violini*Rè «G.B»	N.7violini*Rè «G.B»	N.7violini*Rè «G.B»
vl	N.7violini*Massari«G»	N.7violini*Massari«G»	N.7violini*Massari«G»
vl	N.7violini*Ortori«G»	N.7violini*Ortori«G»	N.7violini*Ortori«G»
vl	N.7violini*Pajardi«L»	N.7violini*Pajardi«L»	N.7violini*Pajardi«L»
vl	N.7violini*Barbarini«C»	N.7violini*Barbarini«C»	N.7violini*Barbarini«C»
vla	vla Santelli«G»	vla Santelli«G»	vla Santelli«G»
vlc	vlc Truffi«I»	vlc Truffi«I»	vlc Truffi«I»
cb	Contrabassi*Cerioli Antonio	Contrabassi*Cerioli Antonio	Contrabassi*Cerioli Antonio
cb	Contrabassi*Chiari«V?»	Contrabassi*Chiari«V?»	Contrabassi*Chiari«V?»
fl	fl Terzi«P»	fl Terzi«P»	fl Terzi«P»
cl	clarini*Bottesini Pietro	clarini*Bottesini Pietro	clarini*Bottesini Pietro
cl	clarini*Pellegrini«P»	clarini*Pellegrini«P»	clarini*Pellegrini«P»
ob	oboè*Cervieri«V»	Oboè Guatelli«F»	oboè*Cervieri«V»
ob	oboè*Guatelli«F»		oboè*Guatelli«F»
cor	Corni*Bonamano Vincenzo	Corni*Bonamano Vincenzo	Corni*Bonamano Vincenzo
cor	Corni*Bonamano Antonio	Corni*Bonamano Antonio	Corni*Bonamano Antonio
tr	tr Viscardi«P»	tr Viscardi«P»	tr Viscardi«P»
trb	trb Cerioli Gaetano	trb Cerioli Gaetano	trb Cerioli Gaetano
fag	fag Peletti«B»	fag Peletti«B»	fag Peletti«B»
timp	Timp Corbellini	Timp Corbellini	Timp Corbellini
S	Cantanti*[Petrali Antonio]	Cantanti*[Petrali Antonio]	Cantanti*[Petrali Antonio]
A	Cantanti*[Davide Fortunati]*	Cantanti*[Davide]* «Fortunati»	Cantanti*[Davide Fortunati]*
A	Cantanti*[Ortori]*	Cantanti*[Ortori]*	Cantanti*[Ortori]*
T	Cantanti*Meroni«G»	Cantanti*Meroni«G»	Cantanti*[Inzoli]*
T	Cantanti*[Inzoli]*«A»	Cantanti*[Inzoli]*«A»	
T	Cantanti*Pesadori«R»	Cantanti*Pesadori«R»	
B	Cantanti*Breda«D»	Cantanti*Breda«D»	Cantanti*Breda«D»
B	Cantanti*Calzi	Cantanti*Calzi	Cantanti*(Luccini)
B			Cantanti*Calzi
org	Org m° Petrali«G»	Org m° Petrali«G»	Org m° Petrali«G»
dicitura	Officio in Musica	Officio in Musica	Officio
occasione	Legato Marchi	Legato Marchi	Legato Marchi

anno	1840.12.xi	1841.17.xii	1841.23.xii
n°	51	48	50
m°	S.r m° Pavesi«S»	S.r m° Pavesi«S»	S.r m° Pavesi«S»
vl 1 dir	N.7violini*Stramezzi«Pi» P.mo vl	Stramezzi Pietro 1.o vl	Stramezzi«Pi» P.mo vl
vl	N.7violini*Bottesini Luigi	Bottesini Luigi	Bottesini Luigi
vl	N.7violini*Rè «G.B.»	Rè «G.B.»	Rè «G.B.»
vl	N.7violini*Massari«G»	Massari«G»	Massari«G»
vl	N.7violini*Ortori«G»	Pajardi«L»	Pajardi«L»
vl	N.7violini*Pajardi«L»	Barbarini«C»	Barbarini«C»
vl	N.7violini*Barbarini«C»		
vla	vla Santelli«G»	Santelli«G»	Santelli«G»
vlc	vlc Truffi«I»	Truffi«I»	Truffi«I»
cb	Contrabassi*Cerioli Antonio	Freri«C»	Freri«C»
cb	Contrabassi*Chiari	Cerioli«A»	Cerioli«A»
fl	fl Terzi«P»	Terzi«P»	Terzi«P»
cl	clarini*Bottesini Pietro	Bottesini Pietro	Bottesini Pietro
cl	clarini*Pellegrini«P»	Pellegrini«P»	Pellegrini«P»
ob	oboè*Cervieri«V»	Cervieri«V»	Cervieri«V»
ob	oboè*Guatelli«F»	Guatelli mancato	Guatelli«F»
cor	Corni*Bonamano Vincenzo	Bonamano Vin(cenzo)	Bonamano Vin(cenzo)
cor	Corni*Bonamano Antonio	Bonamano Ant(onio)	Bonamano Ant(onio)
tr	tr Viscardi«P»	Viscardi«P»	Viscardi«P»
trb	trb Cerioli Gaetano	Cerioli Gaetano	Cerioli Gaetano
fag	fag Peletti«B»	Peletti«B»	Peletti«B»
timp	Timp Corbellini	Corbellini	Corbellini
S	n.8*[Petrali Antonio]	[Petrali Antonio]	[Petrali Antonio]
A	n.8*[Davide]* «Fortunati»	[Davide]* «Fortunati»	[Davide]* «Fortunati»
A	n.8*[Ortori]*	[Ortori]*	[Ortori]*
T	n.8*[Inzoli]*«A»	[Inzoli]*«A»	[Inzoli]*«A»
T	n.8*Pesadori«R»	Pesadori«R»	Pesadori«R»
B	n.8*Breda«D»	Breda«D»	Breda«D»
B	n.8*(Luccini)	(Luccini)	(Luccini)
B	n.8*Calzi	Calzi	Calzi
B			Davilo B di Milano
org	S.r Org m° Petrali«G»	m° Petrali«G» Org	m° Petrali«G» Org
dicitura	Officio in Musica	Officio	Officio
occasione	Legato Marchi	Legato Marchi	Legato Marchi

anno	1842.17.xi	1842.23.xii	1843.27 » 26.x
n°	46	60	46
m°	S.r m° Pavesi«S»	S.r m° Pavesi«S»	S.r m° Pavesi«S»
vl 1 dir	Stramezzi Pietro	S.r Stramezzi«Pi» P.mo vl	violini*Stramezzi Pietro
vl	Bottesini Luigi	Bottesini Luigi	violini*Bottesini Luigi
vl	Rè «G.B»	Rè «G.B»	violini*Rè «G.B»
vl	Bottesini Cesare	Massari«G»	violini*Massari«G»
vl	Massari«G»	Ortori«G»	violini*Barbarini«C»
vl	Ortori«G»	Pajardi«L»	violini*Pozzali
vl	Pajardi«L»	Barbarini«C»	
vl	Barbarini«C»		
vla	Santelli«G»	Santelli«G»	vla Santelli«G»
vlc	Truffi«I»	Truffi«I»	vlc Bottesini Giovanni
vlc	[Bottesini Giovanni]*		
cb	Cerioli Antonio	Cerioli Antonio	Contrabassi*Freri«C»
cb	Chiari«V?»	Chiari«V?»	Contrabassi*Cerioli Antonio
fl	Terzi«P»	Terzi«P»	fl Terzi«P»
cl	Bottesini Pietro	Bottesini Pietro	clarini*Bottesini Pietro
cl	Meletti«A?»	Meletti«A?»	clarini*Meletti«A?»
ob	Cervieri«V»	Cervieri«V»	oboè*Cervieri«V»
ob	Guatelli«F»	Guatelli«F»	oboè*Guatelli«F»
cor	Bonamano Vincenzo	Bonamano Vin(cenzo)	Corni*Bonamano Vincenzo
cor	Bonamano Antonio	Bonamano Ant(onio)	Corni*Bonamano Antonio
tr	Viscardi«P»	Viscardi«P»	Trombe*Bottesini Luigi
tr			Trombe*Viscardi«P»
trb	Cerioli Gaetano	Cerioli Gaetano	trb Cerioli Gaetano
fag	Peletti«B»	Peletti«B»	fag Peletti«B»
timp	Corbellini	Corbellini	Timp Corbellini
S	[Petrali Antonio]	[Petrali Antonio]	Cantanti*[Petrali Antonio]
S	[Morosini]	[Morosini]	Cantanti*(Bianchessi)
S			Cantanti*[Gandini Bartolomeo]
A	[Davide]* «Fortunati»	[Davide]* «Fortunati»	[Davide]* «Fortunati»
T	[Inzoli]*«A»	Pesadori«R»	Cantanti*Pesadori«R»
T	Pesadori«R»	[Inzoli]*«A»	Cantanti*[Inzoli]*«A»
B	Breda«D»	Breda«D»	Cantanti*Breda«D»
B	(Luccini)	(Luccini)	Cantanti*Calzi
B	Calzi	Calzi	
org	m° Petrali«G» Org	S.r m° Petra(li)«G»	Org m° Petrali«G»
dicitura	Officio	Officio	Officio
occasione	Legato Marchi		

anno	1843.29.xi	1844.10.x	1844.17.xii
n°	51	53	69
m°	S.r m° Pavesi«S»	S.r m° Stefano Pavesi	S.r m° Pavesi«S»
vl 1 dir	Stramezzi«Pi»	Stramezzi«Pi» P.mo vl	Stramezzi«Pi» P.mo vl
vl	Bottesini Luigi	Bottesini Luigi	Bottesini Luigi
vl	Bottesini Cesare	Rè «G.B.»	Rè «G.B.»
vl	Rè «G.B.»	Massari«G»	Massari«G»
vl	Massari«G»	Pajardi«L»	Ortori«G»
vl	Ortori«G»	Barbarini«C»	Pajardi«L»
vl	Barbarini«C»	Pozzali	Barbarini«C»
vl	Pozzali		Pozzali
vla	Santelli«G»	Santelli«G»	Santelli«G»
vlc	Bottesini Giovanni	Petrali Antonio vlc	
cb	Freri«C»	Freri Camillo	Freri«C»
cb	Cerioli Antonio	Cerioli Antonio	Cerioli«A»
fl	Terzi«P»	Terzi«P»	Terzi«P»
cl	Bottesini Pietro	Bottesini Pietro	Bottesini Pietro
cl	Meletti«A?»	Meletti«A?»	Meletti«A?»
ob	Cervieri«V»	Cervieri«V»	Cervieri«V»
ob	Guatelli«F»	Guatelli«F»	Guatelli«F»
cor	Bonamano Vincenzo	Bonamano Vincenzo	Bonamano V.
cor	Bonamano Antonio	Bonamano Antonio	Bonamano A.
tr	Bottesini Luigi		
tr	Viscardi«P»	Viscardi«P»	Viscardi«P»
trb	Cerioli Gaetano	Agrati	Agrati
fag	Peletti«B»	Peletti«B»	
timp	Corbellini	Corbellini	Corbellini
S	(Bianchessi)	(Bianchessi)	(Bianchessi)
S	[Petrali Antonio]		[Morosini]
A		[Davide]* «Fortunati»	[Davide]* «Fortunati»
T	Pesadori«R»	Pesadori«R»	Pesadori«R»
T	[Inzoli]*«A»	[Inzoli]*«A»	[Inzoli]*«A»
B	Breda«D»	Breda«D»	Breda«D»
B	Calzi	Calzi	Calzi
org	m° Petra(li)«G»	S.r m° Petrali«G» Org	S.r m° Petrali«G»
dicitura	Officio	Officio	Officio
occasione		Legato Marchi	Legato Marchi

anno	1845.2.ix	1845.27.xi	1846.17.xi
n°	48	71	60
m°	S.r m° Pavesi«S»	S.r m° Pavesi«S»	S.r m° Pavesi«S»
vl 1 dir	Stramezzi«Pi»	S.r Stramezzi«Pi» Primo vl	Violini n.7*Stramezzi«Pi» P.mo vl
vl	Bottesini Luigi	Bottesini Luigi	Violini n.7*Bottesini Luigi
vl	Rè «G.B»	Rè «G.B»	Violini n.7*Rè «G.B»
vl	Massari«G»	Massari«G»	Violini n.7*Massari«G»
vl	Ortori«G»	Pajardi«L»	Violini n.7*Ortori«G»
vl	Pajardi«L»	Allocchio	Violini n.7*Pajardi«L»
vl	Barbarini«C»	Pozzali	Violini n.7*Barbarini«C»
vl	Pozzali		
vla	Santelli«G»	Santelli«G»	vla Santelli«G»
vlc	Petrali Antonio	Petrali Antonio	vlc Petrali Antonio
cb	Freri Camillo	Freri Camillo	Contrabassi*Freri«C»
cb	Cerioli Antonio	Cerioli Antonio	Contrabassi*Cerioli«A»
fl	Terzi«P»	Terzi«P»	Flauti*Terzi«P»
fl			Flauti*Casteletti
cl	Bottesini Pietro	Bottesini Pietro	Clarini*Bottesini Pietro
cl	Meletti«A?»	Meletti«A?»	Clarini*Meletti«A?»
ob	Cervieri«V»	Cervieri«V»	oboè*Cervieri«V»
ob	Guatelli«F»	Guatelli«F»	oboè*Guatelli«F»
cor	Bonamano V.	Bonamano V.	Corni*Bonamano V.
cor	Bonamano A.	Bonamano A.	Corni*Bonamano A.
tr	Viscardi«P»	Viscardi«P»	tr Viscardi«P»
trb	Agrati	Agrati	trb Agrati
timp	Corbellini	Corbellini	Timp Corbellini
S	(Bianchessi)	(Bianchessi)	Cantanti n.6*(Bianchessi)
S	[Morosini]		
A	[Davide]* «Fortunati»	[Davide]* «Fortunati»	Cantanti n.6*[Davide]* «F»
A			Cantanti n.6*[Inzoli]*«A»
T	Pesadori«R»	Pesadori«R»	Cantanti n.6*Pesadori«R»
T	[Inzoli]*«A»	[Inzoli]*«A»	
B	Breda«D»	Breda«D»	Cantanti n.6*Breda«D»
B	Calzi	Calzi	Cantanti n.6*Calzi
org	S.r m° Petrali«G»	S.r m° Petrali«G»	Org S.r m° Petrali«G»
dicitura	Officio	Officio	Officio in Musica
occasione	Legato Marchi	Legato Marchi	Legato Marchi

anno	1846.17.xii
n°	82
m°	S.r m° Pavesi«S»
vl 1 dir	Stramezzi«Pi»
vl	Bottesini Luigi
vl	Rè «G.B.»
vl	Massari«G»
vl	Ortori«G»
vl	Pajardi«L»
vl	Barbarini«C»
vla	Santelli«G»
vlc	Petrali Antonio
cb	Freri«C»
cb	Cerioli«A»
fl	Terzi«P»
fl	Casteletti
cl	Bottesini Pietro
cl	Meletti«A?»
ob	Cervieri«V»
ob	Guatelli«F»
cor	Bonamano V.
cor	Bonamano A.
tr	Viscardi«P»
trb	Agrati
timp	Corbellini
S	(Bianchessi)
A	[Davide]* «Fortunati»
A	[Inzoli]*«A»
T	Pesadori«R»
B	Breda«D»
B	Calzi
org	S.r m° Petrali«G» Org
dicitura	Officio
occasione	Legato Marchi

Elenco alfabetico dei musicisti ordinari e «straordinari» relativi alle tabelle 1 e 2

L'elenco alfabetico riunisce i nominativi dei musicisti desunti dai documenti che hanno dato vita alle due tabelle, ovvero le partite dal 1774 al 1838 e le note di pagamento schedate dal 1807 al 1846. Inoltre i dati sono integrati con le informazioni provenienti dalle note di pagamento qui non schedate, dai libri *Giornale,* dalle suppliche e dalle *Unioni e Determinazioni.* Per le prime il riferimento è offerto dal numero progressivo annuale di protocollo, il secondo testimone è indicato dalle lettere GR, le suppliche dalla S e l'ultimo dalle lettere PP (= parte presa). Per le partite, nei *Mastri G* e *H,* si rimanda alla carta; per le note di pagamento schedate — avvertendo che, eccezion fatta per il 1808, 1809, 1823 (una sola occasione) ed il 1835 (tre occasioni), sempre si verificano due occasioni annualmente — riportiamo l'anno, intendendo con esso tutte le funzioni riportate nella tabella n. 2, ed eventualmente, all'esponente, la specifica occasione progressivamente schedata. I dati integrativi vengono posti fra i simboli « » corredati dalla specifica sigla di rimando al testimone, il riferimento cronologico ne facilita il reperimento sull'originale.

Sono scritti in corsivo i nominativi riferiti alla tabella n. 2, in tondo i musicisti ordinari della cappella. Per questi ultimi si riportano i dati essenziali relativi alla loro presenza sino al 31 dicembre 1838, rimandando dopo tale termine alla tabella n. 1.

Legenda:	$	=	prima assunzione
	§	=	già assunto precedentemente
	« »	=	dati integrativi
	-	=	dal... al...
	/	=	oppure
	?	=	dubbio
	[ ]	=	informazioni sintetiche sul contratto, assunzione, sostituzione, licenziamento, morte
	' '	=	citazione
	(n°)	=	cfr. nota pagamento numero...
	(GR)	=	cfr. *Giornale* alla data
	(G)	=	cfr. *Mastro G* alla carta
	(H)	=	cfr. *Mastro H* alla carta
	(S.n.)	=	cfr. Supplica con n. protocollo, nella cartella *Ricapiti* alla data
	(S.c.)	=	cfr. Supplica alla data nella cartella *Cappella di Musica*
	(PP)	=	cfr. parte presa in *Unioni e Determinazioni* alla data

Lo strumento o il ruolo sono indicati con le sigle convenzionali. Le cifre arabe indicano il giorno e l'anno, quelle romane il mese.

Agrati, ?, trb: 1844-46.
Allocchio, ?, vl: 1845[2].
Barbarini «Carlo, 30.ix.1841 (n.41)», vl: 1839-45[1]; 1846.
Benzi, ?, vl: 1834-35[1,2].
Bettinelli Antonio, ob: (G) cc. 293v, 294; [$ 29.v.1774 - 31.v.1778].
Bianchessi, ?, S: 1843-46; «18.iv.1843 (n.10), 26.xii.1844 (n.71), 30.v.1845 (n.14), 26.xii.1845 (n.76), 14.iv.1846 (n.4), 19.vi.1846 (n.12), 28.xii.1846 (n.67): S».
Bonadè, ?, S: 1817[1], 1818-20.
Bonamano Alessio, cb: (G) cc. 307v, 308r; (H) cc. 277r, 276v; [1.ii.1790 - 30.ix.1816, morte]
Bonamano «Alessio, (G)», cb: 1807[1], 1808-09.
Bonamano Antonio, cor: (H) c. 232; [1838, cor 2 sostituisce Bonamano Vincenzo, presumibilmente dal 9.i.1838].
Bonamano Antonio, cor: 1838-46.
Bonamano Vincenzo, cor: (H) cc. 232r, 218v, 176r, 280r, 279v; [$ 1.i.1807 - 31.xii.1838; il 9.1.1838 diviene cor 1, sostituisce Michele Stramezzi].
Bonamano Vincenzo, cor 2: 1807[1], 1808; 1821-1846.
Bonegi Giovanni, vl «forastiere»: 1821[1].
Bottesini Cesare, vl: (H) c. 218r; [11.viii.1834 - 30.ix.1836 'essendosi absentato stabilmente da q(ues)ta Città'].
Bottesini Cesare, vl: 1824[2], 1825-28[1], 1829-36[1], 1837[2], 1842[1], 1843[2].
Bottesini Giovanni, S: 1831[2], 1832, 1833[1]; «29.xii.1833 (n.64): S»;
timp: 1833[2], 1834, 1835[1,2];
cb: 1836[1], 1842[1]?;
vlc: 1842[1]?; 1843.
Bottesini Luigi, tr: (H) c. 235r [1.iv.1833 - 30.vi.1833: supplisce Iublin Giacomo;
1.vii.1833 - 30.ix.1836: sostituisce Iublin Giacomo].
Bottesini Luigi, tr: 1833-35; 1846.
Bottesini Luigi, vl: (H) cc. 289r, 268v, 236v, 235r; [$ 1.i.1807 - 31.xii.1838; il 31.vii.1829 remunerato per 'le veci del P(ri)mo V(io)l(ino) in età avanzata' dal 1.ii.1829 al 23.vii.1834, morte del Cogliati].
Bottesini Luigi, vl: 1807[1], 1808, 1809, 1817-36, 1837[2]-46;
vl 1 dir: 1837[1].
Bottesini Pietro, vl: (H) c. 268r; [$ 1.i.1807 - 30.ix.1810] «(GR) cc. 8,14,26,35,58,71)».
cl: (H) cc. 268r, 267v, 237v; [1.x.1810 - 31.xii.1838].
Bottesini Pietro, cl: 1807[1], 1808, 1821-46.
Breda Domenico, B: 1821-31, 1832[2], 1833-46.
Calzi, ?, B: 1832-46.
Caprara Francesco «Reverendo», vl: (G) cc. 278r, 277v; [§ 31.v.1774 - 26.xii.1799, morte].
Castelletti, ?, fl: 1846.
Cerioli Antonio, cb: (H) cc. 338r, 337v; [1.vii.1831 - 31.xii.1838].
Cerioli Antonio, cb: 1825[2], 1826[1], 1827-46.

Cerioli Gaetano, trb: (H) cc. 234v, 287v, 288r; [28.v.1818: ma corrisposto dal 1.vi.1818 - 31.xii.1838].

Cerioli Gaetano, trb: 1821-43.

Ceriolo Santo, B: (G) cc. 283, 282v, 239v, 240r; [$ 1.vi.1764 - 6.iv.1795, morte].

Cervieri Vincenzo, fl: 1822^{2};
ob: 1821, 1822^{1}, 1823-25^{1}, 1838^{2}, 1839-46.

Chiari, ?, S ?: 1828^{1}.

Chiari, ?, vl: 1829, 1830^{2}, 1831-34.

Chiari Giacomo: (G) cc. 292 v, 293r; [§ 31.v.1774 - 12.ii.1780, morte, sostituito dal Cogliati].

Chiari «Vincenzo?, 31.iii.1840 (n.5)», cb: 1839-40,1842.

Chimeri «Filippo, (n°106)», S: 1829-32; «26.xii.1829 (n.106), 7.iv.1830 (n.17), 27.xii.1831 (n. 120), 30.vi.1832 (n. 44):S».

Chiodo, ?, B: 1829, 1831^{1}.

Codini Gaetano, S: (G) cc. 309v, 310r; [$ 1.ii.1802 - 31.vii.1802].

Cogliati Carlo «Prete», vl: (G) cc. 295v, 296r, 253v, 254r; (H) cc. 264r, 263v, 273r, 205v; [$ 13.ii.1780, sostituisce Chiari Giacomo «ma gratuitamente già dal 28.iv.1776 (PP)»];
vl 1 dir: [1.iii.1784 - 1.v.1784, sostituisce Pastori Giuseppe «ma di fatto dal 14.ii.1782(PP)» 31.v.1784, sostituisce Pastori Giuseppe «(PP) 14.ii.1782» - 23.vii.1834, morte].

Cogliati Carlo «Prete», vl 1 dir; 1807^{1}, 1808-09, 1817-34^{1}.

Colnago (Colnaghi) Stefano, vl: (G) cc. 305r, 286r, 285v; [§ 31.v.1771 - 31.v.1792].

Comnasio Luigi, vl: (G) c. 235v; [27.iii.1800 - 30.ix.1800].

Corbellini, ?, timp: 1835^{3}-46.

Cormieri Luigi, ob: (G) cc. 293v, 294r, 244v, 244r; [$ 1.vi.1778 - 30.ix.1803].

Cormieri Paolo, vl: (H) cc. 259r, 258v; [$ 1.i.1819 - 26.iii.1820, 'cessato il sa(lari)o essendosi assentato dalla Città'].

Cormieri «Paolo?», vl: 1817^{1}, 1818^{2}, 1819.

Corsini Gio(vanni) And(re)a, «vl»: (G) cc. 301v, 302r, 282r, 281v.; [20.v.1766 - 9.vi.1783; 1.vi.1784 - 31.x.1786, morte] «(PP) 27.vii.1784».

Covi Domenico, B: (G) cc. 239v, 240r, 247v, 248r; (H) cc. 265r, 263r, 262v, 205v; [$ 12.iv.1795 «sostituisce Ceriolo Santo» - 21.iv.1836, morte].

Covi Domenico, B: 1807-09, 1817-35.

Danzi Francesco, cb: (G) cc. 279r, 278v, 236v; [§ 31.v.1774 - 5.ix.1796, morte].

Davilo, ?, B «di Milano»: 1841^{2}.

De Cesari, ?, T: 1833^{1}, 1834^{1}, 1835^{2}.

Draghi Cristoforo, ob: (G) cc. 287r, 286v; [§ 31.i.1773 - 28.ii.1774, morte, saldo alla moglie].

Fasciotti Francesco, S: (G) cc. 309v, 310r; [4.i.1796 - 16.vi.1801].

Fava Giuseppe, cl: (H) cc. 246r, 245v; [$ 1.x.1810 - 31.xii.1813, saldo al padre].

Fezia Carlo, mdc: (G) cc. 285r, 284v; [§ 31.v.1774 - 20.ix. 1783, morte, (PP) 9.vi.1783 per vitalizio].

Fortunato(i) Davide, A: 1823-33; «30.iv.1823 (n.53):A»; A/«T?»:1834, 1835^{2,3}, 1836-43^{1}, 1844-46; «29.xii.1833 (n.64): T2; 3.iv.1834 (n.8), 26.xii.1834 (n.71), 13.vi.1836 (n.14), 1.iv.1837 (n.4), 30.xii.1837 (n.68): T; 30.v.1845 (n.14): sostituisce Pesadori».

Freri Camillo, cb: (H) cc. 197r, 337v; [17.ii.1825 «cb 2» - 31.xii.1838].

Freri Camillo, cb: 1823-29, 1830^{2}-31, 1833-38, 1841, 1843-46.

Ganazza, ?, vl: 1817^{2}, 1818^{2}, 1819-20.

Gandini Bartolomeo, S?: 1843^{1}.

Gaudenzio, ?, tr: 1838.

Gazzaniga Giuseppe, mdc: (G) cc. 299v, 300r, 261r, 260v; (H) cc. 260r, 259v; [20.ii.1791 «(PP) 2.i.1791» - 1.ii.1818, morte].

Gazzaniga Giuseppe, m°: 1807-09, 1817.

Gelera (Gilera),?, S: 1831-33^{1}, 1834-35; «9.iv.1833 (n.10), 10.iv.1834 (n.13), 26.xii.1834 (n.71), 30.vi.1835 (n.20), 28.xii.1835 (n.62): S».

Giordani, ?, B: 1834^{1}, 1835^{2}.

Grossi Gio(van) Bat(tis)ta, ?: (G) cc. 281r, 280v; [§ 31.v.1774 - 31.v.1784].

Guatelli Francesco, fl: 1832-33, 1836-38^{1};
cl: 1831^{1};
ob: 1834, 1835^{2,3}, 1838^{2}, 1839-40, 1841^{2}, 1842-46.

Guatelli Gioacchino, vl: 1824^{1}, 1825^{1}.

Guerini,?, «Frate», T?: 1807-09.

Guerini Antonio, vlc: (G) cc. 290v, 291r, 248v, 249r; (H) cc. 273, 272v; [§ 31.v.1773 - 31.v.1818. morte].

Guerini «Antonio?», vlc: 1807^{1}, 1808.

Guerini Carlo, ob 2: (G) cc. 301v, 302r; (H) cc. 175r, 174v; [$ 14.xii.1803 - 30.vi.1817, morte].

Guerini Gaetano, «vl»: (G) cc. 239v, 240r, 246v, 247r; (H) cc. 267r, 266v; [$ 12.x.1799 - 31.v.1818, dimesso].

Guerini Gaetano, vl: 1807-09; 1817?

Guerini Gio(vanni), vl: (G) cc. 300v, 301r, 262r, 261v; [$ 1.ii.1784 - 30.ix.1806, (PP) 14.ii.1782].

Guerini Giovanni, vl: 1807-08; 1817?

Guerini Luigi «Prete», T: (H) cc. 262r, 261v; [$ 1.i.1807 - 31.v.1814, dimissione].

Inzoli Angelo, A: 1818-22, 1846; «20.iv.1821 (n.132), 26.xii.1829 (n.106), 7.iv.1830 (n.17), 30.vi.1832 (n.44), 29.xii.1833 (n.64), 3.iv.1834 (n.8), 10.vi.1834 (n.13), 26.xii.1834 (n.71), 30.vi.1835 (n.20), 7.iv.1836 (n.8), 13.vi.1836 (n.14), 30.xii.1837 (n.68), 16.iv.1838 (n.10), 27.xii.1838 (n.70), 2.iv.1839 (n.7), 8.vi.1839 (n.13), 30.vi.1839 (n.19), 27.xii.1839 (n.55), 30.vi.1840 (n.23), 31.xii.1840 (n.64): A»;
T: 1823-45; «30.iv.1823 (n.593), 24.xii.1840 (n.62), 31.xii.1840 (n.62b): T»; (S.n.35, 25.vi.1829).

Iublen (Zublen, Zublin) Giacomo, tr: 1821-24^{1}.
Iublin (Zublin) Giacomo, tr: (H) cc. 235r, 285v, 284r; [1.vi.1818 - 31.iii.1833].
Iublin (Zublin) Francesco, tr: 1824^{2}-29^{1}, 1830-32.
Leani, ?, fag:1807.
Leani, ?, tr: 1807^{1}, 1808-09.
Leani Agostino, tr: (H) cc. 282r, 281v; [$ 1.i.1807 - 30.ix.1810];
fag: [1.x.1810 - 31.xii.1816].
Leani Antonio, cb: (G) cc. 298v, 299r; [$ 1.vi.1783 - 24.xi.1789, licenziato].
Leani Faustino, fag: (G) cc. 291v, 292r, 243r, 249v, 250r; [§ 31.v.1773 - 30.ix.1806].
Lorenzini Domenico, S: (G) cc. 309v, 310r; [$ 1.x.1791 - 30.iv.1794].
Luccini, ?, B: 1840-42; «10.vi.1840 (n.27): sostituisce Breda«B»; 24.xii.1840 (n.62)».
Lussana Giuseppe, S: (G) cc. 309v, 310r; [21.ix.1794 «(PP) 20.vii.1794» - 30.iv.1795].
Magnani Filippo, B: (H) cc. 247r, 246v, 238v; [$ 1.x.1810 - 31.xii.1838].
Magnani Filippo, B: 1808-09, 1817-21^{1}, 1822-38.
Marenghi Pietro, vla: (H) cc. 272r, 271r; [$ 1.i.1807 - 30.vi.1814, saldo al padre].
Marenghi «Pietro», vl: 1807-09.
Marzetti Giacomo, cb: (H) cc. 271r, 260r, 278r, 277v; [$ 1.i.1807 - 1.iii.1831], «figlio di Marzetti Giovanni».
Marzetti Giacomo, cb: 1807-09, 1821-33.
Marzetti (Marsetti) Gio(vanni), cb: (G) cc. 306v, 397r; (H) cc. 176r, 175v; [1.ii.1790 - 6.i.1825, morte].
Marzetti Giovanni, cb: 1807-09, 1821-24.
Massari Giuseppe, vl: (G) c. 218r; [16.ix.1836 «sostituisce Bottesini Cesare» - 31.xii.1838].
Massari «Giuseppe», vl: 1833-46.
Meletti «Agostino?», cl: 1842-46.
Meroni Gio(vanni) Bat(tis)ta, T: (G) cc. 304v, 305r; (H) cc. 261r, 260v, 238; [12.x.1799 'in luogo del fu R.S.D. Ant(oni)o Polati' - 31.xii.1838].
Meroni Giovanni «Battista», T: 1807^{1}, 1808-09, 1817-18, 1819^{2}, 1821, 1822^{2}, 1823-26, 1828-39.
Moroni Carlo, S «musico S»: (G) cc. 305v, 306r, 287r, 286v, 266r, 265v; [§ 31.v.1774 - 11.xii.1806].
Morosini, ?, S?: 1842, 1844^{2}, 1845^{1}.
Nevodini Paolo, mdc: (G) cc. 299v, 300r; [20.xi.1783 «(PP) 9.vi.1783» - 31.xii.1790, «ultimo pagamento: 'P(er) Mesi otto finiti 31 Gen(nai)o «1791» così accordati nonostante la morte già seguita'; (PP) 2.i.1791, già defunto»].
Ortori, ?, S: 1836; « 30.xii.1837 (n.68), 16.iv.1838 (n.10), 27.xii.1838 (n.70), 2.iv.1839 (n.7), 8.vi.1839 (n.13), 27.xii.1839 (n.55), 21.iv.1840 (n.9), 24.xii.1840 (n.62), 31.xii.1840 (n.62b), 18.iv.1841 (n.16), 30.iii.1842 (n.3): S»;
A: 1837-41.
Ortori Giovanni, vl: (H) c. 266r; [9.iv.1838 - 31.xii.1838].
Ortori «Giovanni», vl: 1836-40, 1842, 1843^{2}, 1844^{2}, 1845^{1}, 1846.

Pajardi «Luigi, 30.ix.1840 (n.41)», S: 1836, 1837^{1};
vl: 1839-42, 1844-46.

Pastori Giuseppe, vl 1: (G) cc. 288r, 287v; [§ 31.v.1774 - 31.v.1784 «(PP) 14.ii.1782 e cfr. Cogliati»].

Pavesi (Pavese) Antonio, S: (H) cc. 284r, 283v; [$ 1.i.1807 - 31.xii.1811, 'si recò al Militare Serviggio'].

Pavesi Antonio, S: 1807^{1}, 1808-09, 1817^{2}, 1821-27, 1828^{2}.

Pavesi Stefano, mdc: (H) cc. 246r, 245v, 234r; [4.ii.1818 - 31.xii.1838].

Pavesi Stefano, m°: 1818^{1}, 1819, 1820^{1}, 1821, 1822^{1}, 1823-46.

Peletti Bortolo, fag: 1821-24, 1825^{2}, 1826^{1}, 1827-33^{1}, 1834-35, 1836^{2}, 1837-44^{1}.

Pellegrini Pietro, cl: (H) cc. 272r, 271v, 218v, 176r; [«eletto l'11.xii.1817» 1.i.1818 - 31.xii.1838].

Pellegrini Pietro, cl: 1821-30, 1831^{2}, 1833-41.

Pergami Angelo, T «di Romano»: 1827^{2}.

Pesadori Ranuccio, T: (H) c. 289r; [9.i.1838 - 31.xii.1838].

Pesadori Renuzio «Ranuccio», T: 1817-24^{1}, 1836-46.

Pestagalli, ?, S: 1836-38.

Petrali Antonio, S?: 1839-43;
vlc: 1844^{1}, 1845-46.

Petrali Giuliano, 'instruttore nel Canto di 4 Giovanetti': (H) cc. 259r, 258v, 217r, 199v, 283r, 282v; [2.vii.1816 «sostituisce Smolzi» - 31.xii.1838];
Org: (H) c. 231v; [19.vii.1830 «sostituisce Piazza» - 31.xii.1838].

Petrali «Giuliano», mdc: 1818^{2}, 1820^{2}, 1822^{2};
Org: 1830-46.

Piatelli Francesco, T: (G) cc. 289r, 288v; [§ 31.v.1774 - 30.ix.1785].

Piatelli Francesco, T: 1807-09, 1817-24, 1825^{2}.

Piazza Antonio, Org: (H) cc. 342r, 3441v, 297r, 296v; [§ 31.xii.1809 - 14.vii.1830].

Piazzino «Piazza Antonio», Org: 1807-08, 1818^{1}, 1819^{1}, 1820^{1}, 1821-29.

Pigola Davide, S?/A?: 1827, 1828^{1}.

Polati Antonio, T: (G) cc. 303v, 304r; [$ 1.ii.1785 - 7.iii.1799 «sostituito da Meroni Giovanni»].

Pozzali, ?, vl: 1843-45.

Rè Carlo, vl: (G) cc. 280r, 279v, 237v, 238r, 245v, 246r; (H) cc. 266r, 265v; [$ 1.vi.1783 - 20.xii.1820, morte].

Rè Carlo «padre», vl: 1807-09, 1817-20.

Rè Gio(vanni) Bat(tis)ta, vl: (H) cc. 270r, 269v, 237r; [$ 1.i.1807 - 31.xii.1838].

Rè Gio(vanni) Battista «figlio», vl: 1807-09, 1817-46.

Rigamonti, ?, B: 1833^{1}.

Santelli Giuseppe, vl: (H) c. 200r; [11.viii.1834 - 31.xii.1838].

Santelli Giuseppe, vl: 1824, 1830-38;
vla: 1839-46.

Savioli Giuseppe, violona: (G) c. 292v; [§ 31.v.1773 - 31.i.1774, licenziato].

Scaraboccia Giuseppe, cor «da caccia»: (G) cc. 293r, 292v; [$ 1.vi.1783 - 31.v.1789];
tr «da caccia»: (G) cc. 243v, 244r, 251v, 251r; [1.vi.1789 - 1.ii.1807, 'dimesso per essere impiegato in altro ministero'].

Segalini (Sighilini), ?, S: 1833[2], 1834-35; «29.xii.1833 (n.64), 3.iv.1834 (n.8), 28.xii.1835 (n.62), 7.iv.1836 (n.8): S».

Sentati Paolo, S?: 1829-30[1], 1836[1].

Serena «Prete», ?, S?: 1807[2].

Simonetti, ?, S?: 1817.

Smolzi Antonio, A: (H) c. 283r; [1.i.1807 - 31.xii.1810];
T: (H) c. 283r; [1.ii.1812 - 31.vii.1813];
istruttore 'nel Canto di quattro Giovanetti': (H) cc. 283r, 282v; [30.vi.1807 - 31.v.1816, cessa per trasferimento 'in altro paese'].

Smolzi «Antonio», A: 1807[1], 1808-09.

Soffiantini, ?, vl: 1837[1].

Soldati «Giuseppe?», fag: 1807[1], 1808-09.

Soldatti (Soldati) Giuseppe, cor «da caccia»: (G) cc. 296v, 297r, 255r, 254v; (H) cc. 279r, 278v; [$ 1.vi.1783 - 31.v.1789];
fag: (H) cc. 279r, 278v; [1.x.1810 - 26.xi.1815].

Stramezzi Michele, cor: (H) cc. 219r, 176r, 281r, 280v; [$ 1.i.1807 - 31.xii.1837, il 28.ix.1837 rinuncia per 'inabilità'].

Stramezzi Michele, cor: 1807[1], 1808, 1821-26, 1827[2], 1828-37.

Stramezzi Paolo, vla: (G) cc. 308v, 309r; (H) cc. 271r, 270v, 267r, 216v, 199v; [1.vii.1790 - 31.xii.1838].

Stramezzi Paolo, vla: 1807[1], 1808, «1817-20?», 1821-38.

Stramezzi Pietro, vl: (H) cc. 282r, 281v; [14.ii.1822 - 31.iii.1828];
vl 1: (H) c. 218r; [30.ix.1834 - 31.xii.1838].

Stramezzi Pietro, vl: 1818[1], 1819-28, 1830-34[1];
vl 1: 1834[2], 1835-36, 1837[1], 1838-46.

Tedeschino, ?, S?: 1807[2].

Terzi «Giovanni»?, ob: 1807[1], 1808.

Terzi Gio(vanni), ob 2: (G) cc. 302v, 303r, 265r, 264v; (H) cc. 174r, 173v; [1.vi.1784 - 31.xii.1825].

Terzi Paolo «figlio di Giovanni», ob: (H) cc. 275r, 232r; [1.i.1826 - 31.xii.1838].

Terzi Paolo, fl: 1817[1], 1821-46.

Timolati «di Lodi», cb: 1835[1].

Truffi Antonio, vl: 1821, 1822[1], 1823.

Truffi Giuseppe, vl: (H) c. 290r; [20.iv.1809 - 31.v.1812, dimissione];
vlc: (H) cc. 290r, 289v, 234; [1.vii.1818 «sostituisce Guerini Antonio, defunto» - 31.xii.1838].

Truffi Giuseppe, vl: 1821[2], 1822[1], 1823, 1827, 1829-32, 1833[1], 1834, 1835[2,3], 1836-38;
vlc: 1821[1], 1824-26, 1828.

Truffi Isidoro, vlc: 1835[1], 1836-38[1], 1839-42.

Vignati Giuseppe, A: (G) cc. 284r, 283v, 240v; [$ 31.v.1773 - 4.xii.1804, morte].

Vimercati Faustino, vla: (G) cc. 280r, 279v; [§ 31.v.1774 - 9.vi.1783].

Vimercati Gio(vanni) Bat(tis)ta, vl: (G) cc. 290r, 289v; [§ 31.i.1772 - 31.v.1783 «31.v.1773, vl 2»].

Vinzio «Angelo?», vl: 1807-09, 1817[1].

Vinzio (Vincio) Angelo, vl: (G) cc. 294v, 295r, 252v, 253r; (H) cc. 265r, 264v; [$ 1.vi.1779 - 15.xi.1817].

Viscardi Pietro, vl: (H) cc. 219r, 197r; [21.xii.1828 - 31.xii.1838].

Viscardi Pietro, vl: 1824[1], 1825-35;
tr, «*(S.c.) 1.i.1838*» 1836-46.

Visconti Antonio, cb: 1821-22.

Visconti Carlo, vl: (H) cc. 262r, 261v, 216v; [11.xii.1817 «sostituisce Vinzio Angelo, defunto» - 31.iii.1834].

Visconti Carlo, vl: 1817-33.

Zanetti Bassiano (Bassano),?: (G) cc. 282r, 281v, 238v, 239r; [$ 1.vi.1783 - 1.x.1798].

Zardelli Maurizio, vl: 1825[1].

TRASCRIZIONE DI DOCUMENTI

I documenti trascritti appartengono tutti all'ACSS; sono state conservate la grafia e la punteggiatura originali, intervenendo solo per ovviare a possibili incomprensioni; le abbreviazioni sono state per lo più sciolte evidenziando l'integrazione con l'uso delle parentesi tonde.

Doc. n. 1: Vol. VI *Unioni e Determinazioni 1732-1767*, cc. 119, 120r; 31 agosto 1760.

Carlo Fezia M(aest)ro di Capella al Servizio di q(ues)to V(eneran)do Cons(orzi)o unito alli Sig(no)ri Musici tutti umiliss(i)mi Servi delle SS.rie Loro rappresentano che da qualche tempo si sono introdotti alcuni Preti, e Regolari (qui a tergo segnati) i quali vanno à cantare Specialm(en)te nelle Fonzioni di Campagna con danno notabile delli Sig(no)ri Musici, e M(aest)ro di Capella, essendo Serviti da Si(gno)ri Sonatori della Sud(det)ta Capella, Sicche i soli Musici, ed il M(aest)ro restano in Città privi quasi di tutte le Fonzioni sempre solite farsi da loro. Per tale disordine i sud(det)ti Professori sono quasi necessitati supplicar le SS.rie Loro d'accrescerli il Salario, ò pure di ricercarsci altrove il vivere, ma prima di venir a tale rissoluzione, supplicano instantem(en)te la Loro bontà di ritrovar un saggio proved(i)m(en)to ad un tale disordine, e ciò vivam(en)te sperano, che della Grazia.
Seguono li Nomi, come nell'oltres(crit)ta supplica
R(everen)do D(on) Lud(ovi)co Parati di Ripp(al)ta Nova
D(on) Andrea Carioni di Trescore
D(on) Santo Cerioli d'Ombriano
D(on) Carlo Trezzi di S(an) Bernard(i)no
D(on) Ant(oni)o Dente di S(an) Bernard(i)no
R(everen)do P(adre) Giuseppe Fran(ces)co da Crema con altri suoi compagni.

Funzioni fatte da Sud(det)ti nel cor(ren)te Mese d'Ag(os)to 1760
Solite farsi da Musici
Prima Domenica à Casale
à 5 d(et)to a S(an)ta Maria della Croce
(secon)da Domenica à Gombito
15 d(et)to à Ombriano
17 d(et)to à Ombriano
24 d(et)to à S. Steffano
8 (settem)bre vent(ur)o à Sergnano nella Chiesa detta del Binengo

La Sopradetta Supplica fù letta, considerata, e servì p(er) prima sessione -unitam(en)te alla seguente parte inerente alla med(esi)ma e cioè

La novità introdotta dalli Sogetti nominati, che ha dato motivo alla letta Supplica, si è da Noi con istupore intesa e dispiacere p(er) l'effetto che un tal grave disordine, quando pronto non vi si ponesse il ripiego, necessariam(en)te produrebbe, e cio sarebbe il rendere la Capella nostra senza Maestro, e senza Cantanti; come chiaro apparisce se si rifletta à quello che il mantenim(en)to di essa costituisce. Due essere le Fonti, come à tutti è ben noto della sussistenza de Professori tutti, l'onorario de Consorzj l'una, e gl'incerti l'altra, ma delle quali venendo a mancare, non può l'altra dare compenso col fare un notabile accrescimento di stipendio alli condotti sogetti, onde siccome sommam(en)te a Noi preme, e l'Uffizio n(ost)ro a questo singolarm(en)te ci stringe, il mantenere in quel decoroso sistema, con cui si sono in passato, ed ora pure si sogliono fare le Fonzioni tutte, che del cons(orzi)o nostro sono ordinate al culto sempre maggiore dell'Augustissimo Divino Sagramento, e non potendosi negare, che l'intiera Musica renda alle Sud(det)te molto più di decoro al mantenim(en)to di questa, debbe del pari necessarijssimo p(er) questa li Cantanti, e li Sonatori, anzi i primi più ancora mentre con maggior difficoltà si rittrovano, stante non esservene in tanto numero, p(er) tanto l'unico efficace, e necessario rimedio si è il porre alli Sonatori alcune prescrizioni, p(er) cui le sia tolto di poter andar à Sonar senza del Maestro, e Musici come ora fanno, p(er) così impedirne le troppo disdicevoli conseguenze, che ne proverebbero, che è l'oggetto unico della pres(ent)e parte in varij capitoli divisata.

Primo che non possa alcuno de Professori di Suono andare, se non sotto al M(aest)ro n(ost)ro, et con li Musici, se non tutti, almeno la maggior parte, come pure il M(aest)ro, e Musici siano tenuti à praticare lo stesso, come richiede il buon regolamento.

(Secon)do: andando qualch'uno de Professori si di canto, che di suono, o il Ma(e)stro, quelli senza del M(aest)ro, e Compagni nel maggior numero, e questo senza li suoi Musici, e Suonatori, sotto qualunque si sia che faccia da Maestro tanto secolare, quanto Religgioso, resterà depennato dal numero dei stipendiati da quel punto in avanti, senza che possa essere altra volta admesso p(er) via di supplica, quando questa non riscuota due terzi di favorevole ballottazione al primo suo posto, ed Onorario, e sarà cura del Sindicato il provedere un Essere quando non vi fosse in Paese Professore de quel abilità, e sapere, à coprire tal posto vacante.

(Terz)o Tutto questo s'intenda tanto p(er) la Città, che p(er) il Territt(ori)o n(ost)ro mentre uscendo fuori dello Stato, una tale prohibizione non si vuole estesa.

(Quart)o Che non possano tanto il M(aest)ro, quanto li Musici, e suonatori in avanti pretendere maggior onorario p(er) le Fonzioni, che saranno ricercati, di quello hanno sempre in passato esatto, e che è ito in consuetudine.

(Quint)o Accadendo che in Città, ò pure in Villa fossero ricercati p(er) fare qualche estera ordinaria Funzione, in cui fosse condotto un M(aest)ro Forastiero, ed oltre ad esso almeno sei parti trà voci, e stromenti Forastieri oltre tutti li nostri, si

Musici, che Suonatori, in detto caso basta ne diano avviso al Sindico di Mese, li sarà concesso liberam(en)te il permesso, mà fuori di un tal caso non mai, stante che non hanno d'avere li Sig(no)ri Sindici ne pure uniti la Facoltà di dispensare dell'esatta osservanza li sopra stabiliti Capitoli, perchè è di sommo rimarco abbino la compita loro esecuzione.

Tali prescrizioni, sono da osservarsi p(er) le Funzioni Ecclesiastiche, e niente più.
Si aggionge avertendo che le Fonzioni qui annotate, non entrano nella prohibizione fatta col primo Capitolo.
E sono Messe dodeci p(er) Off(ici)o con tali Musici, Maestro, ed Organo in S.Fran(ces)co p(er) Com(missa)ria Coldarola, le Fonzioni della Settimana Santa, e nella Chiesa di Santa M(a)ria pure movendo qualche Religgiosa, sogliono prender le sole voci, e Maestro, e p(er) fine li tre Officij con li soli Musici, ed Organo in Santa Trinità, fuori di queste tali, ogn'altra resta fatto l'osservazione de Capitoli.

1760.3.(settem)bre [...] Fù letta la supplica de Sig(no)r M(aest)ro di Capella, e Cantanti, indi letta, e proposta la Parte, di cui fù trattato in prima sessione li 31 Agosto
La qual parte letta discussa, e pertrattata, et dal Sig(no)r Contrad(ito)re, il quale laudata la supplica, contradisse la Parte la qual ballottata restò suffragata con voti favorevoli n°13, con(tra)ri n°4, onde restò questa approvata, et p(er) tale pubblicata.

Doc. n. 2: Vol. VII *Unioni e Determinazioni 1732-1767,* cc. 33r; 28 aprile 1776.

Venendo presentate supliche dal Sig(no)r Giacomo Chiari Proffessore di Musica di Violino attual(mente) al servizio di q(ues)to V(enerando) Cons(orzi)o, ed altra dal Prete Don Carlo Cogliati del tenor seguente, la prima
Mag(nifi)ci SS.ri Sindici
Spet(tabili) SS.ri Quindeci
Sin nell'anno 1721 da questo V(enerando) Cons(orzi)o son stato favorito, e graziato io Giacomo Chiaro per capo de secondi Violini di questa Capella, e mi son dato l'honore di servire con tutta la maggior mia pontualità, ed opere che sia stata possibile. Nella mia ora avanzata età mi si presenta un incontro, che si offre il R(everen)do Don Carlo Cogliati Soggetto d'abilità à sollevarmi entrando lo stesso nel mio Posto, e lasciando à mè sen che Dio Signore mi dona vita la intiera annuale Paga, e con libertà à me med(esi)mo d'intervenire alle Funzioni quando mi trovo in grado. Perciò mi presento ossequioso a questo Saggio Congresso suplicando gli Magnifici SS.ri Sindici, e spettabili SS.ri Quindeci di volermi graziare, coll'admettere a sostituir(mi) il sud(dett)o Rev(eren)do Cogliati nel mio Posto di capo de Secondi Violini à mio Soglievo, che in tal modo, anco in caso d'infermità e altro resta suplito nelle Fontioni q(ues)to V(enerando) Cons(orzi)o ed assi-

curato à mè il mio sostentam(en)to, qual grazia spero mi sarà concessa dalla benignità loro. Grazie.
L'anderà perciò parte per l'accettazione della supplica anzidetta di d(ett)o Sig(nor) Chiaro, ed per l'effetto della med(esi)ma.
La qual parte [...] riscosse voti favorevoli n° 11; e contrarij n. 2; con che restò presa ed accettata.
Mag(nifi)ci SS.ri Sindici
Spettabile SS.ri Quindici
Il grato incontro, che mi si apre à me Don Carlo Cogliati di poter servire q(ues)to V(enerando) Cons(orzi)o à soglievo del Sig(no)r Giacomo Chiari per la di lui ora avanzata età in qualità di primo de secondi, mà ferma intieram(en)te allo stesso la paga vita sua natural durante, e fermo pure che lo stesso, quando possa, e voglia, abbia ad intervenire nelle Fonzioni nel suo solito posto, ed il desiderio di poter servire in ogni incontro il V(eneran)do Cons(orzi)o med(esi)mo. Così suplico li Mag(nifi)ci Signori Sindici, e Spet(tabili) SS.ri Quindeci di graziarmi coll'accettazione di aver à suplire in quel luogo, vece, e posto del sud(det)o Sig(no)r Giacomo Chiari vita sua natural durante, e doppo la mancanza dello stesso admettermi per primo de secondi Violini, ed in allora col premio della solita paga; assicurando le Signorie loro di tutta la maggior mia attenzione, e pontualità in servizio del V(eneran)do Cons(orzi)o stesso d'intervenire nelle Fonzioni tutte occorenti anco quando intervenirà il sud(dett)o Sig(no)r Giacomo Chiari, e di andare e stare à quel posto che dalla Benignità de Mag(nifi)ci SS.ri Sindici, mi verrà concesso, ed accordato, e così sempre più mi sarà d'impegno nel mio servizio. Grazie.
L'anderà parte per l'accettazione della suplica di d(ett)o Prete Cogliati, e per l'effetto della med(esi)ma.
La qual parte [...] riscossi voti favorevoli n.° 10, e contrarij n.° 3 onde restò presa, ed accettata.

Doc. n.3: Vol. VII *Unioni e Determinazioni 1767-1806,* cc.52v, 53r; 14 febbraio 1782.

Convocati li Mag(nifi)ci SS.ri Sindici e Spettabili SS.ri Consiglieri del V(eneran)do Cons(orzi)o del SS.mo Sacram(en)to [...] L'anderà perciò Parte di admettere la seg(uen)te estesa, e Capitoli in essa spiegati, che venendo suffragata dalla pluralità de' voti resterà admessa, ed impartita facoltà à Mag(nifi)ci SS.ri Sindici per la pontuale osservanza, ed esecuzione de' Capitoli seguenti.

Qual Parte letta et discussa, pertrattata, indi balottata riscosse voti favorevoli n.° 12 e contrarij n.° 1, sicchè restò presa, e per tale pubblicata per me Cancelliere Giacomo Aliprandi di Giacomo; che fù dal Sig(no)r Contrad(ito)re laudata.
Segue li Capitoli.

Stando sommamente a Cuore delli Mag(nifi)ci SS.ri Sindici di q(ues)to V(eneran)do Consorzio, che le Musicali Funzioni, che si fanno in onore del SS.mo Sacr(amen)to siano sempre più continuate ed eseguite con il maggior decoro, e sollenità possibile: considerando però che in presente v'intervengono ad esse una buona quantità de' Professori di Violino, e Bassi, molti condotti con stipendio al servizio di esso Consorzio, ed altri Giovani di abilità allevati dal benemerito Maestro loro R(everen)do S(igno)r D(o)n Carlo Cogliati, il che molto contribuisce all'intento sudetto. Desiderando però essi Mag(nifi)ci SS.ri Sindici che ciò si eseguisca per il *de cetero* con un miglior ordine per la mag(gio)r decenza, e felice riescimento delle sud(dett)e Musicali Funzioni; dopo le più serie considerazioni in tale proposito prestate, sono venuti alli riflessi ancora, e balottazione di q(ues)to Spettabile Corpo, quali venendo presi, oltre il non apportare alcun ulteriore aggravio di spesa al Cons(orzi)o med(esim)o; veranno a stabilire un ottima concordanza, e grato riescimento al mag(gio)r Culto, divozione, e veneraz(io)ne ne' Fedeli verso il SS.mo Sacram(en)to per cui sono istituite le Funzioni medesime.

P(ri)mo. Che il benemerito, e singolar Professore di Violino R(everen)do S(igno)r D(o)n Carlo Cogliati, debba sostenere nelle Funzioni tutte di q(ues)to V(eneran)do Cons(orzi)o il Carico, Posto di Capo d'Orchestra perchè venghi questa sempre da lui diretta con quella maestria, buon ordine, ed esecuzione, che si conviene, con il carico altresì allo stesso di ritenere presso di sè in Orchestra a suonare ne' primi Violini il Sig(no)r Gio(vanni) Bat(tis)ta Guerini Figlio del Sig(no)r Antonio Giovine di singolare abilità, ed aspettativa, suo scuolaro, sebbene non ancora condotto con stipendio al servizio di q(ues)to Cons(orzi)o; e con ciò istruirlo praticam(en)te; oltre le private lezioni a rendersi anch'esso abile a sostenere il Carico di Capo d'Orchestra, onde ad ogni occorenza possa supplire per il miglior servizio.

(Secon)do Con tale provvedim(en)to resterà sollevato il Sig(no)r Giuseppe Pastori che da n° 60 anni circa ne hà sostenuto il carico, et attesa la sua presente età quasi ottuagenaria resterà giubilato senza alcun debito di più intervenire a suonare in detto Posto; ma con il conseguim(en)to perenne del solito suo Salario, che ora percepisce, e percepirà sua vita natural durante per benemerenza, e giubilazione: e volendo qualche volta intervenire anch'egli in Orchestra a suonare, avrà il terzo posto ne' primi violini, che non le sarà di alcuna applicazione, ne aggravio.

(Ter)zo. Morto poi che sii esso Sig(nor) Pastori, che Dio lo conservi longo tempo, dovrà essere corrisposto il presente annuo salario di Capo d'Orchestra al pred(ett)o Sig(no)r Abbate Cogliati, che con tale sola aspettativa, ora si assume il Peso di Capo d'Orchestra per continuarlo, e d'instruire pure in ciò il pred(ett)o suo Alunno Guerini, che già suona Concerti a solo in modo singolare.

(Quart)o. Coprirà il Posto de' Capo de' Secondi Violini la Persona del Sig(no)r Stefano Colnaghi Professore assai provetto, e benemerito, al quale già per la sua anzianità, e vari titoli le si compette ciò premesso.

(Quin)to Succederanno poscia negl'altri Posti tanto nè primi, che ne' secondi Violini, li altri Professori già condotti secondo l'ordine della loro anzianità, com'è di giustizia, e convenienza.

(Ses)to Dopo essi vi succederanno li altri giovani allievi del pred(ett)o Sig(no)r Cogliati, e q(ues)ti ancora secondo l'ordine della respettiva loro anzianità, quali ora intervengono gratis alle Funzioni di q(ues)to V(eneran)do Cons(orzi)o per farsi merito, per cui sarà impegno poscia del Cons(orzi)o stesso di condursi ancor'essi al servizio con l'assegno di qualche onesto annuo Salario a misura delle forze, e circostanze di esso Consorzio; o almeno di installarsi per ordine di loro anzianità ne' Posti de' Professori già condotti, che in seguito mancassero di vita, che Dio pure li conservi, dovendo in ciò essere però preferto il pred(ett)o S(igno)r Guerini: e ciò per dare ad essi Giovani maggiore impulso d'infervorarsi, ed avanzarsi nello studio di tale Professione; ed al pred(ett)o Sig(no)r Cogliati maggiore impegno, che certamente contribuiranno sempre più al mag(gio)r decoro delle Funzioni, e del Paese stesso, quali saranno admessi à dette Funzioni, previo le opportune prove in pub(bli)co di loro abilità, con le fedi pure del Maestro di Capella, e del p(ri)mo Violino Capo Orchestra.

Per la documentazione inerente a Giovanni Bottesini si è adottato il simbolo » ponendolo fra le date relative alla registrazione delle note di pagamento e all'esecuzione, qualora esse non coincidano.

Doc. n. 4: cartella *Ricapiti dal 1824 al 1831,* 2 » 1.xii.1831 (n.109).

r: Nota dei Professori di Musica interve/nuti nella Cattedrale il giorno Primo Dicem/bre 1831. per l'Officio.

Sig^r	Maestro Pavesi	£	7,10
	Meroni	»	4,00
	Inzoli	»	3,55
	Chimeri	»	3,55
	Bottesini Giovanni	»	3,55
	Covi	»	3,55
	Breda	»	3,55
	Gilera	»	3,00
	Fortunati Davide	»	2,70
	Magnani	»	2,70
Sig.^r	Maestro Cogliati	»	4,45
	Stramezzi Pietro	»	4,45
	Bottesini Luigi	»	3,55

Rè	»	3,55
Truffi	»	3,55
Visconti	»	2,70
Santelli	»	3,00
Viscardi	»	2,50
Bottesini Cesare	»	2,25
Chiari	»	2,25
Stramezzi Paolo	»	4,00
Freri Camillo	»	3,25
Cerioli Antonio	»	2,80
Marzetti	»	2,50
Bottesini Pietro	»	4,00
Pellegrini	»	2,70
Terzi Paolo	»	2,70
	£	91,45

v: Summa retro	£	91,45
Bonamano	»	3,55
Stramezzi Michele	»	3,55
Cerioli Gaetano	»	3,15
Zublin	»	2,70
Peletti	»	2,25
Sig.r Maestro Petrali Organista	»	4,10
Per Carta Bollata	»	—,60
	£	111,35

Visto Rota Fabb(rice)re pres(i)d(en)te
N° 109
Pres(enta)t(o) li 2.(Decem)bre.1831
d(ett)o
Si approvano li descritti Onorarj, cosi / ordina il Mandato di pagamento nell'/ammontare di Austr(iach)e Lire Centoundici, / e C(entesi)mi trentacinque ______
Rota Fabb(rice)re pres(i)d(en)te

Doc. n. 5: cartella *Ricapiti dal 1832 al 1839,* 14 » 12.ix.1832 (n.82).

r: Nota dei Professori di Musica interve/nuti nella Cattedrale per l'Officcio / del giorno 12 (settem)bre 1832.

Sig.r Maestro Pavesi	£	7,10

Meroni	»	4,00
Calzi	»	4,00
Inzoli	»	3,55
Gilera	»	3,55
Covi	»	3,55
Bottesini Giovanni	»	3,55
Chimeri	»	3,00
Fortunati	»	2,70
Magnani	»	2,70
Sig.r Maestro D.n Carlo Cogliati	»	4,45
Stramezzi Pietro	»	4,45
Bottesini Luigi	»	3,55
Rè	»	3,55
Truffi	»	3,55
Santelli	»	3,00
Visconti	»	2,70
Viscardi	»	2,50
Bottesini Cesare	»	3,00
Chiari	»	2,25
Stramezzi Paolo	»	4,00
Cerioli Antonio	»	2,80
Marzetti	»	2,50
Bottesini Pietro	»	4,00
Pellegrini	»	2,70
Guatelli	»	2,50
Terzi	»	2,70
Bonamano	»	3,55
	£	95,45

v: Summa retro	£	95,45
Stramezzi Michele	»	3,55
Cerioli Gaetano	»	3,15
Zublin	»	2,70
Peletti	»	2,25
Sig.r Maestro Petrali	»	4,10
Per Carta Bollata	»	—,60
	£	111,80

Visto
Rota Fabb(rice)re pres(i)d(en)te

N° 82
Pres(enta)t(o) li 14.(settem)bre.1832
d(ett)o
Nelle risultante liquidi somma di / Austr(iach)e Lire Cento undici, e C(entesi)mi ottanta sia emesso il Mandato di Pagamento
Rota Fabb(rice)re pres(i)d(en)te

Doc. n. 6: cartella *Ricapiti dal 1832 al 1839,* 27.xi.1832 (n.132).

r: A(di) 27.(novem)bre.1832. Crema. / Nota de' Professori di Musica intervenuti / nella Cattedrale per l'Officcio.

Sig.[r]	Maestro Stefano Pavesi	£	7,10
	Meroni	»	4,00
	Inzoli	»	3,55
	Breda	»	3,55
	Chimeri	»	3,55
	Calzi	»	4,00
	Covi	»	3,55
	Gilera	»	3,00
	Fortunati	»	2,70
	Bottesini Giovanni	»	3,55
Sig.[r]	Maestro Dn Carlo Cogliati	»	4,45
	Stramezzi Pietro	»	4,45
	Bottesini Luigi	»	3,55
	Rè	»	3,55
	Truffi	»	3,55
	Santelli	»	3,00
	Bottesini Cesare	»	3,00
	Visconti	»	2,70
	Viscardi	»	2,50
	Chiari	»	2,25
	Massari	»	2,00
	Stramezzi Paolo	»	4,00
	Freri Camillo	»	3,25
	Cerioli Antonio	»	2,80
	Marzetti	»	2,50
	Bottesini Pietro	»	4,00
	Pellegrini	»	2,70

Terzi	»	2,70
	£	98,20

v: Summa retro	£	98,20
Bonamano Vincenzo	»	3,55
Stramezzi Michele	»	3,55
Cerioli Gaetano	»	3,15
Iublin	»	2,70
Peletti	»	2,25
Sig.r Maestro Petrali Organ(ista)	»	4,10
Per Carta Bollata	»	—,60
	£	118,10
Guatelli	»	2,50
	£	120,60

Luigi Bottesini
Visto Rota Fabb(rice)re pres(i)d(en)te
N° 132
Pres(enta)t(o) li 27.(novem)bre.1832
d(ett)o
Sia fatto il Mandato pel pagamento dell'/ivi risultante ammontare di Austr(iach)e Lire / cento venti, e C(entesi)mi Sessanta. ______
Rota Fabb(rice)re pres(i)d(en)te

Doc. n. 7: cartella *Ricapiti dal 1832 al 1839,* 31 » 28.xii.1832 (n.154).

r: Crema li 28 Decembre 1832. / La Fabbriceria di questa Chiesa Cattedrale d(eve) d(are) per Spese / incontrate nella Novena del SS.mo Natale.

Al Sig.r Curato Mag(gior)e	£	13.—
A Sig.r Curato Minore	£	6.—
Alli Chierici d'Ufficiatura	£	22.—
Alli due Sacerdoti assistenti	£	8.10
Aumento di Limosina alla Messa della / Novena, ed al Sagrista per Assistenza	£	14.19
All'Organista	£	19.—
Alli Chierici di Sagristia	£	6.18
A Gio(vanni) Bos	£	6.10
Al Campanaro	£	16.00

Al Ceremoniere Battaini per la / Funzione ultima	£	1.—
Pagate alli infrascritti Cantanti		
A Breda	£	20.—
Al Gelera	£	7.1
All'Inzoli	£	14.2
Al Fortunato	£	7.1
A Bottesini	£	4.14
A Calzi	£	14.2
	£	180.17

Austr(iach)e £ 153.91
Prete Pietro Zaninelli Sag(ris)ta

v: N.° 154
Pres(enta)t(o) li 31.(decem)bre.1832
d(ett)o
Si approvano, e si ordina il Mandato / pel pagamento in Austr(iach)e Lire Cento / Cinquantatrè, e C(entesi)mi novantuno.
Rota Fabb(rice)re pres(i)d(en)te

Doc. n. 8: cartella *Ricapiti dal 1832 al 1839,* 11 » 8.vii.1833 (n.22).

r: (Adi) 8 Luglio 1833. / Nota de' Professori di Musica intervenuti / nella Cattedrale il giorno sudetto per / l'Officcio.

Sig.r	Maestro Stefano Pavesi	£	7,10
	Meroni	»	4,00
	Inzoli	»	3,55
	Gilera	»	3,55
	Bottesini Giovanni	»	3,55
	Calzi	»	4,00
	Breda	»	3,55
	Covi	»	3,55
	Magnani	»	2,70
	Fortunati	»	2,70
Sig.r	Maestro D.n Carlo Cogliati	»	4,45
	Stramezzi Pietro	»	4,45
	Bottesini Luigi	»	3,55
	Rè	»	3,55
	Truffi	»	3,55
	Santelli	»	3,00

Viscardi	»	2,50
Visconti	»	2,70
Bottesini Cesare	»	3,00
Chiari	»	2,25
Massari	»	2,00
Stramezzi Paolo	»	4,00
Freri Camillo	»	3,25
Cerioli Antonio	»	2,80
Marzetti	»	2,50
	£	85,80

v: Summa retro	£	85,80
Bottesini Pietro	»	4,—
Pellegrini	»	2,70
Terzi	»	2,70
Bonamano	»	3,55
Stramezzi Michele	»	3,55
Bottesini Luigi Tromba	»	2,70
Cerioli Gaetano	»	3,15
Peletti	»	2,25
Maestro Petrali Organ(ista)	»	4,—
Sig.r De Cesari Tenore	»	28,—
Sig.r Rigamonti Basso	»	14,—
Per Carta Bollata	»	—,60
	£	157,10
Guatelli	»	2,50
	£	159,60

Tensini Arcip(re)te
Visto / Rota Fabb(rice)re pres(i)d(en)te
N° 22
1833.11.Lug(li)o
Sia emesso il Mandato di pagamento
Rota Fabb(rice)re pres(i)d(en)te

Doc. n. 9: cartella *Ricapiti dal 1832 al 1839,* 12.xi.1833 (n.51).

r: Crema (adi) 12.(novem)bre.1833. / Nota de' Professori di Musica intervenuti / nella Cattedrale il giorno sudetto per / l'Officcio in Musica.

Sig.r Maestro Stefano Pavesi	£	7,10
Meroni	»	4,—
Inzoli	»	3,55
Segalini	»	3,55
Calzi	»	4,—
Breda	»	3,55
Covi	»	3,55
Fortunati	»	2,70
Magnani	»	2,70
Sig.r M(aestr)o D.n Carlo Cogliati	»	4,45
Stramezzi Pietro	»	4,45
Bottesini Luigi	»	3,55
Rè Gio(vanni) Bat(tis)ta	»	3,55
Santelli	»	3,—
Visconti	»	2,70
Bottesini Cesare	»	3,—
Viscardi	»	2,50
Chiari	»	2,25
Massari	»	2,—
Stramezzi Paolo	»	4,—
Freri Camillo	»	3,25
Cerioli Antonio	»	2,80
Marzetti	»	2,50
Bottesini Pietro	»	4,—
Pellegrini	»	2,70
Terzi	»	2,70
Guatelli	»	2,50
Bonamano	»	3,55
Stramezzi Michele	»	3,55
	£	91,70

v: Summa retro	£	91,70
Bottesini Luigi Tromba	»	2,70
Cerioli Gaetano	»	3,15
Bottesini Giovanni Timp(anista)	»	3,55
Sig.r Maestro Petrali Organ(ista)	»	4,10
Per Carta Bollata	»	—,60
	£	111,80

Pel M° di Capella Stefano Pavesi
Luigi Bottesini
Visto
Rota Fabb(rice)re pres(i)d(en)te
N.° 51

Doc. n. 10: cartella *Ricapiti dal 1832 al 1839,* 31 » 29.xii.1833 (n.64).

r: Crema li 29 Decembre 1833 / La Fabbriceria di questa Chiesa Cattedrale d(eve) d(are) per le Spese / occorse nella Novena del SS.mo Natale.

Al Sig.r Curato Magg(ior)e	£	13.—
Al Sig.r Curato Min(or)e	£	6.—
Alli due Sacerdoti assistenti, de' quali / uno per Ceremoniere	£	8.—
Alli Chierici d'Ufficiatura	£	22.—
Al R(everen)do Sagrista	£	9.—
Aumento di Limosina alla Messa per la / sud(det)ta Funzione	£	3.—
All'Organista	£	19.—
Al Campanaro	£	16.—
Al Ceremoniere Capitolare p(er) l'ultima / funzione fatta dal R(everendissi)mo Arciprete	£	1.—
A Gio(vanni) Bos	£	6.10
Alli Chierici di Sagristia	£	6.18
Alli Cantanti		
Breda Basso	£	20.—
Inzoli Contralto	£	14.2
Calzi Basso	£	14.2
Fortunato - Secondo Tenore	£	7.1
Bottesini Soprano	£	14.2
Segalini altro Soprano	£	7.1
	£	186.16

sono Austr(iach)e
£ 158,98
Prete Pietro Zaninelli Sag(ris)ta

v: N.° 64
1833. 31. (Decem)bre
Si approvano le descritte Spese, e si / ordina il pagamento previo Man/dato di Cassa in Austr(iach)e Lire Cento / Cinquant'otto, e C(entesi)mi novant'otto ________
Rota Fabb(rice)re pres(i)d(en)te

Doc. n. 11: cartella *Ricapiti dal 1832 al 1839,* 8.vii.1834 (n.27).

r: Crema (adi) 8 Luglio 1834 / Nota de' Professori di Musica intervenuti / nella Cattedrale per l'Officcio in Musica / del giorno sudetto.

Sig.^{r} Maestro Stefano Pavesi	£	7,10
Meroni	»	4,—
Inzoli	»	3,55
Gilera	»	3,55
Sighilini	»	3,55
Calzi	»	4,—
Breda	»	3,55
Fortunati	»	2,70
Magnani	»	2,70
Sig.^{r} Maestro D^n Carlo Cogliati	»	4,45
Stramezzi Pietro	»	4,45
Bottesini Luigi	»	3,55
Rè	»	3,55
Truffi	»	3,55
Santelli	»	3,—
Bottesini Cesare	»	3,—
Viscardi	»	2,70
Chiari	»	2,50
Massari	»	2,25
Benzi	»	2,—
Stramezzi Paolo	»	4,—
Freri Camillo	»	3,25
Cerioli Antonio	»	2,80
Bottesini Pietro	»	4,—
Pellegrini	»	2,70
	£	90,00

v:

Summa retro	£	90,00
Terzi Paolo	»	2,70
Bonamano	»	3,55
Stramezzi Michele	»	3,55
Cerioli Gaetano	»	3,15
Bottesini Luigi Tromba	»	2,70
Peletti	»	2,25
Guatelli Fran(ces)co	»	2,50
Sig.^{r} M(aestr)o Petrali Organista	»	4,10

Per Carta bollata	»	—,60
Bottesini Gio(vanni) Timpanista	»	3,55
Sig.r De Cesari Tenore	»	28,00
Sig.r Giordani Basso	»	14,00
	£	160,65

Visto
Rota Fabb(rice)re pres(i)d(en)te N.° 27

Sia fatto il Mandato di pagamento / delle Sud(dett)e Lire Cento Sessanta, e C(entesi)mi / Sessantacinque Austriache
Rota Fabb(rice)re pres(i)d(en)te

Doc. n. 12: cartella *Ricapiti dal 1832 al 1839,* 12.xi.1834 (n.53).

r: Crema (adi) 12.(novem)bre. 1834. / Nota de' Professori di Musica intervenuti / nella Cattedrale il giorno sudetto per l'Of/ficcio in Musica.

Sig.r Maestro Pavesi	£	7,10
Meroni	»	4,—
Inzoli	»	3,55
Gilera	»	3,55
Sighilini	»	3,55
Calzi	»	4,—
Breda	»	3,55
Covi	»	3,55
Magnani	»	2,70
Fortunati	»	2,70
Stramezzi Pietro	»	4,45
Bottesini Luigi	»	3,55
Rè	»	3,55
Truffi	»	3,55
Santelli	»	3,—
Bottesini Cesare	»	3,—
Viscardi	»	2,70
Chiari	»	2,50
Massari	»	2,25
Benzi	»	2,—
Stramezzi Paolo	»	4,—
Freri Camillo	»	3,25
Cerioli Antonio	»	2,80

Bottesini Pietro	»	4,—
Pellegrini	»	2,70
Terzi	»	2,70
	£	88,25

v: Summa retro	£	88,25
Bonamano	»	3,55
Stramezzi Michele	»	3,55
Cerioli Trombone	»	5,15
Bottesini Luigi Tromba	»	2,70
Peletti	»	2,25
Guatelli	»	2,50
Sig.r Maestro Petrali Organ(ista)	»	4,10
Bottesini Gio(vanni) Timpanista	»	3,55
Per Carta bollata	»	—,60
	£	114,20

Visto
Rota Fabb(rice)re pres(i)d(en)te N° 53
1834.12.(novem)bre
Si approvano li qui descritti Onorarj, / e si ordina il Mandato pel pagamento.
Rota Fabb(rice)re pres(i)d(en)te

Doc. n. 13: cartella *Ricapiti dal 1832 al 1839,* 27 » 26.xii.1834 (n.71).

r: Crema (adi) 26 Decembre 1834 / La Fabbriceria di questa Chiesa Cattedrale d(eve) d(are) per Spese incontrate / nella Novena del SS.mo Natale.

Al Sig.r Curato Mag(gior)e	£	13.—.—
Al Sig.r Curato Min(or)e	£	6.—.—
Alli Chierici d'Ufficiatura	£	22.—.—
Alli Sacerdoti due Assistenti	£	8.—.—
Al Ceremoniere del R(everendissi)mo Capitolo p(er) l'ultima sera	£	1.—.—
Al R(everen)do Sag(ris)ta	£	12.—.—
Aumento di Lim(osin)a per la Messa della Novena	£	2.16.—
All'Organista	£	19.—.—
Al Campanaro	£	16.—.—
A Gio(vanni) Bos	£	6.10.—
Alli Chierici di Sagristia	£	6.18.—

Pagato un Chierico per ordine del R(everendissi)mo / Arciprete per sgombrare il Presbiterio dalla / gente nel tempo della Funzione sud(det)ta	£	2.—.—
pagate alli Cantanti		
Al Gelera Soprano	£	14.2 .—
All'Inzoli Contralto	£	14.2 .—
Al Fortunato Tenore	£	7.1 .—
Al Calzi Basso	£	14.2 .—
Al Breda Basso	£	20.—.—
Al Bottesini Timpanista	£	4.14.—
Al Militare che suonò la Tromba per / due Funzioni	£	3.10.6
	£	192.15.6
Sag(ris)ta Prete Pietro Zaninelli — Sono Austr(iach)e	£	164.06

v: N.° 71
1834. 27. (Decem)bre
Si approvano le ivi descritte Spese / in Austr(iach)e Lire Cento Sessanta quattro e C(entesi)mi Sei, e si ordina il Mandato di / pagamento ______________
Rota Fabb(rice)re pres(i)d(en)te

Doc. n. 14: cartella *Ricapiti dal 1832 al 1839,* 1 » 28.vii » vi.1835 (n.19).

r: Crema P(ri)mo Luglio 1835. / Nota dei Professori di Musica intervenuti / nella Chiesa della Cattedrale il giorno / 28 Giugno, pel solenne ingresso di / Monsignor Vescovo Giuseppe Sanguettola.

Sig.r Maestro Stefano Pavesi	£	12:—
Calzi	»	7:—
Inzoli	»	6:—
Meroni	»	10:—
Breda	»	6:—
Covi	»	5:—
Gilera	»	3:15
Sighilini	»	3:15
Magnani	»	3:—
Stramezzi Pietro	»	10:—
Bottesini Luigi	»	7:—
Rè	»	7:—
Santelli	»	5:—

Bottesini Cesare	»	5:—
Viscardi	»	4:—
Massari	»	3:—
Benzi	»	3:—
Stramezzi Paolo	»	10:—
Freri	»	6:—
Cerioli Antonio	»	5:—
Bottesini Pietro	»	10:—
Pellegrini	»	5:—
Terzi	»	5:—
Bonamano	»	7:—
	£	148:10

v: Summa retro	£	148:10:—
Stramezzi Michele	»	5:—:—
Bottesini Luigi Tromba	»	5:10:—
Cerioli Gaetano Trombone	»	5:10:—
Peletti Fagotto	»	4:—:—
Bottesini Giovanni Timpanista	»	4:—:—
Sig.r Maestro Petrali Organista	»	8:10:—
Truffi Isidoro	»	3:—:—
Timolati Contrabasso di / Lodi	»	18:—:—
Per Carta bollata	»	—:14:—
Sono Austr(iach)e £ 172:51	£	202:14:—

Tensini Arcip(re)te — Stramezzi Pietro
Visto Rota Fabb(rice)re pres(i)d(en)te — N.° 19

1835. P(ri)mo Lug(li)o / Vista ed Approvata si paghi nell'ammon/tare di Austr(iach)e Lire Cento Settanta due, e / C(entesi)mi Cinquant'uno
Rota Fabb(rice)re pres(i)d(en)te

Doc. n. 15: cartella *Ricapiti dal 1832 al 1839,* 9 » 8.vii.1835 (n.24).

r: Crema (adi) 9 Luglio 1835. / Nota dei Professori di Musica inter/venuti nella Chiesa della Cattedrale / il giorno 8 sudetto per l'Officcio / in Musica del Legato Marchi.

Sig.r Maestro Pavesi	£	7,10
Meroni	»	4,—
Inzoli	»	3,55

Gilera	»	3,55
Sighilini	»	3,55
Calzi	»	4,—
Breda	»	3,55
Covi	»	3,55
Magnani	»	2,70
Fortunati Davide	»	2,70
Stramezzi Pietro	»	4,45
Bottesini Luigi	»	3,55
Rè	»	3,55
Truffi	»	3,55
Santelli	»	3,—
Bottesini Cesare	»	3,—
Viscardi	»	2,70
Massari	»	2,25
Benzi	»	2,—
Stramezzi Paolo	»	4,—
Freri Camillo	»	3,25
Cerioli Antonio	»	2,80
Bottesini Pietro	»	4,—
Pellegrini	»	2,70
	£	83,05

v: Summa retro	£	83,05
Terzi	»	2,70
Bonamano	»	3,55
Stramezzi Michele	»	3,55
Cerioli Gaetano	»	3,15
Bottesini Luigi Tromba	»	2,70
Peletti	»	2,25
Guatelli	»	2,50
Sig.[r] Maestro Petrali Organ(ista)	»	4,10
Bottesini Giovanni Timp(anista)	»	3,55
De Cesari Tenore	»	28,—
Giordani Basso	»	14,—
Carta bollata	»	—,60
	£	153,70

Stefano Pavesi maestro della capella
Visto / Rota Fabb(rice)re pres(i)d(en)te — N° 24

1835. 9. Luglio
Si paghi nelle Sud(dett)e Lire Cento Cinquanta / tre e C(entesi)mi Settanta. ____
Rota Fabb(rice)re pres(i)d(en)te

Doc. n. 16: cartella *Ricapiti dal 1832 al 1839,* 25.x.1836 (n.41).

r: (adi) 25. (otto)bre 1836. Nota de' Professori di Musica intervenuti / il giorno suddetto nella Cattedrale per l'Officcio del Legato Marchi.

Sig.r	Maestro Pavesi	£	7,10
	Meroni	»	4,00
	Inzoli	»	3,55
	Breda	»	3,55
	Calzi	»	4,00
	Ortori	»	3,55
	Pestagalli	»	2,70
	Pajardi	»	2,70
	Fortunati	»	2,70
	Magnani	»	2,70
	Pesadori	»	12,00
	Sentati	»	6,00
Sig.r	Stramezzi Pietro	»	4,45
	Bottesini Luigi	»	3,55
	Rè Gio(vanni) Battista	»	3,55
	Truffi	»	3,55
	Santelli	»	3,00
	Bottesini Cesare	»	3,00
	Massari	»	2,25
	Ortori	»	2,25
	Stramezzi Paolo	»	4,00
	Truffi Isidoro Violoncello	»	3,55
	Freri Camillo	»	3,25
	Cerioli Antonio	»	2,80
	Bottesini Giovanni	»	2,80
	Bottesini Pietro	»	4,00
	Pellegrini	»	2,70
	Terzi	»	2,70
	Guatelli	»	2,50
	Bonamano	»	3,55
	Stramezzi Michele	»	3,55

Viscardi Tromba	»	2,70
Cerioli Trombone	»	3,15
Corbellini Timpanista	»	3,55
M° Petrali Organista	»	4,10
Carta Bollata	»	—,60
Visto Austriache	£	129,65

Rota Fabb(rice)re pres(i)d(en)te — Stefano Pavesi / maestro di capella

v: N.° 41

1836. 25. (otto)bre

Sia rilasciato il Mandato di pagamento / nell'entroscritta somma di Austr(iach)e / Lire Centoventinove, e C(entesi)mi 65.

Cristoforo Soldati Fabb(ricer)e

Doc. n. 17: cartella *Ricapiti dal 1840 al 1846,* 31 » 14.xii.1840 (n.62).

r: Crema li 24 Decembre 1840 / La Fabbriceria di questa Chiesa Cattedrale d(eve) d(are) a me infrascritto / per le occorse Spese nella Novena del SS.^{mo} Natale.

Al Vice Parroco Mag(gior)e	£	13.—.—
Al Vice Parroco Min(or)e	»	6.—.—
All'altro Sacerdote Ufficiante	»	4.10.—
Alli Chierici d'Ufficiatura	»	22.—.—
Al Ceremoniere Capitolare p(er) l'ultima Sera	»	1.—.—
Per aumento alla Messa della Novena	»	3.10.—
Al R(everen)do Sagrista	»	16.—.—
A Gio(vanni) Bos	»	6.10.—
Alli Chierici di Sagristia	»	6.18.—
All'Organista	»	19.—.—
Al Campanaro	»	16.—.—
Alli infrascritti		
Inzoli Tenore	»	24.—.—
Calzi Basso	»	24.10.—
Ortori Soprano	»	9.—.—
Luccini secondo Basso	»	20.—.—
Bottesini Contrabasso	»	21.3 .—
Timpanista Corbellini	»	7.1 .—
di Milano	£	220.2 .—

Aust(riach)e £ 187.32
Prete Zaninellli Sag(ris)ta

v: N.° 62

1840. 31. (decem)bre
Si approvano le ivi descritte / Spese, e sia fatto il Mandato di / pagamento nell'Austr(iach)e £ 187.32
Cristoforo Soldati P(resident)e

Doc. n. 18: cartella *Ricapiti dal 1840 al 1846,* 17.xi.1842 (n.46).

r: (adi) 17. (novem)bre. 1842. / Nota dei Professori di Musica che sono intervenuti il / giorno sudetto nella Cattedrale per l'Officcio del legato / Marchi.

Sig.[r]	Maestro Pavesi	£	8,80
	Inzoli	»	4,40
	Breda	»	4,40
	Luccini	»	4,40
	Calzi	»	5,20
	Davide Fortunato	»	3,90
	Morosini	»	4,40
	Petrali Antonio	»	2,60
	Pesadori	»	12,—
	Stramezzi Pietro	»	6,40
	Bottesini Luigi	»	4,40
	Rè	»	4,40
	Bottesini Cesare	»	4,40
	Massari	»	3,40
	Ortori	»	3,—
	Pajardi	»	2,45
	Barbarini	»	2,45
	Santelli	»	4,40
	Truffi	»	4,40
	Bottesini Giovanni	»	5,—
	Cerioli Antonio	»	4,40
	Chiari	»	3,40
	Bottesini Pietro	»	5,40
	Meletti	»	3,40
	Terzi	»	3,40
	Cervieri	»	2,90

Guatelli	»	2,90
Bonamano Vincenzo	»	4,40
Bonamano Antonio	»	3,55
Cerioli Gaetano	»	4,40
Viscardi	»	3,90
Peletti	»	2,90
Corbellini	»	3,70
M.° Petrali Organista	»	5,40
Carta bollata	»	—,30
	£	149,15

Cristoforo Soldati Presid(ent)e

v: N.° 46

1842. 17. (novem)bre
Sia rilasciato il Mandato di / pagamento nell'esposto ammon/tare di Austriache £ 149,15
Cristoforo Soldati Presid(ent)e

Doc. n. 19: cartella *Ricapiti dal 1840 al 1846*, 27 » 26.x.1843 (n.46).

r: Crema (adi) 27. (otto)bre. 1843. / Nota dei Professori di Musica per l'Officcio del giorno 26 sudetto

	Sig.r M.° Pavesi	£	8,80
Cantanti	Pesadori	»	12,—
	Inzoli	»	4,40
	Davide	»	3,90
	Breda	»	4,40
	Calzi	»	5,20
	Bianchessi	»	4,40
	Petrali Antonio	»	2,60
	Gandini Bartolomeo	»	23,33
Violini	Stramezzi Pietro	»	6,40
	Bottesini Luigi	»	4,40
	Rè	»	4,40
	Massari	»	3,40
	Barbarini	»	2,45
	Pozzali	»	2,45
Viola	Santelli	»	4,40
Violoncello	Bottesini Giovanni	»	5,—

Contrabassi	Freri	»	4,40
	Cerioli Antonio	»	4,40
Clarini	Bottesini Pietro	»	5,40
	Meletti	»	3,40
Flauto	Terzi	»	3,40
Oboè	Cervieri	»	2,90
	Guatelli	»	2,90
Corni	Bonamano Vincenzo	»	4,40
	Bonamano Antonio	»	3,55
Trombe	Bottesini Luigi	»	4,40
	Viscardi	»	3,90
Trombone	Cerioli Gaetano	»	4,40
Fagotto	Peletti	»	2,90
Timpanista	Corbellini	»	3,70
Organista	M.° Petrali	»	5,40
	Carta Bollata	»	—,75
		£	162,13

Cristoforo Soldati Presi(dente)

v: N.° 46

1846. 27. (otto)bre
Sia emesso il Mandato di pagam(en)to / nell'esposte £ 162.13. Aus(triach)e ora / resta al S.r Luigi Bottesini qual in/caricato all'esazione ______
Cristoforo Soldati Pres(i)d(ent)e

Doc. n. 20: cartella *Ricapiti dal 1840 al 1846,* 29.xi.1843 (n.51).

r: Crema (adi) 29. (novem)bre 1843. / Nota dei Professori di Musica che sono intervenuti nella / Cattedrale per l'Officcio del giorno sudetto

Sig.r M.° Pavesi	£	8,80
Pesadori	»	12,—
Inzoli	»	4,40
Breda	»	4,40
Calzi	»	5,20
Bianchessi	»	4,40
Petrali Antonio	»	2,60
Sig.r Stramezzi	»	6,40
Bottesini Luigi	»	4,40

Bottesini Cesare	»	4,40
Rè	»	4,40
Massari	»	3,40
Ortori	»	3,—
Barbarini	»	2,45
Pozzali	»	2,45
Santelli	»	4,40
Bottesini Giovanni	»	5,—
Freri	»	4,40
Cerioli Antonio	»	4,40
Bottesini Pietro	»	5,40
Meletti	»	3,40
Terzi	»	3,40
Cervieri	»	2,90
Guatelli	»	2,90
Bonamano Vincenzo	»	4,40
Bonamano Antonio	»	3,55
Bottesini Luigi	»	4,40
Viscardi	»	3,90
Cerioli Gaetano	»	4,40
Peletti	»	2,90
Corbellini	»	3,70
M.° Petrali	»	5,40
Carta bollata	»	—,30
Austriache	£	141,85

Cristoforo Soldati Presid(ent)e

v: N.° 51

1843. 29. (novem)bre

Sia rilasciato il Mandato di pagamento / dell'entroscritte Aus(triach)e £ 141.85 - in / causa, come retro(scritt)a. ______

Cristoforo Soldati Pre(si)d(ent)e

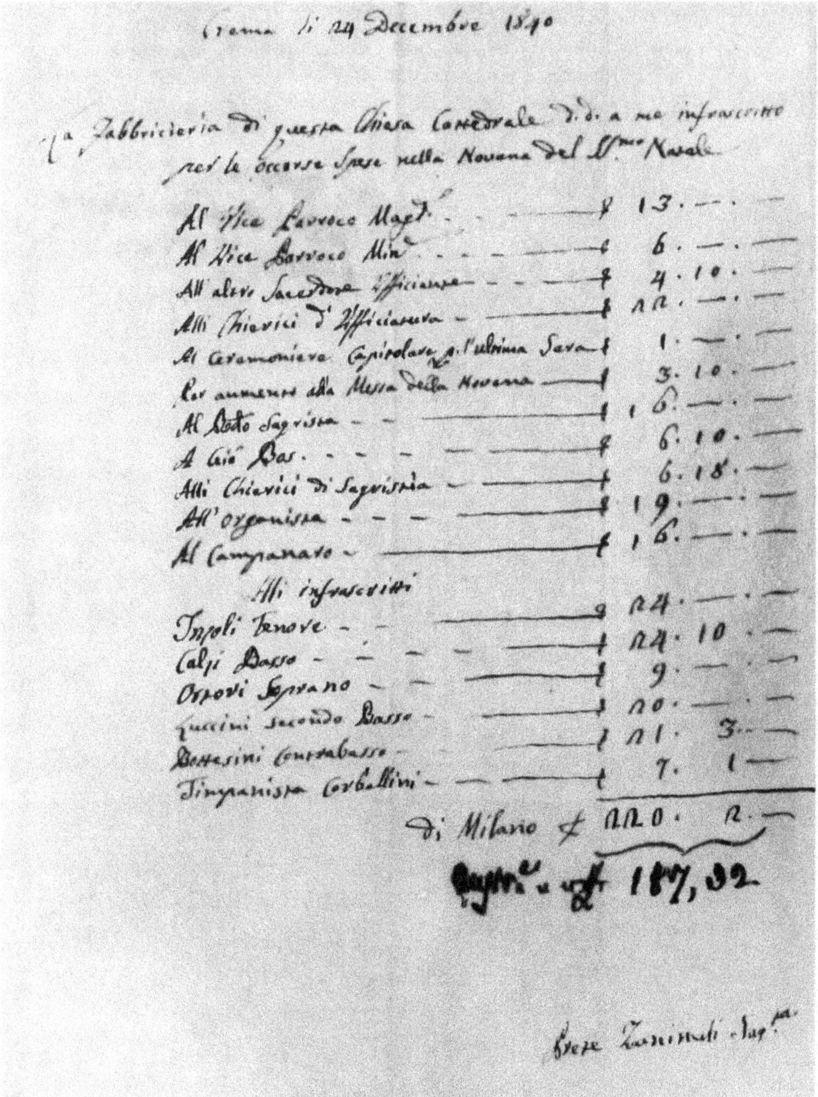

Crema li 24 Decembre 1840

La Fabbricieria di questa Chiesa Cattedrale d.d. a me infrascritto per le occorse spese nella Novena del SS.mo Natale

Al Vice Parroco Mag.r	13. — . —
Al Vice Parroco Min.r	6. — . —
All'altri Sacerdoti Officianti	4. 10. —
Alli Chierici d'Officiatura	11. — . —
Al Ceremoniere Capitolare p. l'ultima Sera	1. — . —
Per aumento alla Messa della Novena	3. 10. —
Al Detto Sagrista	16. — . —
A Gio Bas	6. 10. —
Alli Chierici di Sagristia	6. 18. —
All'organista	19. — . —
Al Campanaro	16. — . —
Alli infrascritti	
Inzoli Tenore	24. — . —
Calzi Basso	24. 10. —
Orsori Soprano	9. — . —
Guccini secondo Basso	10. — . —
Bettesini Contrabasso	11. 3. —
Timpanista Corbellini	7. 1 —
Di Milano £	220. 2. —

Ragg.e a £ 187,32

Prete Zaninelli Sag.ta

6. - Nota di pagamento datata 24 dicembre 1840 (ACSS, *Ricapiti dal 1840 al 1846*).

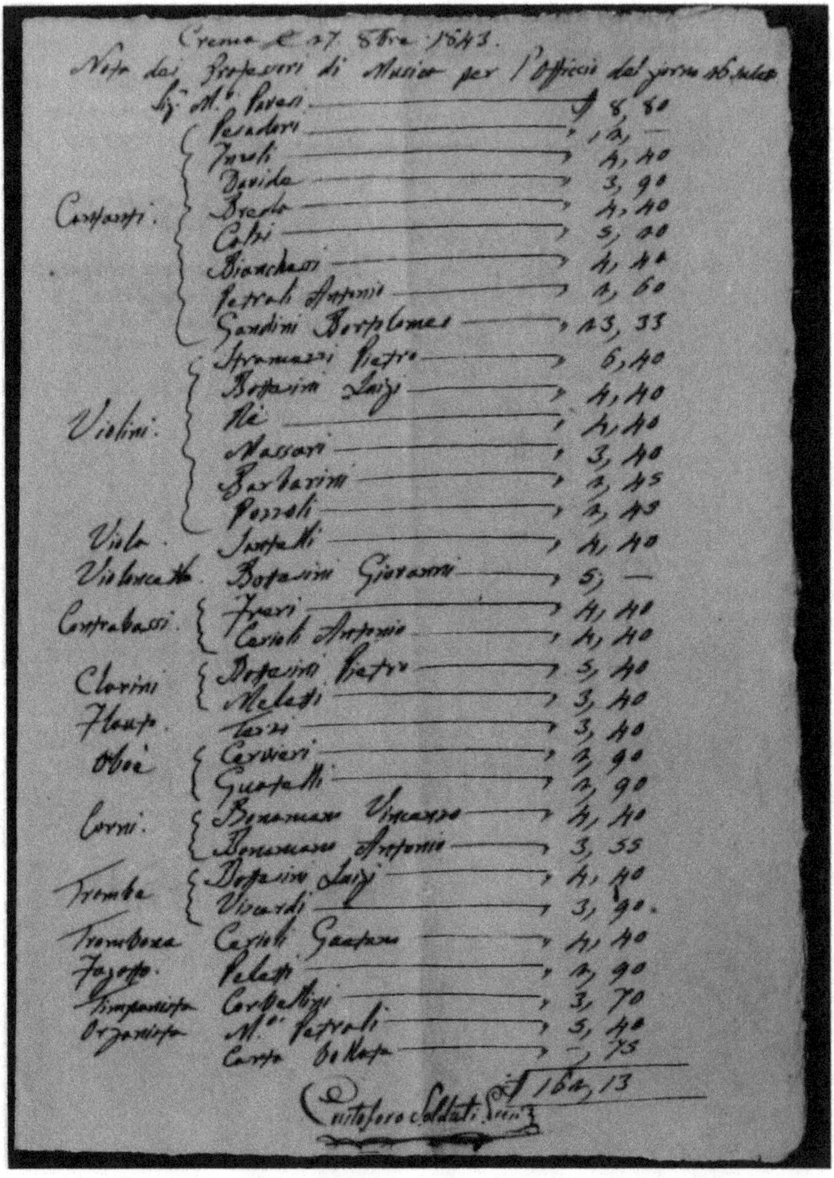
Crema li 27 8bre 1843.
Nota dei Professori di Musica per l'Officio del giorno 26 detto
Sig. M.o Pavesi — £ 8, 80
Cantanti: Pasadori — 10, —
Inzoli — 4, 40
Davide — 3, 90
Brescia — 4, 40
Calzi — 5, 00
Bianchessi — 4, 40
Patrali Antonio — 4, 60
Gandini Bortolomeo — 13, 33
Violini: Stramezzi Pietro — 6, 40
Bottesini Luigi — 4, 40
Rè — 4, 40
Massari — 3, 40
Barbarini — 4, 45
Pozzali — 4, 45
Viola: Fortelli — 4, 40
Violoncello: Bottesini Giovanni — 5, —
Contrabassi: Freri — 4, 40
Carioli Antonio — 4, 40
Clarini: Bottesini Pietro — 5, 40
Meladi — 3, 40
Flauto: Tassi — 3, 40
Oboè: Carnieri — 4, 90
Guarnelli — 4, 90
Corni: Bonomassi Vincenzo — 4, 40
Bonomassi Antonio — 3, 55
Trombe: Bottesini Luigi — 4, 40
Viscardi — 3, 90
Trombone: Carioli Gaetano — 4, 40
Fagotto: Pelati — 4, 90
Timpanista: Costa — 3, 70
Organista: M.o Patrali — 5, 40
Carta di Nota — —, 75
£ 164, 13
Cristoforo Soldati

7. - Nota di pagamento datata 24 ottobre 1843 (ACSS, *Ricapiti dal 1840 al 1846*).

ELENA MARIANI

IL TEATRO D'OPERA A CREMA NELLA PRIMA METÀ DELL'OTTOCENTO

Esporre sinteticamente e chiaramente quale fu la vita musicale nel Teatro di Crema durante i primi cinquant'anni dell'Ottocento, non è cosa semplice. Anzitutto la mole dei documenti riguardanti questo periodo è ricchissima, ma d'altra parte, non tutto il materiale risulta di facile consultazione: esiste un Fondo del Teatro riordinato nel 1981 [1], tuttavia è tale la quantità dei rimandi esterni a documenti non conservati o non ritrovati che ricostruire i nessi fra persone, interessi, musica ed economia, Teatro e città, è impresa ardua [2]. Chiunque si occupi della storia del melodramma nell'Ottocento incontra, inoltre, un secondo tipo di disagi costituito dalla fondamentale carenza di dati basilari sull'argomento (dalle cronologie teatrali cittadine ai cataloghi di libretti d'opera, dagli studi sui periodici dell'epoca alle edizioni critiche dei testi musicali), carenza che rende difficile la collocazione storica dei nuovi dati emersi dalle ricerche.

L'edificio ultimo del Teatro di Crema, distrutto da un incendio nel 1937, sorse nell'ultimo ventennio del XVIII secolo e venne inaugurato il 24 settembre 1786 con il *Demofoonte* di Metastasio musicato espressamente dal napoletano Angelo Tarchi [3]. Tale data d'inaugurazione del Teatro coincideva con la fiera autunnale che a Crema costituiva l'evento centrale attorno al quale ruotava la stagione operistica del Teatro. La fiera, che stando a qualche cronista dell'epoca, aveva risonanza non solo nel Lombardo-Veneto ma attirava anche espositori europei richiamati, fra l'altro, dall'esenzione da qualunque dazio sulle merci [4], subì un radicale mutamento di sorti nel 1797 anno in cui le truppe francesi distrussero materialmente il padiglione fieristico; la scomparsa di questo tradizionale appuntamento economico comportò anche il declino delle occasioni mondane che lo accompagnavano, non ultima la stagione operistica del Teatro. Fino a quel momento (la documentazione esistente a Crema è relativa solo ad alcuni libretti) possiamo rilevare che gli autori rappresentati sono fra i più noti e principalmente di origine o, almeno, formazione napoletana [5]. Le opere erano, generalmente, due per ogni stagione. Tali stagioni operistiche coincidevano con la fiera autunnale, con il carnevale e con la stagione primaverile, introdotta dopo il 1790. Le opere venivano rappresentate con uno scarto medio di pochi anni rispetto alla prima assoluta, inferiore ai tre anni nel 50% dei casi. Pare di cogliere anche qualche vezzo da grande Teatro se è vero che per la fiera del 1795 venne proposta una prima assoluta: *Odenato e Zenobia,* su musica «nuova», come viene sottolineato nel libretto, del musicista Vincenzo Federici [6].

I rivolgimenti politici e le crisi economiche che si avvicendarono dal 1799 in poi coinvolsero naturalmente anche la vita teatrale cittadina e la sua stagione principale; ma larghi strascichi di rimpianto aveva lasciato la brusca interruzione della fiera, tanto che suscita un moto di stupore leggere ancora nel 1841 una proposta fatta all'assemblea dei palchettisti, di ripristinare musicalmente la stagione autunnale perché

«quantunque continuato il mercato dei bestiami per quindici giorni consecutivi, li forestieri non avendo un trattenimento alla sera, se ne partono a danno dell'interesse del comune, oltre non essere di decoro a questa città che ha sempre riportato un nome ben onorevole pel Teatro» [7].

Si intuisce, poi, che al di là del generico rimpianto venato di campanilismo per i fasti del passato l'anonima sollecitazione è improntata ad un più prosaico calcolo di utilità: in quel periodo i cantanti, ancora liberi dagli impegni per le stagioni principali, si possono scritturare senza eccessiva spesa e difficoltà e gli introiti che vengono dal pubblico e dagli artisti stessi che alloggiano in città ripaga senz'altro l'investimento. Questa sottolineatura mette in luce quanto i fattori economici abbiano condizionato in tutti i suoi aspetti il melodramma ottocentesco, forse anche più energicamente in un piccolo centro di provincia quale era Crema in quell'epoca.

Per la consistente mole di documenti ben conservati è interessante dare uno sguardo all'organizzazione amministrativa del Teatro di Crema. I documenti sui quali è stato condotto questo studio sono principalmente le carte dell'Archivio teatrale conservate presso la Biblioteca Comunale; salvo rarissime eccezioni l'ambito cronologico cui tali documenti si riferiscono è quello compreso fra gli anni 1822 e 1937. Per ciò che riguarda i primi vent'anni dell'Ottocento si può ricavare una sommaria ed incompleta documentazione da una cartella dell'Archivio Storico Civico relativa alla *Sicurezza Pubblica.* Alcuni traslochi e riordini dell'Archivio teatrale sono, con tutta probabilità, la causa prima della frammentarietà dei documenti [8]: è, infatti, solo nel «Piano disciplinario amministrativo» del 1824 che si stabilì di creare un vero e proprio archivio, con le carte «registrate in apposito protocollo» e conservate «sotto chiave» nell'Archivio Municipale [9]. Nel «Piano disciplinario» per la prima volta è chiarita ufficialmente una regolamentazione nella gestione del Teatro; tale atto amministrativo sanciva una situazione che, di fatto, esisteva da decenni. Quel che si evince è che la gestione del Teatro spettava agli amministratori municipali in numero di tre fra i quali il Podestà, e alla componente privata dei palchettisti. È documentato infatti che «condizione speciale del Teatro di questa R. Città è che i palchettisti possiedano tutti li palchi compreso il scenico e il corredo ed addobbi del teatro medesimo» mentre «il fabbricato con sale annesse» era di proprietà della città [10]. Il Teatro di Crema comprendeva centocinque palchi appartenenti a circa novanta proprietari e divisi in quattro ordini [11]; esclusi i tre di proprietà della città, che non contribuivano alle spese, gli altri palchi erano divisi in frazioni di proprietà, chiamate «caratti». Ogni palchettista era tenuto a contribuire alle spese di gestione del Teatro proporzionatamente ai «caratti» acquistati. Le due rappresentanze, pubblica e privata, gestivano spese ed introiti, ma l'esecuzione e l'andamento degli spettacoli era di esclusiva competenza dei palchettisti. Quando il «Regolamento generale» [12] adottato dal Governo nel 1827 istituì la figura del direttore politico del Teatro, si scatenarono questioni di competenze. In una lettera del 1838, ad esempio, l'allora impresario del Teatro di Crema, Frassi, scrive all'amministrazione del Teatro pregando di volerlo liberare

> «dalla continova sechatura delli comandi delle sig. diretore politicho io no conoscho altri padroni che la sudeta deputazione inchui io facci il contrato. e no conoscho il diretore politicho altro che per l'andamento delle teatro che questo le un comisario» [13].

La Deputazione teatrale faceva capo all'assemblea dei palchettisti che decideva in merito ai progetti proposti dagli impresari per le varie stagioni, sceglieva i propri rappresentanti, decideva come utilizzare il fondo cassa, o se mettere all'asta i palchi dei debitori morosi. Erano dunque i proprietari dei palchi gli autentici sovvenzionatori dell'attività musicale, sempre alla ricerca di un compromesso fra le richieste economiche dell'impresario e le proprie esigenze di risparmio. Dal 1823 è documentata la «contribuzione» municipale concessa a condizione che venisse organizzato almeno uno spettacolo a carnevale e non meno di due altri entro l'anno. Tale quota restò però fissa rigorosamente anche nei decenni successivi: solo nel 1849-50, dopo un anno di forzata chiusura del Teatro, la cifra venne occasionalmente raddoppiata, quasi a voler sottolineare la riconquistata tranquillità politica [14]. Nei primi anni del XIX secolo oltre alle ordinarie «contribuzioni», i proprietari sono disposti anche ad una colletta supplementare per l'impresario.

La complessa rete di accordi fra il teatro e coloro che materialmente eseguivano l'opera era manovrata da questa figura; costui, che spesso era un cantante appartenente alla compagnia scritturata, fungeva da portavoce degli artisti, era delegato alle questioni organizzative e, a partire dal secondo quarto del secolo, faceva capo ad un agente teatrale. Nel corso degli anni l'impresario si trasforma in una sorta di 'consulente artistico' con la responsabilità della scelta dei cantanti e delle opere in programmazione.

Nella prima metà dell'Ottocento Milano era, insieme a Napoli, il più importante centro teatrale e di organizzazione musicale; moltissimi impresari e molte delle principali agenzie teatrali (ad esempio quelle di Merelli, Burcardi, Rossi etc.) erano attive nella capitale lombarda. Anche Crema non si sottraeva al polo d'attrazione milanese [15].

In ogni caso la proporzione fra le dimensioni e le pretese artistiche del Teatro di Crema era insolita: nel carnevale 1828-29 il Teatro si lamentò con l'agente che aveva scritturato per conto dell'impresario dei cantanti non eccelsi: questi rispose che effettivamente la «dote» del Teatro di Crema era «vistosa» ma gli incassi, anche con compagnie di canto migliori, si limitavano solamente alla misera vendita di sette, otto biglietti per sera [16]. Pur ridimensionando l'enfatica affermazione, appaiono evidenti le difficoltà economiche in cui si dibatteva, non solo a Crema, l'amministrazione di un teatro in quell'epoca.

Per ovviare a tali difficoltà nel 1806 i direttori dei teatri di Lodi e Crema organizzarono un'azione combinata inviando un messaggio al Ministro dell'Interno in cui si chiedeva la concessione dei giochi d'azzardo per il bene delle truppe, per poter sovvenzionare le costose stagioni d'opera e per le «indennizzazioni de Virtuosi di Teatro [...] rese ora esorbitanti» [17]. La questione era complessa: da un lato, dopo l'invasione francese i giochi d'azzardo, che rientravano nelle abitudini degli alti ufficiali d'oltralpe, conobbero una sfrenata diffusione; dall'altro, i governi locali erano disposti a tollerare tale pratica in considerazione dell'ampio margine di guadagno derivato dalla concessione del monopolio dei giochi agli impresari. Tale guadagno consentiva maggiori utili per l'investimento nell'opera. E che l'affare fosse di rilevanza notevole risulta evidente perché nella stagione 1804-05 l'impresario si vide tributare, oltre alla dote di 5400 lire, una cifra pari quasi ad un terzo del «regalo» pattuito in compenso della mancata concessione della lotteria [18]. Qualche anno più tardi la «dote» prevista per l'impresario venne sottoposta ad una clausola: nel caso l'autorità avesse concesso il monopolio per la tombola la cifra sarebbe stata ritoccata ed abbassata. Il monopolio dei giochi d'azzardo, ripristinato nel 1802 negli stati italiani napoleonici, fu però soppresso dai governi restaurati a partire dal 1814: agli impresari cremaschi non restò che accontentarsi del magro profitto della bottega del caffè «pel servizio del teatro stesso».

Oltre alla «dote», all'eventuale concessione del monopolio dei giochi, ai proventi del caffè, altri introiti provenivano all'impresario dagli abbonamenti e dagli ingressi serali; gli abbonati, però, erano spesso poco solleciti o addirittura insolventi, tanto da impedire all'impresario, nel 1824, di pagare il secondo «quartale» (sorta di acconto) agli artisti [19]; anche il cosiddetto «introito di porta» era scarso: nel 1838, ad esempio, in occasione della prima di *Beatrice di Tenda* di Bellini, assoluta novità per Crema, si vendettero solo settantaquattro biglietti con un incasso di 65,12 lire austriache che sarebbero bastate a pagare circa un quarto solamente del compenso stagionale dovuto al primo violino forestiero [20]. Oltre alle spese relative ai cantanti, l'appaltatore doveva sostenere anche i costi relativi al custode, alla guardia, all'illuminazione, agli scenari, agli spartiti, all'orchestra e ai coristi.

Dai contratti conservati emergono interessanti dati sulla composizione dell'orchestra del Teatro [21]: i suoi componenti venivano scritturati fra i musicisti «della piazza» cioè cremaschi. Il numero dei componenti l'orchestra ci è noto per la prima volta nel 1796, anno in cui risultano pagati quindici strumentisti. Già nella prima stagione del secolo successivo sono venti ed aumentano a ventidue dopo altri quattro anni. Per un ventennio il numero non si modifica fino a che raggiunge i venticinque elementi nella stagione 1824-25 e i trentuno (con nove violini e timpani e bombardone fra le percussioni) nel 1847-48 [22]. Naturalmente in occasione di spettacoli non musicali l'organico era sensibilmente ridotto [23]. Nel caso in cui i musicisti «della piazza» fossero insufficienti a completare l'orchestra, l'impresario doveva ricorrere ai «forestieri». I «forestieri» aggiunti risultano quasi sempre un violino ed un contrabbasso, ma, negli anni, si trovano anche richiesti altri strumenti e ciò, probabilmente, a riprova del fatto che erano le circostanze stagionali a rendere indisponibili i musicisti cremaschi [24]. Comunque si trovano musicisti «forestieri» in ruoli importanti solo alla fine del Settecento quando, in occasione della già menzionata fiera, il Teatro ricorse a presenze esterne per dare prestigio alla propria orchestra: nel 1786 alla viola è scritturato Alessandro Rolla, nel 1789 venne assunto Felice Mosel, primo violino abitualmente al servizio del Gran Duca di Toscana [25].

Sembra risalire al 1814 la prima «Scrittura d'accordo stabilito tra la Direzione del Teatro, e li s.ri Professori d'Orchestra»: in essa oltre a stabilire la paga serale per ogni componente, si stipulavano degli accordi che sembrano tesi a sradicare un'abituale rilassatezza di costume degli orchestrali, non sempre assidui nelle presenze [26]. Senza dubbio in quest'orchestra succedevano fatti insoliti: nel carnevale 1822-23 per la difficoltà di reperire il violoncellista si decise di «supplire con idoneo pianoforte o cembalo a marteletta [...] quale dovrà essere suonato tutte le sere dal maestro Petrali» [27]; nel 1843 oboista e cornista chiedono l'esenzione dalle prove nei giorni di mercato, denunciando così anche l'impossibilità a vivere decorosamente solo coi proventi stagionali della carriera musicale [28]; il percussionista fu anche custode del Teatro [29]; un corista cercò di assumere il posto vacante di parrucchiere del Teatro [30].

Sono documentate disparità di contratto fra i vari orchestrali, ma non è possibile capire se queste derivino da considerazioni sul prestigio o sull'anzianità di servizio dei singoli musicisti [31]; è vivo il dubbio che, in realtà, tutto fosse improntato al compromesso e che il primo scopo fosse sempre e comunque quello di conciliare la necessità dei musicisti di lavorare contemporaneamente in ambienti diversi e le esigenze del Teatro [32]. Anche per ciò che riguarda il reclutamento degli orchestrali poco o niente è dato sapere, pur se i documenti ci vengono in aiuto nella ricostruzione dell'ambiente: il cornista Chiari introduce fra i secondi violini il figlio, il maestro al cembalo Petrali fa suonare il proprio figlio come violoncellista (con la clausola di doverlo assistere durante tutte le prove e le recite) [33], Pietro Bottesini, insieme al fratello Luigi, inserisce in orchestra i figli Cesare [34] e Giovanni.

Nel 1833-34 Giovanni Bottesini risulta timpanista nella prima opera del carnevale; nel carnevale 1840-41 il suo nome appare nella tabella delle paghe come contrabbassista e nella primavera 1841 è nell'elenco degli orchestrali come «primo contrabbasso al cembalo» [35]. La presenza in orchestra del padre di Bottesini è documentata fra il 1815 ed il 1850; negli stessi anni egli svolse anche un ruolo non marginale nell'ambito più burocratico della gestione del Teatro come delegato di alcuni palchettisti per le periodiche assemblee [36].

La difesa dei privilegi corporativi e dei diritti consuetudinari da parte degli orchestrali dipinge un quadro d'insieme che collima abbastanza con lo scarso tasso di professionalità dei coristi, peraltro non infrequente nei teatri d'opera ottocenteschi. Nel 1824 risultano assunti otto coristi, dodici nel 1831 fra i quali sei donne «a migliore effetto delle opere da eseguirsi» [37]; questa presenza venne sacrificata tre anni dopo e sostituita, nelle spese, con un «intermezzo di piccolo ballo» [38]. Il livello di cultura musicale dei coristi pare fosse carente visto che, nel 1825, un tenore «non sa musica» ed un altro è «in mutazione di voce» [39].

In conclusione, nella storia di un teatro d'opera dell'Ottocento, è doveroso accennare al tipo di repertorio musicale rappresentato. Nella prima metà del XIX secolo l'autore più eseguito in assoluto nel Teatro di Crema fu Rossini con trentasei allestimenti di diciassette opere diverse, poi Donizetti con venti rappresentazioni e Bellini con dieci. Solo quattro i titoli del cremasco Pavesi. Fra le opere più replicate nella stessa stagione è *La gazza ladra* di Rossini ad avere trentotto recite, *Eduardo e Cristina* ventinove, *Se-*

miramide ventotto. L'*Otello,* sempre di Rossini, non ebbe nemmeno una recita completa. L'autore pesarese è presente con le sue opere fra il carnevale del 1814-15 e la primavera del 1845, risultando addirittura quasi unico autore rappresentato nel decennio 1820-30.

Per restare nell'ambito dei musicisti cosiddetti 'maggiori', notiamo che Donizetti viene rappresentato per la prima volta a Crema nel 1831 e Bellini l'anno successivo; Verdi appare con *Nabucco* nel dicembre del 1843, a poco più di un anno di distanza dalla prima assoluta (avvenuta il 9 marzo 1842). Gli spettacoli arrivano sulle scene di Crema con un ritardo medio di quattro o cinque anni e sono, in genere, concentrati nella stagione di carnevale che, proponendo due, tre spettacoli l'anno, è l'unica a non mancare praticamente mai per tutta la prima metà del secolo. La commistione dei dati ricavabili dai contratti, dai libretti, dai manifesti teatrali ci dà modo di stilare una cronologia delle opere rappresentate nel Teatro di Crema: si può, allora, constatare una differenza di tendenza rispetto ai maggiori teatri d'opera italiani dell'epoca. Mentre altrove il numero delle opere buffe diminuisce abbastanza radicalmente dal 1810 in poi in proporzione alle opere serie, il Teatro di Crema si attarda sul versante opposto: in tutto il cinquantennio documentato la proporzione fra melodrammi buffi e seri rimane costante, con circa i due terzi della produzione globale di carattere buffo. Nonostante, comunque, gli imprescindibili condizionamenti esterni di carattere economico che il Teatro di Crema dovette subire almeno nella prima metà del XIX secolo, pare di notare una certa vitalità delle attività musicali. Le prime assolute — invero piuttosto sporadiche — sembrano indirizzate verso una valorizzazione degli autori locali: fra il carnevale 1812 e quello del 1838 si realizzano quattro nuovi spettacoli (fra questi due di cremaschi: una farsa di Petrali e un'opera buffa di Pavesi «variata» appositamente nel testo e nella musica). Sono privilegiate esecuzioni di opere già altrove sperimentate, scelte sulla base del successo riscosso in precedenza in altri teatri; dagli autori di scuola napoletana alla fine del Settecento si passa al progressivo imporsi di Rossini, seguendo, un po' a distanza, le tendenze anche di altri teatri italiani [40].

Ma se di 'importazione' bisogna parlare a proposito del repertorio o dei cantanti, si deve sottolineare una continuità di presenze per ciò che riguarda l'apparato amministrativo e soprattutto musicale del Teatro. Già dalla fine del Settecento pare individuabile un consistente nucleo di strumentisti stabili presso il Teatro. Anzi, le favorevoli congiunture createsi nella piccola città che consentivano un'interazione fra la cappella della Cattedrale ed il Teatro, permettevano una duplice attività sia sul fronte delle 'istituzioni', appunto, che su quello della 'libera professione'. In sostanza, esisteva di fatto un'orchestra stabile i cui musicisti, fra l'altro, avevano molte e frequenti occasioni di suonare insieme. Poiché anche la formazione di nuovi strumentisti avveniva spesso all'interno delle medesime famiglie di professori d'orchestra già attivi, si instaurò una situazione di derivazione quasi 'genetica' che è uno dei motivi del perpetuarsi a Crema di una solida tradizione musicale.

NOTE

(1) Il riordino, ad opera dello studioso cremasco Mario Perolini, ha dato origine ad un archivio articolato in cinquantaquattro buste, suddivise per argomento (statuti, deliberazioni dei palchettisti, rendiconti annuali etc.) e ordinate al loro interno secondo un criterio cronologico. Tutta la documentazione visionata per questo studio, con la sola esclusione dei documenti nn. 4 e 5 riportati in Appendice, appartiene alla BC. Si ringrazia, in questa sede, tutto il personale della BC e, in modo particolare, il direttore dr. Carlo Piastrella per la cortese disponibilità.

(2) Molti dati utili, infatti, sono stati ricavati dalla consultazione dell'ASC e di raccolte miscellanee appartenute a collezionisti privati. La scoperta dell'esistenza di due periodici cremaschi, nei primissimi anni dell'Ottocento, non ha dato alcun esito in quanto presso la BC sono conservati solo alcuni frammenti manoscritti (cfr. mss./61 n. 192). Le due testate sono: *L'amico della verità,* «giornale critico-letterario che pubblicavasi in Crema durante il governo Repubblicano Cisalp.» stampato da Andrea Zavetti, e *Il cittadino cremasco,* «giornale democratico che pubblicavasi in Crema durante il governo della Repubblica Cisalpina» stampato da Antonio Ronna.

(3) Cfr. Misc. Cr. B./1060 e ASC, IV/25: sul manifesto teatrale del *Demofoonte* si legge: *In Crema / nell'apertura del Nuovo Teatro per la prossima ventura Fiera / del corrente anno 1786 / si rappresenterà / il Demofoonte / dramma del Poeta Cesareo Sig. Abate Pietro Metastasio. / Nuova musica del celebre sig. Angelo Tarchi Maestro di Cappella del Real Conservatorio / della Pietà de' Turchini in Napoli, / e verrà eseguito dalli seguenti ATTORI [...].*

(4) Cfr. Fondo Storico Grioni, XIII.

(5) Cfr. in merito i dati riportati nell'Appendice (tab. n. 1).

(6) Cfr. Misc. Cr. Braguti LII,3: *Odenato / e / Zenobia / dramma per musica / da rappresentarsi / nel teatro di Crema / La Fiera dell'Anno 1795 / dedicato a S.E. il N.U. Signor / Zan Battista Contarini / podestà, e capitano / di detta città [...];* il libretto è della «Signora T.B. fra gli Arcadi Amarilli Etrusca», la musica «nuova» di Vincenzo Federici.

(7) Cfr. ATS, b.4, fasc.2 (n.18), «Protocollo di deliberazione dei Sig.ri proprietarj dei palchi in Crema nell'unione del 16 Maggio 1841».

(8) Pare possibile affermare che vi fu un trasferimento di materiale archivistico dall'edificio comunale al Teatro intorno alla fine del 1845 (almeno per ciò che riguarda le carte relative alla parte amministrativa della gestione teatrale). Di nuovo giunte in Comune (forse in seguito all'incendio dell'edificio?), le carte dell'Archivio teatrale furono trasferite definitivamente presso la BC nel 1963.

(9) Cfr. ATS, b.1, fasc.3 (n.1) 9 novembre 1824, «Piano Disciplinario Amministrativo del Teatro della Regia Città di Crema», art. VII.

(10) Cfr. ATS, b.1, fasc.3 (n.2) 8 novembre 1823, «Processo verbale».

(11) Il Teatro di Crema fu paragonato, per le sue dimensioni, ai teatri Carcano e Canobbiana di Milano in occasione dell'installazione, nel 1830, di stufe di ghisa dette «alla Russa»: cfr. ATS, b.19, fasc.9, Milano 25 settembre 1830.

(12) Cfr. ATS, b.1, fasc.5 (n.2) 8 giugno 1827, n. prot. 363.

(13) Cfr. ATS, b.10, fasc.9, 8 gennaio 1839, n. prot. 3079.

(14) Cfr. ATS, b.4, fasc.10 (n.7) circolare del 27 dicembre 1849, n. prot. 3715: sono stanziate L. 6000 «onde provvedere nella imminente stagione carnevalesca uno spettacolo d'opera in musica o comedia» da parte della Commissione Straordinaria municipale di Crema.

(15) Esisteva, comunque, una fitta corrispondenza anche con agenti di altre città; cfr. al proposito ATS, b.25 e b.26 con documenti relativi agli anni 1824-48. Sugli agenti teatrali si veda JOHN ROSSELLI, *Agenti teatrali nel mondo dell'opera lirica italiana dell'Ottocento,* in «Rivista Italiana di Musicologia», XVII (1982), pp. 134-154.

(16) Cfr. ATS, b.8, fasc.19 (n.20) Milano 19 gennaio 1829; nella lettera di Pietro Camuri al Teatro si legge fra l'altro: «Vero sarà che la dote del Teatro di Crema sia vistosa, ma per gli introiti di detto teatro diviene in una serie d'anni fittizia, mentre gli incassi, colle compagnie, come si dice, migliori dell'attuale, contano da 7 ad 8 viglietti serali».

(17) Cfr. ASC, b.22, fasc.10 (n.72) 26 aprile 1806: lettera dei direttori dei teatri di Crema e Lodi al Ministro dell'Interno. Si veda sull'argomento JOHN ROSSELLI, *Governi, appaltatori e giochi d'azzardo nell'Italia napoleonica,* in «Rivista storica italiana» XCIII (1981), pp. 346-383.

(18) Cfr. ASC, b.22, fasc.10 (n.33): contratto per la stagione di carnevale del 1804-05 in una nota datata 1 aprile 1804. Cfr. un esempio di contratto fra Teatro ed impresario in Appendice (doc. n. 1).

(19) Cfr. ATS, b.8, fasc.1 (n.16) 30 dicembre 1824: lettera dell'impresario Angelo Tedeschi: «Attesa la mancanza della metà pagamento da parte degli Abbonati come di loro obbligo nell'Avviso a stampa essendo io inabilitato a pagare il secondo quartale ai virtuosi che compongono l'Opera dell'andante Carnevale in questo Teatro, e quindi non trovandomi in grado di mantenere l'esecuzione del contratto dichiaro io sottoscritto che rinuncio volontariamente l'Amministrazione della mia Impresa [...]».

(20) Cfr. ATS, b.49, fasc.2 (n.1) «Introito dalla 10ª recita inclusiva» e, ATS, ibidem, 31 gennaio 1838, «Prospetto delle esigenze e spese del Teatro fatte dall'Impresa».

(21) Cfr. Appendice (tab. n.2). La compagine cremasca fu definita «un complesso di professori d'orchestra del merito il più distinto» da Luigi Prividali in «Il censore universale dei teatri» (20 gennaio 1830), n.6, pp. 22-23.

(22) Cfr. in Appendice (tab. n.2) l'elenco delle fonti dalle quali sono tratti i dati delle annate in questione.

(23) Cfr. ASC, b.22, fasc.11 (n.1) 19 luglio 1798, «Crema p(ri)mo Thermidor anno (ses)to Repubblicano», «Scrittura Teatrale per Compagnia Comica»: l'orchestra per la commedia comprendeva solo nove strumentisti (cinque violini, due corni, un contrabbasso ed un fagotto).

(24) Cfr. ATS, b.3, fasc.15 (n.5/42) circolare del 20 settembre 1837, n. prot. 2032: l'assemblea dei palchettisti discute «la mancanza di varj suonatori d'orchestra di questa città per cui dovendosi prendere soggetti forestieri va ad aumentarsi sensibilmente la spesa per essa orchestra». Anche in ATS, b.37, fasc.2, 15 febbraio 1845: la banda dei «dilettanti di trombe» sostituisce «li suonatori d'orchestra impegnati per una fonzione fuori di città». Cfr. anche Appendice (doc. n. 2).

(25) Cfr. ASC, IV/25, manifesto teatrale della *Teodolinda;* nella stessa circostanza fu ingaggiata come prima donna Elisabetta Mara Sclimeling «all'attuale servizio di S.M.C. il re di Francia».

(26) Cfr. ASC, b.22, fasc.10 (n.66) 16 dicembre 1814: oltre a decurtare di un terzo la paga del carnevale in caso di assenza non permessa, si legge che «qualora alcuno si permettesse di assentarsi dopo intervenuto, se poi si comportasse in Orchestra in modo riprovevole, saranno prese dai sig.ri Direttori contro di esso quelle misure, che sono più atte per farlo ritornare al proprio dovere, quando la qualità della mancanza non esigesse di doverlo punire più severamente».

(27) Cfr. ATS, b.48, fasc.1 (n.24) 4 ottobre 1822, n. prot. 374: art. 4° del contratto d'appalto per la stagione di carnevale del 1822-23.

(28) Cfr. ATS, b.10, fasc.37 (n.3) 16 novembre 1843. Sulla versatilità degli strumentisti cremaschi si vedano anche ATS, b.20, fasc.12, 1 marzo 1836 e ATS, ibidem (n.4) 15 maggio 1838. Nel primo documento Vincenzo Bonamano fa presente le proprie difficoltà finanziarie dato che «dalla professione della caccia stante la scarsezza della selvaggina» non trae profitto e cita a suo merito i trentacinque anni di servizio come orchestrale «in qualità di suonatore di violino e di viola poscia in quella di primo corno». La seconda lettera è di Pietro Viscardi che chiede miglioramenti economici poiché «in qualità di suonatore di violino [...] chiamato ora da qualche tempo alle incombenze di prima tromba» ha dovuto «affrontare nuova spesa all'acquisto della medesima».

(29) Cfr. ATS, b.21, fasc.1 (n.16/5) 24 luglio 1846: Scipione Andreotti fu custode dal 1846 al '48.

(30) Cfr. ATS, b.21, fasc.1 (n.8) 11 dicembre 1838, n. prot. 3045: Domenico Breda si offre per il posto vacante di parrucchiere del Teatro.

(31) Cfr. ad esempio ATS, b.10, fasc.37 (n.3): nel contratto con l'impresa gli strumentisti Luigi Bottesini e Giovanni Battista Re hanno ciascuno «patti di sua scrittura particolare».

(32) Si tenga presente che la maggioranza dei musicisti suonava nelle due orchestre del Teatro e della cappella. Gli impegni musicali sacri erano per lo più appuntamenti costanti: cfr. la relazione di Flavio Arpini in questo volume.

(33) Cfr. ATS, b.8, fasc.21 (n.24) 23 febbraio 1830: si tratta di una dichiarazione di avvenuto pagamento da parte degli orchestrali; cfr. anche ATS, b.11, fasc.22 (n.5): scrittura di contratto per la stagione di carnevale 1846-47.

(34) Cfr. Appendice (tab. n.2). Luigi Bottesini fu attivo come primo violino dell'orchestra del Teatro di Crema fra il 1815 ed il 1850, mentre Cesare Bottesini fu per breve tempo direttore della medesima compagine negli anni fra il 1837 ed il 1841.

(35) Cfr. rispettivamente il libretto de *I Normanni a Parigi,* in Misc. Cr. Braguti XLIII/1; ATS, b.10, fasc.21 (n.18) «Specifica delle spese serali per l'Opera in Musica nel Carnevale 1840-41»; ATS, b.10, fasc.24 (nn.2,8) «Nota dei Professori componenti l'Orchestra per la Primavera 1841». Il nome di Giovanni Bottesini risulta anche nell'elenco degli abbonati al teatro cremasco nella stagione 1833-34 insieme a Giuseppe Bottesini; cfr. anche Appendice (doc. nn. 3,4).

(36) Cfr. ATS, b.3, fasc.3 (n.3/26) 15 agosto 1825: Pietro Bottesini risulta delegato di don Carlo Cogliati. Il nome 'Bottesini' compare in ATS, b.35, fasc.12 (n.57) 5 marzo 1838: il documento appartiene al rendiconto annuale del Teatro e comprova la spesa relativa al trasporto di due cembali dal Teatro in due case private, una delle quali è «casa Bottesini».

(37) Cfr. ATS, b.3, fasc.9 (n.4/26) circolare del 15 luglio 1831, n. prot. 998.

(38) In ATS, b.3, fasc.21 (n.1/2) circolare del 6 giugno 1834, n. prot. 1490 si parla della possibilità di «risparmiare senza difetto le donne coriste».

(39) Cfr. ATS, b.8, fasc.6 (n.5) 10 novembre 1825, n. prot. 183: in un foglietto volante si legge l'elenco dei coristi inviato dalla direzione del Teatro al corrispondente teatrale Gaetano Berri. Oltre a non saper leggere la musica, i coristi creavano spesso altri problemi: nel 1839 Giuseppe Pandini chiede di poter continuare la sua attività nel coro «promettendo altresì di cambiare vita, e di non mai più promuovere risse» (cfr. ATS, b.20, fasc.14, Crema 14 agosto 1839).

(40) Cfr. Appendice (tab. n.1). Sull'inversione di tendenza che vide affermarsi l'opera seria nei teatri italiani di inizio Ottocento si veda ELVIDIO SURIAN, *Organizzazione, gestione, politica teatrale e repertori operistici a Napoli e in Italia, 1800-1820,* in *Musica e Cultura a Napoli dal XIV al XIX secolo,* «Quaderni della Rivista Italiana di Musicologia» 9 (1983), pp. 319-20 e nota 10. Per un quadro d'insieme del sistema produttivo nel teatro musicale italiano si vedano ELVIDIO SURIAN, *op. cit.*, pp. 317-367 e JOHN ROSSELLI, *L'impresario d'opera,* Torino, EDT/Musica, 1985.

APPENDICE

Tabella 1.
Elenco cronologico delle opere rappresentate nel Teatro di Crema (1779 - 1850)

Questo elenco rappresenta un primo tentativo di articolare in uno schema il più completo possibile dati frammentari e di provenienza disparata. La griglia di partenza intorno alla quale sono stati addensati titoli e nomi desunti da libretti, manifesti teatrali e contratti fra Teatro ed impresari è tratta dal *Registro delle Opere in Musica state rappresentate nel Teatro della R. Città di Crema* (ATS, b.51, fasc.1). Tutte le indicazioni che convergono nella tabella seguente provengono integralmente da materiale conservato presso la Biblioteca Comunale di Crema e sono, per la quasi assoluta maggioranza, inedite (per i rimandi alle fonti si veda la tavola delle abbreviazioni). Si è ritenuto opportuno inserire anche alcuni titoli relativi ad anni antecedenti l'Ottocento ed altri non datati nella documentazione visionata, ma riferibili ai primi anni del XIX secolo. Nel caso in cui l'unica fonte sia il contratto stipulato fra il Teatro e l'impresario, non è stato sempre possibile verificare il titolo delle opere rappresentate né la loro effettiva realizzazione scenica; è parso, comunque, più opportuno fornire l'indicazione lacunosa.

Quando esistono discrepanze fra i dati del *Registro delle Opere [...]* ed i contratti, si sono segnalati i dubbi in merito ai titoli con «(?)». I dati integrativi sono fra parentesi quadre; per quelli non desunti da fonti cremasche ci si è avvalsi del *Dizionario Enciclopedico Universale della Musica e dei Musicisti,* parte II: *Le Biografie,* voll. 8, Torino, UTET, 1985-88. Fra parentesi tonde sono evidenziati i nomi dei coreografi. Con i simboli « » sono segnalati dati provenienti da documenti non schedati in questa tabella. Titoli, nomi e definizioni di 'genere' sono rispettosi delle indicazioni originali, solo emendati da eventuali particolarità grafiche dell'epoca e corretti secondo l'uso moderno. Se nella stessa stagione sono state rappresentate più opere e manca la datazione esatta per ciascuna di esse, si è scelto di riportare i titoli in ordine alfabetico. In mancanza dei titoli le indicazioni dei balli (1801-12) sono riferite alla stagione nel suo complesso. Anche i rimandi alle fonti documentarie devono intendersi globalmente alla stagione.

Quando le fonti indicano testimoni specifici per le singole opere questi sono evidenziati fra parentesi quadre di seguito al titolo con l'utilizzo delle prime lettere della segnatura o delle sigle ad essa riferite (ovvero: a = avviso teatrale, MC = Misc. Cr., MCB = Misc. Cr. Braguti, Op = Opere Teatrali). Per motivi di spazio nei casi in cui sono noti la data della prima rappresentazione e il numero delle recite di un'opera, questi sono posti di seguito al titolo.

Va notato che le stagioni di carnevale degli anni 1809-10, 1812-13, 1813-14 furono, a differenza del solito, gestite da capo comici — rispettivamente Gaetano Barzi, Lorenzo Pani e Antonio Previtali (cfr. ASC, b.22, fasc.11 (nn.30,34,36) nn. prot. 64,85,92 — per spettacoli di carattere non musicale.

Legenda:

(?)	=	dubbio o dato sconosciuto (nei documenti cremaschi)
( )	=	nomi coreografi
[ ]	=	dato integrativo
« »	=	dato integrativo proveniente da documenti qui non schedati
' '	=	citazione

n.b. La stagione di carnevale incominciava il 26 o 27 dicembre dell'anno precedente; dunque con '1820 carnevale' si intende, ad esempio, la stagione iniziata il dicembre 1819.

ANNO e STAGIONE	TITOLO	GENERE	COMPOSITORE	LIBRETTISTA	TITOLO e AUTORE dei BALLI	IMPRESARIO	FONTE
1779 fiera «autunnale»		opera buffa				Mattia Stabingher e Angelo Tacchi	ASC, b.22, fasc.10
1786 fiera «autunnale»	Demofoonte	dramma	Angelo Tarchi	Pietro Metastasio	primo ballo serio: Pizzarro nell'America, ossia La conquista del Perù (Sebastiano Gallet)	Gaetano Belloni	Misc. Cr. B./1060; ASC IV/25
1787 carnevale	Fra i due litiganti il terzo gode	dramma giocoso	Giuseppe Sarti		(Giuseppe Bossi)		Misc. Cr. A./80
	Giannina e Bernardone	dramma giocoso	[Domenico] Cimarosa		primo ballo: Accampamento di cosacchi e spagnoli; secondo ballo: Amore fa amore (Giuseppe Bossi)		Misc. Cr. A./84
1787 fiera «autunnale»	I due castellani burlati	dramma giocoso	Vincenzo Fabrizi		primo ballo tragico: Ippermestra, ossia La morte di Danao (Filippo Berretti) [MC 81]		Misc. Cr. A./79; Misc. Cr. A./81
1788 carnevale	Le due contesse	dramma giocoso	Giovanni Paisiello		primo ballo: Amor non dorme; secondo ballo: Il caffè di Olanda, ossia Il faxal olandese (Giacomo Ferrini)		Misc. Cr. A./76
	Le trame deluse	dramma giocoso	Domenico Cimarosa		(Giacomo Ferrini)		Misc. Cr. A./74

ANNO e STAGIONE	TITOLO	GENERE	COMPOSITORE	LIBRETTISTA	TITOLO e AUTORE dei BALLI	IMPRESARIO	FONTE
1788 fiera autunnale	Giulio Sabino, ossia Tito nelle Gallie	dramma	Giuseppe Sarti		primo ballo serio: Lucrezia Romana; secondo ballo: Accampamento militare, ossia L'innocenza scoperta (Filippo Berretti)	Gaetano Belloni	Misc. Cr. Braguti XLIII/5; ASC, IV/25
1789 carnevale	Una cosa rara, ossia bellezza ed onestà	dramma giocoso	Vincenzo Martin		primo ballo: Don Giovanni, ossia Il Convitato di pietra (Felice Cerutti, Giuseppe Monterossi)	Gaetano Belloni	Misc. Cr. A./78
1789 fiera «autunnale»	Teodolinda		Gaetano Andreozzi		primo ballo tragico: Il Cristoforo Colombo nell'Indie; secondo ballo comico: Le astuzie amorose (Domenico Le Fèvre)		ASC, IV/25
1790 carnevale	La ballerina amante	dramma giocoso	Domenico Cimarosa		(Luigi Brendi)		Misc. Cr. A./75
1790 fiera «autunnale»	Chi dell'altrui si veste presto si spoglia	dramma giocoso	Domenico Cimarosa		primo ballo eroitragico: La resa dei Montenegrini (Urbano Garzia)	Gaetano Belloni	Misc. Cr. A./77
1792 primavera	I due fratelli perseguitati	dramma giocoso	Giuseppe Coppola	Giuseppe Palomba		Giovanni Bassi	Misc. Cr. A./83
1795 primavera	L'avaro	dramma giocoso	(?)			Nicola Salsilli	Misc. Cr. Braguti XLIII/10

ANNO e STAGIONE	TITOLO	GENERE	COMPOSITORE	LIBRETTISTA	TITOLO e AUTORE dei BALLI	IMPRESARIO	FONTE
1795 fiera «autunnale»	Odenato e Zenobia	dramma	Vincenzo Federici	T.B. 'fra gli Arcadi Amarilli Etrusca'	primo ballo eroico pantomimo: La Didone abbandonata; secondo ballo comico: Il barbiere di Sivigiia	Gaetano Belloni	Misc. Cr. Braguti LII/3
(?)	La capricciosa pentita	opera	[Valentino] Fioravanti				ATS, b.51, fasc.1
(?)	Il matrimonio segreto	opera	[Domenico] Cimarosa				ATS, b.51, fasc.1
(?)	La molinara	opera	[Giovanni] Paisiello				ATS, b.51, fasc.1
(?)	I pretendenti delusi	opera	[Giuseppe] Mosca				ATS, b.51, fasc.1
(?)	Il principe di Taranto	opera	[Ferdinando] Paër				ATS, b.51, fasc.1
1800 carnevale	La donna dal genio volubile	dramma buffo	[Marco] Portogallo			Antonio Viscardini	ASC, b.22, fasc.10 (n.8), n. prot. 2
	Il matrimonio per industria	dramma buffo	[Ferdinando] Rutini				
		dramma buffo					
1800 primavera	Il furbo contro il furbo *4.V.1800*	dramma buffo				Angelelli, Machiavelli, Biscossi	ASC, b.22, fasc.10 (n.12), n.prot.4
		dramma buffo					

ANNO e STAGIONE	TITOLO	GENERE	COMPOSITORE	LIBRETTISTA	TITOLO e AUTORE dei BALLI	IMPRESARIO	FONTE
1801 carnevale	Caio Mario	dramma serio			balli seri	Giuseppe Sorbollini	ASC, b.22, fasc.10 (n.14), n.prot.9
		dramma serio					
1802 carnevale		opera buffa 4 farse				Giovanni Maroni, Paolo Stramezzi	ASC, b.22, fasc.10 (n.31), n.prot.14
1803 carnevale		2 drammi buffi			ballo serio ballo campestre	Gaetano Montignani	ASC, b.22, fasc.10 (n.16), n.prot.19
1804 carnevale	Il venditor d'aceto *3.II.1804*	farsa	[Giovannni Simone] Mayer		ballo serio ballo campestre [ASC]	Luigi Paris	ATS, b.51, fasc.1; ASC, b.22, fasc.10 (n.18), n.prot.28
		dramma buffo					
1805 carnevale	Furberia e puntiglio *26.XII.1804* [ATS]	opera	Marcello Di Capua		2 balli seri 2 balli campestri [ASC]	Jacob Lurja	ATS, b.51, fasc.1; ASC, b.22, fasc.10 (n.20), n.prot.33; Misc. Cr. Braguti XLIII/9
	L'accortezza materna *24.I.1805* [ATS,MCB]	opera	Stefano Pavesi				
1806 carnevale	I due prigionieri *16.I.1806* [ATS]	farsa	[Vincenzo] Pucitta		2 balli seri ballo campestre [ASC]	Jacob Lurja	ATS, b.51, fasc.1; ASC, b.22, fasc.10 (n.29), n.prot.42

ANNO e STAGIONE	TITOLO	GENERE	COMPOSITORE	LIBRETTISTA	TITOLO e AUTORE dei BALLI	IMPRESARIO	FONTE
1806 [estate]	Un avvertimento ai gelosi *5.VIII.1806*	farsa	[Stefano] Pavesi				ATS, b.51, fasc.1
1807 carnevale	L'impresario burlato *26.XII.1806*	opera	[Luigi] Mosca			Jacob Lurja	ATS, b.51, fasc.1
1809 carnevale	La prova di un'opera seria *26.XII.1808*	opera	[Francesco] Gnecco				ATS, b.51, fasc.1
1809 [primavera]	*27.V.1809*	dramma				Paolo Zanca	ASC, b.22, fasc.10 (n.44), n.prot.65
1810 [primavera]	*23.IV.1810*	drammi				Cesare Casini	ASC, b.22, fasc.10 (n.42), n.prot.67
1810 [autunno]	*12 o 15.IX.1810*	opera buffa				Caterina Moretti, Feltrini, Belloli, Giuseppe Guarnieri	ASC, b.22, fasc.10 (n.47), n.prot.70
1811 carnevale		2 opere buffe farsa			ballo di carattere 2 balli comici	Gaetano Montignani	ASC, b.22, fasc.10 (n.49), n.prot.71
1812 carnevale		2 opere buffe o 2 farse e opera	«Giuliano» Petrali		ballo serio 2 balli giocosi	Luigi Focosi	ASC, b.22, fasc.11 (n.32), n.prot.79

ANNO e STAGIONE	TITOLO	GENERE	COMPOSITORE	LIBRETTISTA	TITOLO e AUTORE dei BALLI	IMPRESARIO	FONTE
1814 [primavera]	Luisina *26.V.1814*	farsa	[Pietro] Generali				ATS, b.51, fasc.1
1815 carnevale	Agnese *26.XII.1814*	opera	[Ferdinando] Paër			Gaetano Montignani	ATS, b.51, fasc.1; ASC, b.22, fasc.10 (n.63), n.prot.100
	L'inganno felice *16.I.1815*	farsa	[Gioachino] Rossini				
	I pretendenti delusi (?) [ASC]		[Luigi] Mosca				
1816 carnevale	L'italiana in Algeri *26.XII.1815* [ATS]	opera 3 farse [ASC]	[Gioachino] Rossini			Giovanni Meroni	ATS, b.51, fasc.1; ASC, b.22, fasc.10 (n.74), n.prot.105
1817 carnevale	L'ajo nell'imbarazzo *26.XII.1816*	opera	[Giuseppe] Pilotti				ATS, b.51, fasc.1; ASC, b.22, fasc.11 (manifesto teatrale)
	Il filosofo *8.I.1817 [ATS]*	farsa	[Marco] Portogallo				

ANNO e STAGIONE	TITOLO	GENERE	COMPOSITORE	LIBRETTISTA	TITOLO e AUTORE dei BALLI	IMPRESARIO	FONTE
1817 carnevale	Roberto capo d'assassini *14.I.1817* [ATS]	opera	[Vittorio] Trento				
	Il biglietto d'alloggio *29.I.1817* [ATS]	farsa	[Pietro] Guglielmi				
1817 estate	Ser Marcantonio *27.VIII.1817* *(6)*	opera buffa	[Stefano] Pavesi			Carlo Vienna	ATS, b.51, fasc.1
	Teresa e Claudio *1.IX.1817* *(7)*	farsa	[Giuseppe] Farinelli				
	L'amor coniugale *6.IX.1817* *(4)*	farsa	[Giovanni Simone] Mayer				
	Carolina e Filandro *15.IX.1817* *(5)*	farsa	[Francesco] Gnecco				
1818 carnevale	La vedova contrastata *27.XII.1817* *(7)*	opera buffa	[Pietro] Guglielmi			Giuseppe Garavaglia	ATS, b.51, fasc.1
	L'apparenza inganna *5.I.1818* *(19)*	opera buffa	[Paolo] Brambilla				
	Oro non compra amore *24.I.1818* *(7)*	opera buffa	[Marco] Portogallo				

ANNO e STAGIONE	TITOLO	GENERE	COMPOSITORE	LIBRETTISTA	TITOLO e AUTORE dei BALLI	IMPRESARIO	FONTE
1819 carnevale	La principessa per ripiego *27.XII.1818* *(18)*	opera buffa	[Francesco] Morlacchi			Gerolamo Micheli	ATS, b.51, fasc.1
	Griselda *23.I.1819* *(21)*	opera buffa	[Ferdinando] Paër				
	L'apparenza inganna *9.II.1819* *(2)*	opera buffa	[Paolo] Brambilla				
	Pamela nubile *20.II.1819* *(2)*	farsa	[Pietro] Generali				
1819 estate	Il turco in Italia *4.VII.1819* *(20)*	opera buffa	[Gioachino] Rossini			Pietro Rocca	ATS, b.51, fasc.1; ASC, b.22, fasc.11 (manifesto teatrale)
	Adelina *24.VII.1819* *(3)* [ATS]	farsa	[Pietro] Generali				
1820 carnevale	Il barbiere di Siviglia *26.XII.1819* *(26)*	opera buffa	[Gioachino] Rossini			Antonio Cuniberti	ATS, b.51, fasc.1
	La Cenerentola *31.I.1820* *(12)*	opera buffa	[Gioachino] Rossini				
1820 autunno	La pietra del paragone *5.XI.1820* *(16)*	opera buffa	[Gioachino]			Vignola e soci	ATS, b.51, fasc.1

ANNO e STAGIONE	TITOLO	GENERE	COMPOSITORE	LIBRETTISTA	TITOLO e AUTORE dei BALLI	IMPRESARIO	FONTE
1820 autunno	L'inganno felice *21.XI.1820* *(7)*	farsa	[Gioachino] Rossini			Vignola e soci	ATS, b.51, fasc.1
1821 carnevale	Clotilde *26.XII.1820* *(14)*	opera buffa	[Carlo] Coccia			Giuseppe Bencivenga	ATS, b.51, fasc.1
	I pretendenti delusi *20.I.1821* *(13)*	opera buffa	[Luigi] Mosca				
	Le cantatrici villane *13.II.1821* *(16)*	opera buffa	[Valentino] Fioravanti				
1821 autunno	Il barbiere di Siviglia *13.IX.1821* *(8)*	opera buffa	[Gioachino] Rossini			Gaetano Montignani	ATS, b.51, fasc.1
	L'italiana in Algeri *22.IX.1821* *(10)*	opera buffa	[Gioachino] Rossini				
1822 carnevale	La gazza ladra *26.XII.1821* *(38)*	opera semiseria	[Gioachino] Rossini			Giuseppe Augusto Giacomelli	ATS, b.51, fasc.1
	La moglie di tre mariti *17.I.1822* *(6)*	farsa	[Luigi] Mosca				
	Amor marinaro *4.II.1822* *(1)*	opera buffa	[Giuseppe] Weigl				

ANNO e STAGIONE	TITOLO	GENERE	COMPOSITORE	LIBRETTISTA	TITOLO e AUTORE dei BALLI	IMPRESARIO	FONTE
1823 carnevale	La Cenerentola *26.XII.1822* *(25)*	opera buffa	[Gioachino] Rossini			Giuseppe Bencivenga	ATS, b.51, fasc.1; ATS, b.48, fasc.1, n.prot.366
	Il barone di Dolsheim *23.I.1823* *(10)* [ATS 51]	opera buffa	[Giovanni] Pacini				
1824 carnevale	Eduardo e Cristina *26.XII.1823* *(29)*	opera seria	[Gioachino] Rossini			Luigi Zuvadelli	ATS, b.51, fasc.1
	L'inganno felice *3.I.1824* *(7)*	farsa	[Gioachino] Rossini				
	Il settecento *3.I.1824* *(3)*	farsa	(?) Azzalli				
	La tavernara *24.I.1824* *(8)*	opera buffa	[Giovanni] Pacini				
	Il turco in Italia *14.II.1824* *(7)*	opera buffa	[Gioachino] Rossini				
1825 carnevale	Matilde di Shabran *26.XII.1824* *(20)*	opera semiseria	[Gioachino] Rossini			Angelo Tedeschi	ATS, b.51, fasc.1; ATS, b.8, fasc.1 (n.1), n.prot.5
	Il servo astuto *19.I.1825* *(5)*	opera buffa	[Vincenzo] Colla				

ANNO e STAGIONE	TITOLO	GENERE	COMPOSITORE	LIBRETTISTA	TITOLO e AUTORE dei BALLI	IMPRESARIO	FONTE
1825 carnevale	Elisa e Claudio *31.I.1825* *(13)*	opera buffa	[Saverio] Mercadante				
1825 estate	La gazza ladra *3.VI.1825* *(13)*	opera semiseria	[Gioachino] Rossini			Angelo Tedeschi	ATS, b.51, fasc.1
	L'occasione fa il ladro *14.VI.1825* *(11)*	farsa	[Gioachino] Rossini				
	Un avvertimento ai gelosi *25.VI.1825* *(3)*	farsa	[Stefano] Pavesi				
1826 carnevale	Semiramide 27.XII.1825 (28)	opera seria	[Gioachino] Rossini			Olimpiade Mattei	ATS, b.51, fasc.1; ATS, b.8 fasc.6 (n.1), n.prot.178
	Tancredi *24.I.1826* *(5)* [ATS 51]	opera seria	[Gioachino] Rossini				
1827 carnevale	Il falegname di Livonia *6.I.1827* *(12)*	opera buffa	[Giovanni] Pacini			Giuseppe Bencivenga	ATS, b.51, fasc.1; ATS, b.8, fasc.9 (n.1), n.prot.325
	Elisa e Claudio *24.I.1827* *(23)*	opera buffa	[Saverio] Mercadante				

ANNO e STAGIONE	TITOLO	GENERE	COMPOSITORE	LIBRETTISTA	TITOLO e AUTORE dei BALLI	IMPRESARIO	FONTE
1828 carnevale	Tebaldo e Isolina *26.XII.1827* *(25)*	opera seria	[Francesco] Morlacchi			Gio(vanni) Batt(ist)a Torri	ATS, b.51, fasc.1; ATS, b.8, fasc.13 (n.1), n.prot.414
	Aureliano in Palmira *26.I.1828* *(10)* [ATS 51]	opera seria	[Gioachino] Rossini				
	Carolina e Filandro *13.II.1828* *(1)* [ATS 51]	farsa	[Francesco] Gnecco				
1828 autunno	Semiramide *12.XI.1828* *(20)*	opera seria	[Gioachino] Rossini			Pietro Pozzesi	ATS, b.51, fasc.1; ATS, b.8, fasc.18 (n.1), n.prot.603
	Eduardo e Cristina *4.XII.1828* *(2)*	opera seria	[Gioachino] Rossini				
1829 carnevale	Torvaldo e Dorliska *27.XII.1828* *(10)*	opera semiseria	[Gioachino] Rossini			Giuseppe Nosadini	ATS, b.51, fasc.1; ATS, b.8, fasc.19 (n.1), n.prot.611; ASC, b.22, fasc.11 (manifesto teatrale)
	La gazza ladra *20.I.1829* *(15)*	opera semiseria	[Gioachino] Rossini				
	Il barbiere di Siviglia *1.II.1829* *(16)*	opera buffa	[Gioachino] Rossini				
1829 primavera	L'italiana in Algeri *4.V.1829* *(12)*	opera buffa	[Gioachino] Rossini			Beneggi e Villa	ATS, b.51, fasc.1

ANNO e STAGIONE	TITOLO	GENERE	COMPOSITORE	LIBRETTISTA	TITOLO e AUTORE dei BALLI	IMPRESARIO	FONTE
1830 carnevale	La donna del lago *26.XII.1829* *(20)*	opera semiseria	Gioachino Rossini			Giuseppe Galetti	ATS, b.51, fasc.1; Misc. Cr. Braguti LII/6; Opere Teatrali XLIV 6/5 IV/1; ATS, b.8, fasc.21 (n.!), n.prot.754
	Adelaide e Comingio *13.I.1830* *(7)* [ATS]	opera semiseria	[Giovanni] Pacini				
	La pastorella feudataria *28.I.1830* *(8)* [ATS 51]	opera buffa	[Nicola] Vaccaj				
	L'osteria della posta *10.II.1830* *(2)* [ATS 51]	farsa	[Giuseppe] Farinelli				
1831 carnevale	Otello *26.XII.1830* *($^1/_2$)* [ATS]	opera seria	[Gioachino] Rossini			Giuseppe Galetti	ATS, b.51, fasc.1; ATS, b.8, fasc.24 (n.1), n.prot.883; Misc. Cr. Braguti LII/2
	Donna Caritea *19.I.1831* *(18.$^1/_2$)*	opera semiseria	Saverio Mercadante	(?) Pola		Antonio Tommasi	
	Olivo e Pasquale *6.II.1831* *(5.$^1/_2$)* [ATS]	opera buffa	[Gaetano] Donizetti				
1832 carnevale	La straniera *26.XII.1831* *(24.$^1/_2$)* [ATS]	opera seria	[Vincenzo] Bellini			Giuseppe Miniati	ATS, b.51, fasc.1; ATS, b.8, fasc.29 (n.1), n.prot.1009; Misc. Cr. A./86
	Zadig ed Astartea *21.I.1832* *(10.$^1/_2$)* [ATS 51]	opera semiseria	[Nicola] Vaccaj				

ANNO e STAGIONE	TITOLO	GENERE	COMPOSITORE	LIBRETTISTA	TITOLO e AUTORE dei BALLI	IMPRESARIO	FONTE
1832 carnevale	Il castello di Montenero [ossia la voce misteriosa] *18.II.1832* *(11)* [ATS 51, MC]	farsa	Leopoldo Zamboni				
	L'inganno felice *23.II.1832* *(5)* [ATS 51]	farsa	[Gioachino] Rossini				
1833 carnevale	Chiara di Rosemberg *26.XII.1832* *(24)* [ATS 51]	opera buffa	[Luigi] Ricci			Giovanni Filiberto Ermans per Giovanni Rossi	ATS, b.51, fasc.1; ATS, b.9, fasc.6 (n.1) n.prot.1229
	I Capuleti e i Montecchi *22.I.1833* *(14)*	opera seria	[Vincenzo] Bellini				
1834 carnevale	I Normanni in Parigi *26.XII.1833* *(27)*	opera seria	Saverio Mercadante	Felice Romani		Giovanni Parma Cagnola	ATS, b.51, fasc.1; ATS, b.9, fasc.10 (n.1), n.prot.1389; Misc. Cr. Braguti XLIII/1
	Gli Arabi nelle Gallie *11.I.1834* *(3)* [ATS 51]	opera seria	[Giovanni] Pacini				
	L'orfanella di Ginevra *2.II.1834* *(6)* [ATS 51]	opera semiseria	[Luigi] Ricci				
1835 carnevale	Norma *26.XII.1834* *(26)*	opera seria	Vincenzo Bellini			Angelo Dova	ATS, b.51, fasc.1; ATS, b.9, fasc.12 (n.1), n.prot.1554; Opere Teatrali XLIV 6/5 VIII/3
	Mosé in Egitto *7.II.1835* *(16)* [ATS 51]	opera seria	[Gioachino] Rossini				

ANNO e STAGIONE	TITOLO	GENERE	COMPOSITORE	LIBRETTISTA	TITOLO e AUTORE dei BALLI	IMPRESARIO	FONTE
1836 carnevale	Anna Bolena *26.XII.1835* *(20)*	opera seria	[Gaetano] Donizetti			Antonio Desiró	ATS, b.51, fasc.1; ATS, b.9, fasc.17 (n.1), n.prot.1663
	Le avventure di Scaramuccia *18.I.1836* *(16)*	opera buffa	[Luigi] Ricci				
	Il barbiere di Siviglia *31.I.1836* *(4)* [ATS 51]	opera buffa	[Gioachino] Rossini				
1836 primavera	Nina pazza per amore *14.V.1836* *(12)*	opera buffa	[Pietro] Coppola			Carolina Michelesi Marini	ATS, b.51, fasc.1
	Il furioso [all'isola di San Domingo] *25.V.1836* *(8)*	opera buffa	[Gaetano] Donizetti				
	L'elisir d'amore *8.VI.1836* *(2)*	opera buffa	[Gaetano] Donizetti				
1837 carnevale	Il pirata *26.XII.1836* *(19)*	opera seria	Vincenzo Bellini			Carolina Michelesi Marini	ATS, b.51, fasc.1; ATS, b.9, fasc.22 (n.1), n.prot.1836; Misc. Cr. A./453
	La sonnambula *17.I.1837* *(8.1/2)* [ATS]	opera buffa	[Vincenzo] Bellini				

ANNO e STAGIONE	TITOLO	GENERE	COMPOSITORE	LIBRETTISTA	TITOLO e AUTORE dei BALLI	IMPRESARIO	FONTE
1837 primavera	Torquato Tasso *1.IV.1837* *(16)*	opera buffa	[Gaetano] Donizetti			Carolina Michelesi Marini	ATS, b.51, fasc.1
	Chiara di Rosemberg *18.IV.1837* *(8)*	opera buffa	[Luigi] Ricci				
1837 autunno	L'esule di Roma *3.IX.1837* *(14)*	opera semiseria	[Gaetano] Donizetti			Antonio Desiró	ATS, b.51, fasc.1
1838 carnevale	Belisario *26.XII.1837* *(15.1/2)* [ATS, Op2, a17]	opera seria	Gaetano Donizetti			Antonio Desiró	ATS, b.51, fasc.1; Opere Teatrali XLIV 6/5 VII/2; Misc. Cr. A./307; avvisi teatrali nn. 17 e 18
	Beatrice di Tenda *24.I.1838* *(15.1/2)* [ATS, a18]	opera seria	[Vincenzo] Bellini				
	La donna bianca d'Avenello *14.II.1838* *(12)* [ATS, Op1, MC]	opera buffa	Stefano Pavesi [musica 'variata' per il Teatro di Crema]	Gaetano Rossi [libretto 'variato' per il Teatro di Crema]			
1839 carnevale	I puritani e i cavalieri *26.XII.1838* *(22)* [ATS, a25]	opera seria	[Vincenzo] Bellini			Vincenzo Frassi	ATS, b.51, fasc.1; ATS, b.10, fasc.9 (n.1), n.prot.2292; avvisi teatrali nn.25 e 27
	[I figli esposti, ossia] Eran due or son tre *12.I.1839* *(16)* [ATS, a27]	opera buffa	[Luigi] Ricci				

ANNO e STAGIONE	TITOLO	GENERE	COMPOSITORE	LIBRETTISTA	TITOLO e AUTORE dei BALLI	IMPRESARIO	FONTE
1840 carnevale	Otello *26.XII.1839* *(14)*	opera seria	[Gioachino] Rossini			Giacinto Contestabili	ATS, b.51, fasc.1; ATS, b.10, fasc.16 (n.1) n.prot.3224; avviso teatrale n.42
	La prigione di Edimburgo *18.I.1840* *(18)* [ATS 51, a]	opera semiseria	[Luigi] Ricci				
	Gemma di Vergy *8.II.1840* *(10)* [ATS 51]	opera seria	[Gaetano] Donizetti				
1841 carnevale	Il giuramento *26.XII.1840* *(16)* [ATS, a52]	opera seria	[Saverio] Mercadante			Leopoldo Robbia	ATS, b.51, fasc.1; ATS, b.10, fasc.21 (n.1), n.prot.4012; avvisi teatrali nn.52, 54 e 57; Opere Teatrali XLIV 6/5 XIII/2
	Lucia di Lammermoor *14.I.1841* *(19)* [ATS 51, a52,54, Op]	opera seria	Gaetano Donizetti				
	Matilde di Shabran *30.I.1841* *(6)* [ATS 51, a57]	opera buffa	[Gioachino] Rossini				
1841 primavera	Chi dura vince *12.IV.1841* *(15.1/2)* [ATS, a64]	opera buffa	[Luigi] Ricci			Ernesto Fabbrica	ATS, b.51, fasc.1; ATS, b.10, fasc.24 (n.1), n.prot.74; avvisi teatrali nn.64 e 68
	La prova di un'opera seria *28.IV.1841* *(8)* [ATS 51, a]	opera buffa	[Francesco] Gnecco				

ANNO e STAGIONE	TITOLO	GENERE	COMPOSITORE	LIBRETTISTA	TITOLO e AUTORE dei BALLI	IMPRESARIO	FONTE
1842 carnevale	Lucrezia Borgia *26.XII.1841* *(16)* [ATS]	opera seria	[Gaetano] Donizetti			Ernesto Fabbrica	ATS, b.51, fasc.1; Opere Teatrali XLIV 6/5 XIII/3
	Il nuovo Figaro *10.I.1842* *(9)* [ATS]	opera buffa	[Luigi] Ricci				
	La finta pazza *31.I.1842* *(6)*	opera buffa	(?) Consolini				
1842 primavera	La Cenerentola *28.III.1842* *(22)* [ATS, a73]	opera buffa	[Gioachino] Rossini			Luigi Profeti	ATS, b.51, fasc.1; ATS, b.10, fasc.29 (n.1); avvisi teatrali nn.73 e 74
	La regina di Golconda *12.IV.1842* *(1)* [ATS, a74]	opera buffa	[Gaetano] Donizetti				
1843 carnevale	Marin Faliero *26.XII.1842* *(2)*	opera seria	[Gaetano] Donizetti			Giuseppe Mascalchini	ATS, b.51 fasc.1; avviso teatrale n.86
	Elena da Feltre *17.I.1843* *(2)* [ATS]	opera seria	Saverio Mercadante				

ANNO e STAGIONE	TITOLO	GENERE	COMPOSITORE	LIBRETTISTA	TITOLO e AUTORE dei BALLI	IMPRESARIO	FONTE
1844 carnevale	Nabucodonosor *26.XII.1843* *(14)* [ATS, a, MC]	opera seria	Giuseppe Verdi	Temistocle Solera		Giovanni Antonio Ferrari	ATS, b.51, fasc.1; ATS, b.10, fasc.37 (n.2), n.prot.3296; avviso teatrale n.89; Opere Teatrali XLIV 6/5 IX/3; Misc. Cr. A./153
1844 carnevale	Columella al ritorno dagli studi di Padova *12.I.1844* [ATS, a, Op]	opera buffa	[Valentino] Fioravanti				
	L'aio nell'imbarazzo *8.II.1844* *(8)* [ATS 51]	opera buffa	[Gaetano] Donizetti				
1844 primavera	Il turco in Italia *8.IV.1844* *(10)* [ATS]	opera buffa	[Gioachino] Rossini		primo ballo buffo: Il cambio del coscritto; secondo ballo buffo: Il flauto magico (Antonio Giuliani)	Giovanni Stabilini	ATS, b.51, fasc.1; ATS, b.11, fasc.2 (n.1); avviso teatrale n.94
	L'elisir d'amore *23.IV.1844* *(10)*	opera buffa	[Gaetano] Donizetti				
1845 carnevale	Saffo *26.XII.1844* [ATS, a103, Op6]	opera seria	Giovanni Pacini			Giuseppe Maffei	ATS, b.51 fasc.1; ATS, b.11, fasc.8 (n.1), n.prot.126; avvisi teatrali nn.103 e 106; Opere Teatrali XLIV 6/5 IX/4,6
	Don Pasquale *3.I.1845* [ATS, a103, Op4]	opera buffa	[Gaetano] Donizetti				
	Norma *23.I.1845* [ATS, a]	opera seria	[Vincenzo] Bellini				

ANNO e STAGIONE	TITOLO	GENERE	COMPOSITORE	LIBRETTISTA	TITOLO e AUTORE dei BALLI	IMPRESARIO	FONTE
1845 primavera	La figlia del reggimento *26.III.1845* *(20)* [ATS 51, a109]	opera buffa	[Gaetano Donizetti]		primo ballo buffo: Mayeux in Londra; secondo ballo buffo: Il flauto magico; I molinari *2.IV.1845* [a 110]	Giovan Battista Stabilini	ATS, b.51, fasc.1; ATS, b.11, fasc.10 (n.1); avvisi teatrali nn. 109 e 110
	L'italiana in Algeri [ATS, a109]	opera buffa	[Gioachino Rossini]				
1846 carnevale	Ernani *26.XII.1845* *(36)* [ATS, a114]	opera seria	[Giuseppe Verdi]	Francesco M. Piave		Filippo Burcardi	ATS, b.51, fasc.1; avvisi teatrali nn.114, 116 e 118
	Linda di Chamounix [ATS, a114, 116]	opera semiseria	[Gaetano Donizetti]	Gaetano Rossi			
	Chi dura vince *4.II.1846* [ATS, a118]	opera buffa	[Luigi] Ricci				
1847 carnevale	I Lombardi alla prima crociata *«26.XII.1846»* [ATS, a130]		[Giuseppe Verdi]			Domenico Marchelli	ATS, b.11, fasc.22 (n.1), n.prot.16; avvisi teatrali nn.130 e 131; Opere Teatrali XLIV 6/5 X/2
	I due Foscari *17.I.1847* [a131, Op]		Giuseppe Verdi				

ANNO e STAGIONE	TITOLO	GENERE	COMPOSITORE	LIBRETTISTA	TITOLO e AUTORE dei BALLI	IMPRESARIO	FONTE
1847 primavera	Roberto Devereux *11.IV.1847* [ATS, a136]		[Gaetano Donizetti]			Giovan Battista Stabilini	ATS, b.12, fasc.3 (n.1), n.prot.932; avvisi teatrali nn.136 e 137
	Beatrice di Tenda *24.IV.1847*		[Vincenzo Bellini]				
1848 carnevale	I Capuleti e i Montecchi [ATS]		[Vincenzo] Bellini [terzo atto di Nicola Vaccaj]			Giovan Battista Stabilini	ATS, b.12, fasc.7 (n.2), n.prot.174; Opere Teatrali XLIV 6/5 X/4
	Le contesse villane [ATS]		[Lauro] Rossi				
	Leonora	opera semiseria	Saverio Mercadante				
1850 carnevale	Il furioso [all'isola di San Domingo]		[Gaetano Donizetti]				ATS, b.49, fasc.2/3, n.prot.4;
	Torquato Tasso		[Gaetano Donizetti]				ATS, b.38, fasc.3, nn.prot.64,9

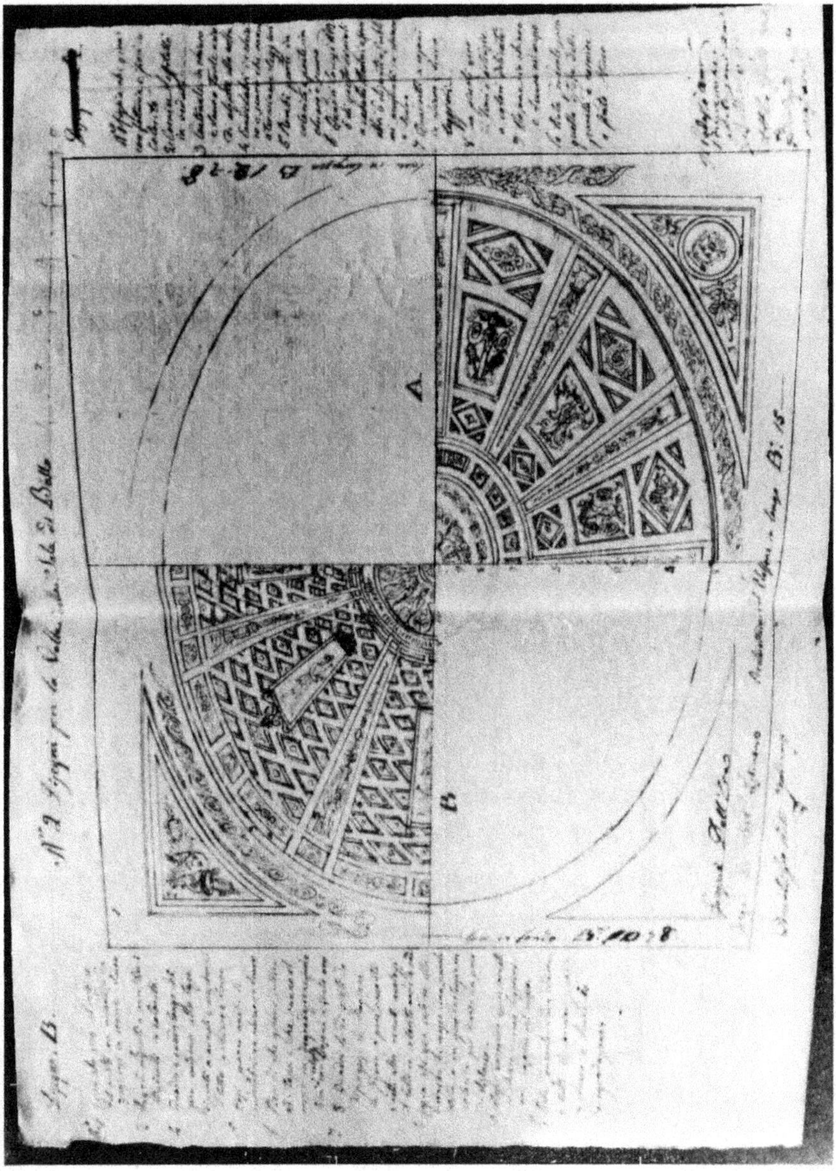

8. - Bozzetto per il pannello di riduzione del palcoscenico a sala da ballo (volta) (ATS, b.36, fasc.2, 1839).

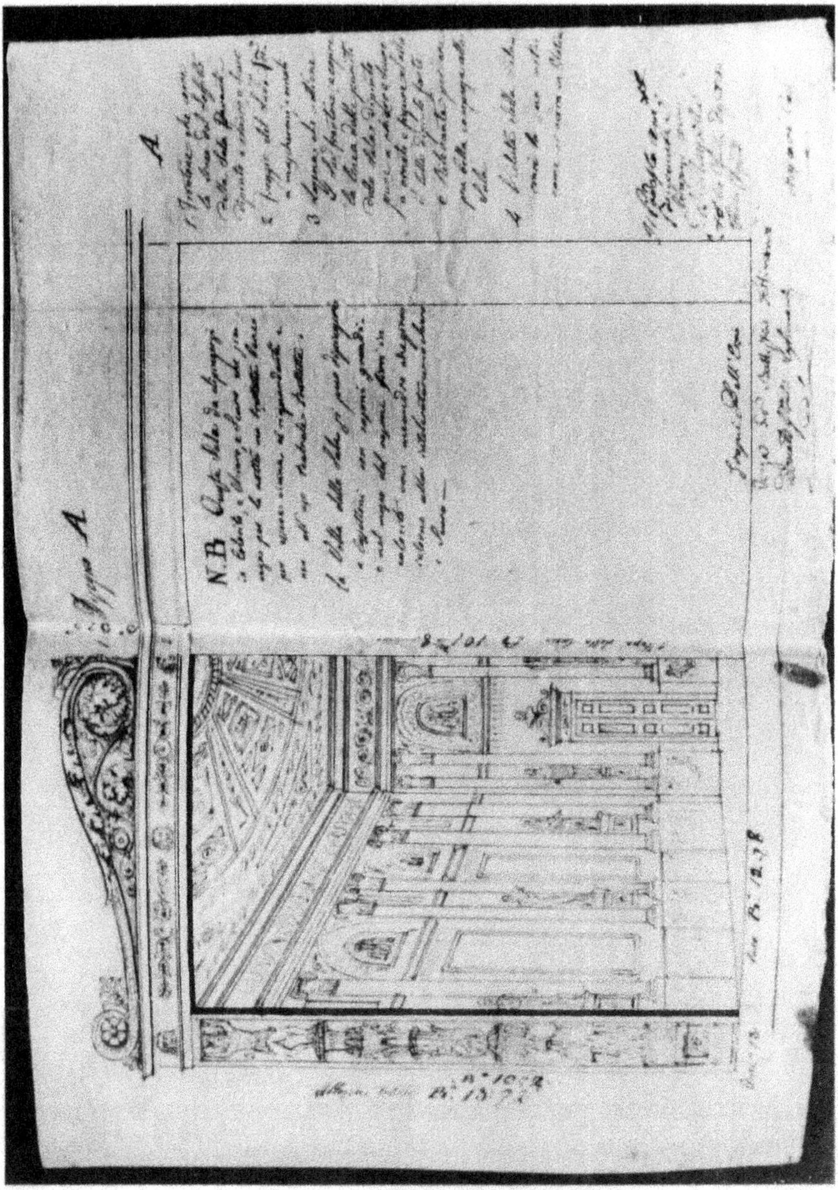

9. - Bozzetto per il pannello di riduzione del palcoscenico a sala da ballo (veduta prospettica) (ATS, b.36, fasc.2, 1839).

Tabella 2.
Elenco dei musicisti attivi nel Teatro di Crema
(1779 - 1850)

La tabella che segue è articolata in quattro sezioni: la prima e la seconda — entrambe riferite all'orchestra — riguardano rispettivamente il XVIII ed il XIX secolo; la terza riguarda la documentazione solo quantitativa riferita all'orchestra negli anni 1800-1816; la quarta si riferisce al coro. Per ciò che riguarda quest'ultimo si fa presente che la sua esistenza risale al secondo decennio dell'Ottocento, considerato che ancora nel carnevale 1815-16 nella scrittura di contratto fra Teatro ed impresario non si parla di coristi, mentre se ne fa menzione nel 1822-23. La documentazione sui coristi attivi presso il Teatro è spesso disgiunta da quella degli orchestrali e presente solo nei prospetti di tutto il personale in servizio (impiegati, macchinisti etc.). Vista la disorganicità delle fonti documentarie dalle quali sono tratti i dati si è sempre citata la dizione originale per i ruoli strumentali, unificando le diverse espressioni mediante l'utilizzo delle sigle internazionali per gli strumenti e i registri vocali. L'elenco degli orchestrali è riferito unicamente agli spettacoli d'opera e non a quelli — con organico peraltro ridotto — non musicali. La presenza in orchestra o nel coro, quando non sia stato possibile specificare il ruolo, è indicata con «?», mentre tra parentesi quadre è riportato lo strumento o il registro vocale presunto, ma non specificato dalla fonte. Nel caso di omonimia si è segnalata la presenza dubbia con «[?]» per entrambi i musicisti in questione. In pochi casi conosciamo i nomi degli orchestrali e dei coristi «forestieri»: nella tabella sono preceduti da un asterisco. Con il simbolo «[*]» sono indicati alcuni documenti — e i nomi di orchestrali «forestieri» in essi segnalati — differenti dagli usuali elenchi dei musicisti o note di spesa: si tratta, infatti, di lettere e di scritture di contratto ai singoli musicisti (1838c).

Legenda:			
	c	=	carnevale
	e	=	estate
	f	=	fiera autunnale
	p	=	primavera
	?	=	dubbio sul ruolo
	[?]	=	omonimia (alla tab. 2d)
	[ ]	=	ruolo presunto
	*	=	«forestiero»
	[*]	=	«forestiero» (in documentazione particolare)
	(?)	=	dubbio o dato sconosciuto nei documenti cremaschi
	/	=	oppure
	« »	=	dato integrativo

TAB. 2a (1779f - 1796c)

	1779f	1786f	1788c	1788f	1789c	1789f	1790c	1790f	1792p	1795f	1796c *
ANGLOIS GIORGIO										vl1balli	
ANTENORIO DOMENICO	vl1			dir							
ASTOLFI GIUSEPPE								vl1balli			
BECCALI GIUSEPPE										cor ingl 1	
BERTUZZI PIETRO								dir			
BUCCINELLI GIUSEPPE						fag1					
CANZI FRANCESCO						cor cac					
CONTI GIACOMO		vl1,dir									
CORMIERI LUIGI										fl1	
DALL'ORO GIOVANNI						cor cac					
FORTIS CARLO						ob1					
GROSSI GAETANO		fag,cor ingl									
GUERINI ANTONIO										vlc1	vlc
GUERINI GIOVANNI											vl
GUERINI GAETANO											vl
MANARA FELICE						vl1,dir balli					
MARIOTTI GIOVANNI						vl1 dei 2					
MONESTIROLO GIOVANNI						cb1					
MOSEL FELICE						vl1					
PENNÈ GIAN BATTISTA									m°, dir		
PIAZZA VALERIO						cemb	cemb	cemb			
PIGHI LUIGI										cb1	

TAB. 2a (1779f - 1796c) (segue)

	1779f	1786f	1788c	1788f	1789c	1789f	1790c	1790f	1792p	1795f	1796c*
RE CARLO			vl, dir	vl1balli	dir		dir				vl
ROLFINI GAETANO			cemb	cemb	cemb					cemb	
ROLLA ALESSANDRO		via									
SOFIENTINI FILIPPO										cor cac 1	
STRAMEZZI PAOLO										vl1, dir	vl1
TRUFFI GIUSEPPE											vl
VINZIO ANGELO											vl
ZANETTI BASSANO			vl1,dir balli		vl1 balli		vl1 balli				

* Senza i nominativi sono elencati anche 2 ob, 2 cor cac, 2 cb, fag e m° al cemb.

TAB. 2b (1815c - 1841p)

	1815c	1819e	1829c	1830c	1834c	1836c	1837c	1838c	1839c	1841c	1841p
AGRATI ANTONIO											
AGRATI GIROLAMO									tr2	tr	tr2
AGRATI REMIGIO									trb2	trb	trb2
ALLOCCHIO ENRICO											
ANDREOTTI SCIPIONE										timp, «tamburone»	
ANREIN JACOPO					fag1						
BARBARINI CARLO									vl1dei2	vl	vl2
BELTRAMI LUIGI											
BERTUZZI VINCENZO		vl1									
BIANCHESSI ANGELO								vl	vl1dei2		
* BIANCHI URBANO					cb1 al cemb	cb1					
[*] BOLDORINI GIUSEPPE								tr			
BONAMANO ALESSIO	?										
BONAMANO VINCENZO	?	cor1	cor1	cor	cor1		cor cac1	cor	cor1	cor	cor1
BONETTI CARLO							trb1				
BOTTESINI CESARE								vl1,dir		vl1,dir	dir
BOTTESINI GIOVANNI					timp					cb	cb
BOTTESINI LUIGI	?			vl1				vl	vl1dei2	vl1	vl1 spalla
BOTTESINI PIETRO	?	cl1	cl1	cl	cl1		cl1	cl	cl1	cl	cl1
* BRAMBILLA GIUSEPPE						vl spalla al 1					
CARCANO PASQUALE											
[*] CASATI											

TAB. 2b (1815c - 1841p) (segue)

	1815c	1819e	1829c	1830c	1831c	1834c	1837c	1838c	1839c	1841c	1841p
CASTELLETTI GIUSEPPE											
CERIOLI ANTONIO				cb				cb	cb2	cb «alunno»	cb2
CERIOLI GAETANO			trb1	trb		trb1		trb			
CERVIERI VINCENZO	?	ob1	fl1, ott	fl		fl1	fl1		fl1		fl1
CHIARI GIOVANNI				vl2							
CHIARI LUIGI VINCENZO	?			cor				cor	cor2	cor	cor2
CHIARI VINCENZO										cb	
CHIZZOLI GIAMBATTISTA											
CHIZZOLI GIOVANNI											
CORBELLINI GIOVANNI							timp	timp	timp	timp	timp
CORBELLINI GIUSEPPE											
CORNACCHIA											tr2
DE VASINI GIUSEPPE		cb1									
DONATI LUIGI										fl	
DUBINI CARLO											
DURAND FAUSTINO							vl1,dir				
FAGIOLI FEDERICO											
FRERI CAMILLO				cb				cb	cb1	cb	
FRERI PIETRO				tr							
GIENG GIUSEPPE						tr1					
GUATELLI FRANCESCO								ob	ob2	ob	
GUATELLI GIOACHINO											

TAB. 2b (1815c - 1841p) (segue)

	1815c	1819e	1829c	1830c	1831c	1834c	1837c	1838c	1839c	1841c	1841p
GUERINI ANTONIO	?										
GUERINI CARLO	?										
GUERINI GAETANO	?										
JUBLIN FRANCESCO			tr1	tr							
LEANI AGOSTINO	?										
* LUCCHETTI ANGELO											
MALINVERNI EVARISTO											
[*] MARIANNI DOMENICO								vl1			
MARZETTI GIACOMO	?		cb1	cb							
MASSARI GIUSEPPE								vl	vl2 dei1	vl	vl1dei2
MELETTI AGOSTINO								cl	cl2	cl	cl2
MELETTI PAOLO									m° al cemb	m° al cemb	m° al cemb
NICOLI FAUSTINO											
ORTORI GIACOMO		fl1		fl		ott1	ott1	fl	fl2, ott	ott	
ORTORI GIOVANNI								vl	vl1 dei2	vl	vl2
PAIARDI PAOLO LUIGI									vl2 dei1	vl	vl2
PELLEGRINO PIETRO (PELLEGRINI)	?			cl							
PELETTI BARTOLOMEO (BORTOLO?)			fag1	fag			fag1	fag	fag1	fag	
PESENTI ANTONIO											
PETRALI ANTONIO											

TAB. 2b (1815c - 1841p) (segue)

	1815c	1819e	1829c	1830c	1831c	1834c	1837c	1838c	1839c	1841c	1841p
PETRALI GIULIANO		m° al cemb	mdc al cemb	m° al cemb	m° al cemb	cemb	mdc al cemb	m° al cemb			
PIANETTI ANTONIO								fl			
RE ALESSANDRO											
RE CARLO	?										
RE GIOVANNI BATTISTA	?		vl1 dei2	vl2		vl1 dei2	vl1 dei2	vl	vla	vla	vla
[*] RICALCATI ANGELO				vl2							
ROLFINI GAETANO	?										
[*] RONZONI											
[*] ROSA FEDERICO								vl1			
• RUBINI GIACOMO											
SANT'AMBROGIO LUIGI											
SANTELLI GIUSEPPE				vl1			vla1	vla	vl1dei2	vl	vl1dei2
[*] SANVITO FELICE								cb			
SARONNI CARLO											
SARONNI FRUTTUOSO											
STRAMEZZI PAOLO	?										
STRAMEZZI PIETRO			vl1,dir	dir	dir	vl1,dir					
TECCHI PIETRO									trb1	trb	trb1
TERZI PAOLO	?		ob1	ob		ob	ob1	ob	ob1	ob	fl2
TERZI PIETRO										fag	
TIMOLATI ANTONIO							cb1 al cemb				
TRUFFI GIO. BATTISTA									vlc		

TAB. 2b (1815c - 1841p) (segue)

	1815c	1819e	1829c	1830c	1831c	1834c	1837c	1838c	1839c	1841c	1841p
TRUFFI GIUSEPPE	?	vlc	vlc al cemb	vlc, vl1 balli				vlc		vlc	vlc
TRUFFI ISIDORO							vlc al cemb				
VINZIO ANGELO	?										
VISCARDI FELICE											
VISCARDI LUIGI											
VISCARDI PIETRO				vl1			tr1	tr	tr1	tr	tr1
VISCONTI CARLO	?		vla1	vla							

TAB. 2b (1842c - 1850c)

	1842c	1842p	1843c	1844c	1844p	1845c	1845p	1846c	1847c	1848c	1850c
AGRATI ANTONIO			fag	cl		fag2		fag2	fag	fag	fag1
AGRATI GIROLAMO	tr2	tr	tr	tr	tr2	tr2	tr2	tr2	tr		
AGRATI REMIGIO	trb2		trb	trb		trb2	trb2	trb2	trb	trb	trb
ALLOCCHIO ENRICO	vl2	vl	vl	vl	vl spalla	vl spalla nei 2	vl	vl spalla	vl	vl	tr1
ANDREOTTI SCIPIONE			«tamburone»			gc, piatti		gc			
ANREIN JACOPO											
BARBARINI CARLO	vl2	vl	vl	vl	vl spalla	vl spalla nei 2	vl	vl	vl	vl	
BELTRAMI LUIGI				fag «alunno»		fag1	fag «alunno»				
BERTUZZI VINCENZO											
BIANCHESSI ANGELO											
* BIANCHI URBANO											
[*] BOLDORINI GIUSEPPE											
BONAMANO ALESSIO											
BONAMANO VINCENZO	cor1	[cor]	cor	cor	cor1	cor 1	cor	cor	cor	cor	cor1
BONETTI CARLO											
BOTTESINI CESARE											
BOTTESINI GIOVANNI											
BOTTESINI LUIGI	vl1	vl	vl	vl1 spalla	vl1 balli	vl1 spalla	vl	vl1 spalla	vl	vl1 spalla	vl1 spalla
BOTTESINI PIETRO	cl	cl			cl1	cl1	cl	cl1	cl	cl	cl1
* BRAMBILLA GIUSEPPE											
CARCANO PASQUALE				vl1 dei 2							
[*] CASATI (?)	vl										

TAB. 2b (1842c - 1850c) (segue)

	1842c	1842p	1843c	1844c	1844p	1845c	1845p	1846c	1847c	1848c	1850c
CASTELLETTI GIUSEPPE								fl1	fl	fl1, ott	
CERIOLI ANTONIO	cb	cb	cb	cb	cb2	cb2	cb	cb	cb	cb	cb1
CERIOLI GAETANO											
CERVIERI VINCENZO	fl	fl	fl	fl	fl						
CHIARI GIOVANNI											
CHIARI LUIGI VINCENZO	cor2	cor	cor	cor	cor2	cor2	cor	cor	cor	cor	cor2
CHIARI VINCENZO		cb	cb	cb	cb3	cb3	cb	cb	cb	cb	
CHIZZOLI GIAMBATTISTA											fag2
CHIZZOLI GIOVANNI									fag2	fag	
CORBELLINI GIOVANNI		timp	timp	timp	timp	timp,triang	timp	timp	timp	timp	timp
CORBELLINI GIUSEPPE	timp										
CORNACCHIA											
DE VASINI GIUSEPPE											
DONATI LUIGI											
DUBINI CARLO						m° al cemb					
DURAND FAUSTINO											
FAGIOLI FEDERICO						vlc					
FRERI CAMILLO	cb	cb	cb	cb	cb1	cb1 al cemb	cb	cb	cb	cb	
FRERI PIETRO											
GIENG GIUSEPPE											
GUATELLI FRANCESCO	ob2		ob	ob		ob2		ob	ob	ob	ob2
GUATELLI GIOACHINO											[vl]

TAB. 2b (1842c - 1850c) (segue)

	1842c	1842p	1843c	1844c	1844p	1845c	1845p	1846c	1847c	1848c	1850c
GUERINI ANTONIO											
GUERINI CARLO											
GUERINI GAETANO											
JUBLIN FRANCESCO											
LEANI AGOSTINO											
• LUCCHETTI ANGELO											cb2
MALINVERNI EVARISTO								vl spalla nei 2	vl	vl	
[*] MARIANNI DOMENICO											
MARZETTI GIACOMO											
MASSARI GIUSEPPE	vl2	vl	vl	vl	vl1 dei 2	vl1 dei 2	vl	vl	vl	vl	
MELETTI AGOSTINO	cl2	cl	cl	cl	cl2	cl2	cl	cl	cl	cl	cl2
MELETTI PAOLO	m° al cemb	m°	m°	m°	m° al cemb		m°	m°	m°	m°	m° al cemb
NICOLI FAUSTINO										tr	
ORTORI GIACOMO	ott		ott	fl, ott	ott	fl2, ott		fl2, ott	fl	fl2, ott	
ORTORI GIOVANNI		vl	vl		vl spalla	vl spalla ai 1	vl	vl	vl	vl	
PAIARDI PAOLO LUIGI	vl1	vl	vl	vl	vl	vl spalla ai 1	vl	vl	vl	vl	vl1 dei 2
PELLEGRINO PIETRO (PELLEGRINI)											
PELETTI BARTOLOMEO (BORTOLO?)	fag1		fag								
PESENTI ANTONIO				vl «alunno»	vl spalla	vl spalla nei 2	vl	vl	vl	vl	[vl]
PETRALI ANTONIO									vlc		
PETRALI GIULIANO											

TAB. 2b (1842c - 1850c) (segue)

	1842c	1842p	1843c	1844c	1844p	1845c	1845p	1846c	1847c	1848c	1850c
PIANETTI ANTONIO											
RE ALESSANDRO											[vl]
RE CARLO											
RE GIOVANNI BATTISTA	vla	vla	vla	vla	vla	vla	vla	vla, vl1dei2	vla	vla	vla1
[*] RICALCATI ANGELO											
ROLFINI GAETANO											
[*] RONZONI (?)	cb										
[*] ROSA FEDERICO											
* RUBINI GIACOMO											fl1
SANT'AMBROGIO LUIGI						fl1					
SANTELLI GIUSEPPE	vl1, dir	vl	vl		vl1, dir	vl1, dir	vl1, dir	vl1, dir	dir	dir	vl1
[*] SANVITO FELICE											
SARONNI CARLO					bombne						
SARONNI FRUTTUOSO				bombne		bombne	bombne	bombne	bombne	bombne	
STRAMEZZI PAOLO											
STRAMEZZI PIETRO											
TECCHI PIETRO	trb1	trb	trb	[trb]	trb1	trb1	trb1	trb1	trb	trb	
TERZI PAOLO	ob1	ob	ob	ob	ob	ob1	ob	ob	ob	ob	ob1
TERZI PIETRO	fag2										
TIMOLATI ANTONIO											
TRUFFI G.BATTISTA											
TRUFFI GIUSEPPE	vlc	vlc	vlc								

TAB. 2b (1842c - 1850c) (segue)

	1842c	1842p	1843c	1844c	1844p	1845c	1845p	1846c	1847c	1848c	1850c
TRUFFI ISIDORO											
VINZIO ANGELO											
VISCARDI FELICE						vl spalla nei 2	vl	vl		vl	[vl]
VISCARDI LUIGI				vl	vl spalla «alunno»						
VISCARDI PIETRO	tr1	[tr]	tr	tr	tr1	tr1	tr1	tr1	tr	tr	tr2
VISCONTI CARLO											

TAB. 2c (1800c - 1816c)

	1800c	1801c*	1802c*	1803c	1804c	1805c	1806c	1811c	1812c	1815c	1816c
vl	6	7	7	8	8	8	8	8	8	8	8
ob	2	2	2	2	2	2	2	2	2	2	2
cor cac	2	2	2	2	2	2	2	2	2	2	2
fl	2	...	...	1	1			cfr. cl			
cl						1	1	1 (?) / fl	2	2	2
fag	1	1	1	1	1	1	1			1	1
cb	2	2	2	2	2	3	3	3	3	3	3
vlc	1	1	1	1	1	1	1	1	1	1	1
vla	1	...	...	1	1	1	1	1	1	1	1
m° al cemb	1	1	1	1	1	1	1	1	1	1	1
tr dritte		2	2	2	2	2	2	2	2	1	1

* L'indicazione «...» è nel testo originale.

TAB. 2d (1825c - 1850c)	1825c	1830c	1838c	1839c	1841c	1842c	1843c	1844p	1845c	1846c	1847c	1850c
ARCERI ELEONORA									?			
ARRIGONI CARLO			?	T	?	?	?	?	?	?	?	
BARBARINI MOSÈ					?	?	?	?	?	?	?	?
BASSANNO (?) URBANO		?										
BAZZONI LUCIA									?			
BELLANI LUIGI										?	?	?
BENZI GIUSEPPE						m°						
*BERENY (?) ADAMO												?
BRAMBINI PIETRO	T2											
BREDA ANTONIO			?				[?]					[?]
BREDA DOMENICO	B			B	?	?	[?]	?	?	?	B	[?]
BUSSI ROSA									?			
CALOMBELLI GIOVANNI					?							
CARCANO ANNA									?			
CAZZALINI (CASALINI) PAOLO					?	?						
COMINASSI ANGELO		?										
COMINASSI FRANCESCO					?							
*CONTI (?)			?									
DOLDI AGOSTINO					?	?	?	?	?	?	?	?
DONARINI (?)												?
DUBINI CARLO									m°			
*ERCOLE (?)			?									

TAB. 2d (1825c - 1850c) (segue)

	1825c	1830c	1838c	1839c	1841c	1842c	1843c	1844p	1845c	1846c	1847c	1850c
*FAUDO GIUSEPPE				?								
FORTUNATO (FORTUNATI) DAVIDE	T2	T2	?	m°,T			m°,T2	m°		m°	m°	m°
GALIMBERTI CARLOTTA									?			
GRANATELLI AMALIA									?			
GRUMELLI PAOLO	T1											
LUCINI GIOVANNI			T2/B2		B2							
MILINI ANTONIO									?			[?]
MILINI (MELLINI) GAETANO						?				«statista»	B	[?]
PANDINI GIUSEPPE		?	T	T	?	?	?	?	?	?	?	?
ROVESCALLI PAOLO	T1											
SESINI (SISINI) LUIGI					?	?	?	?	?	?	B	?
*STABILINI (?)			?									
TAMORI ALESSANDRO					?							
TOMASINI GIOVANNI		?										
VAILATI GIAMBATTISTA				T		?	[?]		?	[?]	?	[?]
VAILATI GIOVANNI					?		[?]	?		[?]		[?]
ZECCHINI GIOVANNI			?	B	?		?	?	?		B	?
ZERBI GIACINTO									«statista»			
ZUCCHI GIOVANNI										?		

Di seguito sono fornite le indicazioni delle fonti cui si è fatto riferimento per ciascuna annata:

(tab. 2 a,b,c)

1779	ASC, b.22, fasc.10 (n.1)
1786	Misc. Cr. B./1060; ASC, IV/25 *M(ast)ro Nuova F(abr)ica Teatro 1784*
1788c	Misc. Cr. A./74
1788f	Misc. Cr. Braguti XLIII/5
1789c	Misc. Cr. A./78
1789f	ASC, IV/25 *M(ast)ro Nuova F(abr)ica Teatro 1784*
1790c	Misc. Cr. A./75
1790f	Misc. Cr. A./77
1792p	Misc. Cr. A./83
1795f	Misc. Cr. Braguti LII/3
1796c	ASC, b.22, fasc.10 (n.11), «Paghe fatte per l'Orchestra in Teatro il Carnovale 1796: cioè in Crema»
1800c	ASC, b.22, fasc.10 (n.8), n.prot.2
1801c	ASC, b.22, fasc.10 (n.14), n.prot.9
1802c	ASC, b.22, fasc.10 (n.31), n.prot.14
1803c	ASC, b.22, fasc.10 (n.16), n.prot.19
1804c	ASC, b.22, fasc.10 (n.18), n.prot.28
1805c	ASC, b.22, fasc.10 (n.20), n.prot.33
1806c	ASC, b.22, fasc.10 (n.29), n.prot.42
1811c	ASC, b.22, fasc.10 (n.49), n.prot.71
1812c	ASC, b.22, fasc.11 (n.32), n.prot.79
1815c	ASC, b.22, fasc.10 (n.63), n.prot.100; ASC, ibidem (n.66), «Scrittura d'accordo stabilito trà la Direzione del Teatro, e li s.ri Professori d'Orchestra per l'entrante Carnevale 1815»
1816c	ASC, b.22, fasc.10 (n.74), n.prot.105
1819	ASC, b.22, fasc.11 (n.39)
1829c	ASC, b.22, fasc.11 (n.40)
1830c	ATS, b.8, fasc.21 (n.24), dichiarazione di avvenuto pagamento da parte degli orchestrali, coristi, macchinisti, inservienti, illuminatori e comparse; [*] ATS, b.8, fasc.21, 18 novembre 1829
1831c	Misc. Cr. Braguti LII/2
1833c	Misc. Cr. Braguti XLIII/1
1836c	ATS, b.9, fasc.17, 4 novembre 1835, n.prot.368
1837c	Misc. Cr. A./453
1838c	ATS, b.35, fasc.12, «Allegati comprovanti le spese sostenute nell'annata 1837-38»; [*] ATS, b.49, fasc.2 (n.1)

1839c ATS, b.10, fasc.9 (n.24), «Spese serali per l'Opera in Musica nel Carnevale 1838-39»; ATS, ibidem (n.25), «Nota delle spese serali [...] dell'opera in musica pel Carnovale 1838-39»

1841c ATS, b.10, fasc.21 (nn.18,19), «Specifica delle spese serali per l'Opera in Musica nel Carnevale 1840-41»

1841p ATS, b.10, fasc.24 (nn. 2,8), «Nota dei Professori componenti l'Orchestra per la Primavera 1841»

1842c ATS, b.20, fasc. 17 (n.6/9), «Elenco de' Sig.ri Professori d'Orchestra»; ATS, b.10, fasc.27 (n.28) 10 dicembre 1841 «Elenco dei Professori d'orchestra [...]»; ATS, ibidem (n.54), «Distinta dei Proffessori D'Orchestra Inserv. etc. da pagarsi [...]»; [*] ATS, b.10, fasc.27, 7 gennaio 1842

1842p ATS, b.10, fasc.29 (n.6), «Spese serali per l'opera in musica e ballo nella Primavera dell'anno 1842»

1843c ATS, b.20, fasc.17 (n.1), «Specifica delle spese serali per l'opera in musica nel Carnovale 1842-43 [...]»

1844c ATS, b.10, fasc. 37 (n.3), scrittura di contratto con gli orchestrali

1844p ATS, b.11, fasc.3 (n.9) 16 aprile 1844, «Spese serali dell'Opera in Musica del 1844»; ATS, ibidem (n.10), «Approssimativa spesa serale [...]»; ATS, ibidem (n.11), «Prospetto delle persone in servizio dell'Impresa [...] la prima vera del 1844»

1845c ATS, b.11, fasc.8 (n.20), «Conto preventivo [...]»; ATS, ibidem (n.21), «Conto delle Spese [...] coll'approssimativi introiti»; ATS, ibidem (n.22), «Nota delle spese serali d'Orchestra [...]»;ATS, ibidem (n.23), «Prospetto delle persone in servizio [...]»; ATS, ibidem (n.24), «Prospetto delle spese da soddisfarsi [...]»; ATS, ibidem (n.27), «Prospetto delle Persone in Servizio [...]»; ATS, ibidem (n.29), «Prospetto delle persone in servizio [...] colla convenuta rispettiva mercede»

1845p ATS, b.11, fasc.10 (n.13), «Preventivo delle spese serali [...]»

1846c ATS, b.11, fasc.14 (n.8), contratto fra orchestrali ed impresario; ATS, ibidem (n.28), «Prospetto delle persone in Servizio [...] da pagarsi [...]»

1847c ATS, b.11, fasc.22 (n.5), contratto fra orchestrali ed impresario

1848c ATS, b.12, fasc.7 (n.1), contratto fra orchestrali ed impresario; ATS, b.49, fasc.1 (n.20), «Nota delle spese d'orchestra ed inservienti [...]»

1850c ATS, b.49, fasc.2 (n.3), «Quadro preventivo delle spese [...]», «Prospetto delle spese da pagarsi a compimento dello spettacolo [...]»; ATS, b.38, fasc.3, 12 febbraio 1850

(tab. 2 d)

1825c ATS, b.8, fasc.6, 10 novembre 1825, n.prot.183

1830c ATS, b.8, fasc.21 (n.24), dichiarazione di avvenuto pagamento da parte degli orchestrali, coristi, macchinisti, inservienti, illuminatori e comparse

1838c ATS, b.35, fasc.12 (A), «Prospetto di rendiconto delle esigenze e spese [...]»

1839c ATS, b.10, fasc.9 (n.24), «Spese serali per l'Opera in Musica nel Carnevale 1838-39»; ATS, ibidem (n.25), «Nota delle spese serali [...] dell'opera in musica pel Carnovale 1838-39»

1841c ATS, b.10, fasc.21 (nn.18,19), «Specifica delle spese serali per l'Opera in Musica nel Carnevale 1840-41»

1842c ATS, b.20, fasc.12 (n.6) 10 dicembre 1841, «Elenco dei cantanti [...] e coristi»

1843c ATS, b.20, fasc.17 (n.1), «Specifica delle spese serali per l'opera in musica nel Carnovale 1842-43 [...]»

1844p ATS, b.11, fasc.3 (n.11), «Prospetto delle persone in servizio dell'Impresa [...] la prima vera del 1844»

1845c ATS, b.11, fasc.8 (n.27), «Prospetto delle Persone in Servizio [...]»

1846c ATS, b.11, fasc.14 (n.8), contratto fra orchestrali ed impresario; ATS, ibidem (n.28), «Prospetto delle persone in servizio [...] da pagarsi [...]»

1847c ATS, b.11, fasc.22 (n.3), contratto fra coristi ed impresario

1850c ATS, b.49, fasc.2 (n.3), «Prospetto delle spese da pagarsi a compimento dello spettacolo [...]»

TRASCRIZIONE DI DOCUMENTI

I documenti trascritti appartengono all'ATS, all'AC e all'ASC; sono state conservate la grafia e la punteggiatura originali, intervenendo solo per ovviare a possibili incomprensioni; le abbreviazioni sono state per lo più sciolte evidenziando l'integrazione con l'uso delle parentesi tonde.

Doc. n.1: ASC, b.22, fasc.10 (n.63), n.prot.100

Crema li 13. Dicembre 1814. quattordici
Colla presente privata scrittura valevole per volonta delle infrascritte Parti, come se fosse Pubblico Istromento Notarile si dichiara qualmente li Signori Podestà, e Direttori di questo Teatro sottoscritti, hanno concesso, e concedono il Teatro Medesimo per tutto il p(rossimo) v(enturo) Carnovale 1815 milleottocentoquindici al Signor Montignani Gaetano Impresario, per rappresentarvi in esso per la prima Opera I pretendenti Delusi, l'altra Agnese, ed una farsa denominata L'Inganno felice del sig.r Rossini, le quali furono stabilite dalla detta Direzione.
Primo. Che debba il Signor Montignani Impresario incominciare la sua Recita nella sera del giorno ventisei Dicembre 1814., e consecutavimente terminare colla ultima sera dell'anzi detto Carnovale 1815., sempre però in tutte quelle sere permesse dall'Autorità Governativa, facendo agire i Drammi dai seguenti soggetti, cioè per Prima Donna la Sig.ra Coda, per Primo Tenore il Sig.r Tosi, per Primo Buffo il Sig.r Acquisti, ed altro Primo Buffo, e gli altri di non inferiore fama nel suo posto. quall'ora poi qualch'una delle Prime Parti si ammalasse, e non potesse più agire sulla scena, dietro però dichiarazione de' Medici, che verranno scielti dalla Direzione; in tal caso sarà obbligo del Sig.r Impresario di sostituirne altra possibilmente di egual merito a tutte di lui spese, e mancando a ciò sarà facoltativo alla Direzione di provedere la parte per di lui conto sulla dote accordatagli.
Secondo. Sarà preciso obbligo del S.r Impresario il dar principio ogni sera al spettacolo a quell'ora, che verrà prescritta dalla Direzione; così pure non potrà far l'invitto, nè anticipato Avviso senza preventiva intelligenza della Direzione stessa: dovrà pure essere eseguito ogni Dramma con tutta la decenza necessaria ai riguardi del più onesto costume, ed esso Impressario nè avrà tutta la di lui responsabilità.
Terzo. Per que' Signori, che si vorranno abbonare per le Rappresentazioni di tutto il Carnovale pagheranno per le medesime, cioè in ragione di un terzo meno del Biglietto serale, ed a norma delle Recite, che verranno assegnate per li Sig.ri Abbonati, e per li Sig.ri Pubblici Impiegati si dovrà regolare a norma del Praticato, e per detto Biglietto serale d'ingresso, tanto per li Sig.ri Cremaschi, come per li Sig.ri forastieri, non potrà

esso Impresario tassarlo niente di più di Centesimi settantasette, cioè di Milano soldi venti, dovrà pure lasciar libero l'ingresso in esso Teatro ogni sera di spettacolo ai soliti signori a seconda del Praticato, e la Direzione lascierà Recite n° tre libere a totale beneficio di detto Signor Impresario d'essere queste distribuite a suo piacimento, e queste oltre il n° degli Abbonati, ma queste dovranno essere distribuite niente più d'una ogni settimana, in que' giorni d'intelligenza colla Direzione, ma non mai ne' giorni festivi, e nemeno negli ultimi otto giorni di Carnovale, ne che se ne possano far altre, accordando anche gratuito l'ingresso alli Sig.ri Abbonati.

Quarto. Sono escluse le Rappresentazioni nei giorni di Venerdì d'ogni settimana, non che la Vigilia di Sant Antonio, e della B.V. della Purificazione; così pure sarà obbligo al detto Sig.r Impresario di dare tre Feste di Ballo certe, o più se parerà, e piacerà a norma del Caso se sarà d'interesse al Sig.r Impresario, cioè due nelle ultime due Domeniche, e la Terza nell'ultima sera di Carnovale, e queste dovranno essere fatte con tutta la decenza, e proprietà sì per l'Orchestra, che per l'illuminazione.

Quinto. Sarà a carico di d(et)to Sig.r Impresario il far illuminare la Ribalta con n°. 26 ventisei fiamme con tubi di Cristallo, e così pure tutte quelle fiamme alle quinte a norma delle Rappresentazioni, e queste parimenti debbono essere con i suoi Tubi di Cristallo con Olio di Oliva di perfetta qualità; così pure tutte le Corsie consuete ad illuminarsi con lumi d'Olio, e nelle due sale così dette del Ridotto, vi debba essere per ogni una, una fiamma con tubo di Cristallo, e nel Retret contiguo un lume pure d'Olio, alla Porta d'ingresso vi saranno lumi sufficienti a norma del praticato acciò non abbiano a nascere disordini; L'Orchestra pure sarà illuminata con candele di sego a norma del bisogno, e vi sarà pure un lume sotto il Palco Scenico per l'ingresso de' suonatori all'Orchestra, altro lume nel camerino del Capo Sarto, ed un lume al Capo Comparsa, e più se abbisognasse; tutto questo resta in arbitrio al Signor Impresario di farla a proprio conto, oppure come a lui parerà e piacerà, ma sempre colle condizioni suespresse, e qual'ora vi manchasse in tutto, o in parte a questi obblighi nelle forme di sopra scritte, la Direzione si riserva la facoltà di farli eseguire a tutte di lui spese colla dote accordata.

Sesto. L'Orchestra sarà composta, cioè n°.1. Maestro di Cembalo, n°.8. Violini in tutto, n°.2. Oboé, n°. Due Clarinetti, n°.1. Violoncello, n°. tre Contrabassi, n°. una Viola, n°. due Corni, e n°. uno Tromba dritta, n°. uno Fagotto, che in tutto formano Professori n°. ventidue; li quali Professori rimaranno assicurati delle loro paghe sopra la Dote, ossia Regalo, che dovrà conseguire, in quella somma, che sarà fissata dal Sig.r Impresario unitamente coi Signori Direttori, ed a norma della scrittura che sarà fatta coi Sig.ri Professori.

Settimo. Dovrà esso Impresario prima del cominciare delle Recite ricevere in consegna tutte le scene, Cordami, Mobili, ed attrezzi Teatrali attinenti ai Drammi, e Farse da rappresentarsi, come pure i ricipienti addetti all'illuminazione, qual consegna le verrà fatta dal Ragionato di questo stesso Teatro, per la quale compresa anco la presente Scrittura dovrà esso Sig.r Impresario corrispondergli Italiane lire tredici e centesimi ottantadue solito di lui Onorario; così pure non potrà esso Signor Impresario servirsi d'altri Sce-

narj, nè altri Mobili Teatrali, fuorchè quelli stati consegnati, e non sarà mai esso Impresario sollevato dalla sua risponsabilità per li detti effetti, se non quando avrà dal suddetto Ragionato ritirata ricevuta della riconsegna. Sarà pure debito di detto Signor Impresario di far dipingere di nuovo due scenarj intieri, e più su quelle Scene Vecchie, che le verranno poste in libertà dalla Direzione, e questi rimaranno a beneficio del Teatro.
Ottavo. Gli viene accordato il profitto del Caffè pel servizio del Teatro stesso a norma della scrittura già fatta.
Nono. Resta pure convenuto, che oltre l'introito degli Abbonati, e di prodotto serale debba avere esso Sig.r Montegnani Impresario a titolo di Dote dai Palchettisti a norma della Parte presa il giorno trent'uno Ottobre p(rossim)o p(assat)o 1814. in filza documenti n°.99. lire di Milano sei mille duecento, corrispondenti a lire Italiane quattro mille settecento cinquant'otto, e centesimi sessant'uno, ritenuto però che faccia agire le sopra indicate due Opere, e Farsa, d'essere queste pagate a detto Signor Impresario la metà otto giorni dopo la prima recita, e l'altra metà al terminare del Carnovale, ritenuto però il costume, che la Direzione ritiene dalla Dote quanto importanto le spese serali, sì per l'Orchestra, illuminazione, ed Inservienti.
Decimo. E per osservanza della presente obbliga il Sig.r Montignani Gaetano Impresario la sua persona, effetti, e Beni a termini del Codice al Paragrafo 2892., salva però sempre i casi fortuiti riguardo al Teatro, e li Sig.ri Direttori impiegheranno i soliti mezzi, che li vengono accordati dalle Leggi, onde verificare l'esatta riscossione della Tassa sui Palchi fissata colla Parte suddetta all'Articolo Nono.
La presente dovrà essere fatta in duplo originale, e sottoscritta dalle Parti, cioè una alla Direzione, e l'altra al Signor Impresario; quale letta, e pubblicata da me sottoscritto Ragionato, e Cassiere di detto Teatro, e ciò pel suo pieno effetto.

[Firmato] Gaetano Montignani
Benvenuti Podestà Sanseverino Direttore
de Antonj Direttore
Balis Crema Rag(iona)to, e
Cassiere di d(ett)o Teatro.

Doc. n.2: ATS, b.20, fasc.12 (n.2/4)

Crema 9 (otto)bre 1827
All'Amministrazione e Direzione Teatrale.
Dovendo noi sottoscritti fra dieci giorni dare un'assoluto riscontro a varie trattative per musiche che cadono nel Carnovale, e trovandoci obbligati con iscrittura del giorno 10 di Agosto di suonare in Teatro nel prossimo venturo Carnovale, incerti tuttora che in detta stagione possa essere aperto il Teatro, preghiamo, l'Amministrazione e Direzione Teatrale volersi compiacere a prendere nel sudetto frattempo, quelle misure che, o ci as-

sicurino lo spettacolo in Carnovale a norma della nostra sottoscrizione, o che ci dichiarino liberi da qualsiasi impegno contratto [...]

[firmato] Luigi Bottesini
G(iovanni) Batt(ista) Rè
Petrali Giuliano
Bartolomeo Peletti
Monti Carlo

Si propongono all'attenzione alcuni documenti che testimoniano l'esistenza di un'altra istituzione — quella municipale — promotrice di iniziative musicali, che coinvolgeva musicisti del Teatro e della cappella della Cattedrale in occasione di celebrazioni legate, per lo più, a ricorrenze o visite ufficiali di membri della casa regnante d'Austria.

Nei primi due testi compare il nome di Giovanni Bottesini in qualità di timpanista nell'uno e probabilmente di contrabbassista nell'altro.

Doc. n.3: ASC, *Generalità (1835-1860)*, b.2ter, fasc.1, *Atti relativi alle Funzioni funebri per la dolorosissima perdita del fù Nostro amorosissimo Padre S.M. L'Imperatore Francesco I.mo, avvenuta nella notte del primo al due Marzo 1835*, n.prot.626.

r: Crema 17 Marzo 1835.
Nota de' Professori di Musica intervenuti nella Chiesa della Cat/tedrale il g(ior)no. 12. sud(detto) per la Messa di requiem per / il Defunto Sovrano F.P.

Sig.r Maestro Stefano Pavesi	£	12.
Calzi	»	7.
Inzoli Angelo	»	6.
Fortunati Davide	»	6.
Breda Domenico	»	6.
Covi Domenico	»	5.
Gilera Contralto	»	3:15.
Sighilini Contralto	»	3:15.
Magnani Filippo	»	3.
Stramezzi Pietro p(ri)mo violino	»	10.
Bottesini Luigi	»	7.
Rè	»	7.

	Santelli	» 5.
	Bottesini Cesare	» 5.
	Viscardi	» 4.
	Massari	» 3.
	Benzi	» 3.
	Stramezzi Paolo	» 10.
	Truffi Violoncello	» 8.
	Freri Camillo	» 6.
	Cerioli Anto(nio)	» 5.
	Bottesini Pietro	» 10.
	Pellegrini	» 5.
	segue	£ 140:10
v:	Summa retro	£ 140:10.
	Freri Paolo	» 5:—
	Guatelli Franc(esco)	» 4:—
	Ortori Giacomo	» 4:—
	Cervieri Vincenzo	» 4:—
	Bonamano	» 7:—
	Stramezzi Michele	» 5:—
	Cerioli Trombone	» 5:10.
	Bottesini Luigi tromba	» 5:10.
	Peletti	» 4:—
	Bottesini Gio(vanni) Tim(p)an(ist)a	» 4:—
	Sig.r Maestro Petrali Organista	» 8:10.
	Chiari Luigi Corno	» 4:—
	per carta bollata	» 0:14
	di Milano	£ 201:14

[firmato] Stefano Pavesi
Maestro di Capella

Facienti Aust(riache) £ 171.66.
col ragguaglio della Svanzica a / £ 1:3:6. corso della Piazza [...]
[firmato] Donati Rag(ionier)e

Doc. n.4: AC, Cat.I *Affari generali,* classe: *Case Regnanti (1832-1858),* fasc. 1843 (in occasione del «giorno natalizio di S.M.I.R.A Ferdinando I nostro augustissimo Sovrano»).

r: Cantanti:

Sig.r Maestro Stefano Pavesi	mil.	£	12
Calzi		»	7
Pesadori		»	21.3
Inzoli		»	6
Davide Fortunati		»	4
Calzi		»	7
Breda		»	6
Bianchessi e Martini		»	5.10
Luccini		»	5
Suonatori:			
Stramezzi		»	10
Bottesini Luigi		»	7
Rè		»	7
Massari		»	4
Ortori		»	3
Pajardi		»	2.10
Barbarini		»	2.10
Bottesini Cesare		»	9
Santelli viola		»	8.10
Bottesini Giovanni		»	10
Freri		»	6
Cerioli		»	6
Chiari		»	4
Bottesini Pietro		»	10
Meletti		»	5
Terzi		»	3
Ortori		»	4
Guatelli		»	4
Cervieri		»	4
Bonamano Vincenzo		»	7
Idem Antonio		»	5.10
Viscardi		»	3
Agrati		»	3
Agrati Remigio trombone		»	7
Peletti		»	4
Corbellini		»	4
M° Petrali		»	8.10
Chiari Luigi		»	4
		£	228.3

Doc. n.5: AC, cat.I *Affari generali,* classe: *Case Regnanti (1805-1831),* fasc.1812.

r: Regno d'Italia

Per ordine del Sig.r Podestà di Crema, e suo Circondario il Sig.r / Agostino Benvenuti, sono Intervenuti l'infrascritti Proffessori di / Musica la mattina del giorno 7. Maggio 1812. per il Solenne / Te deum nella Cattedrale di Crema fatto eseguire per l'Anni/versario dell'Incoronazione di S.M. Imperatore, e Rè ______

Maestro	Gazzaniga	£	14.—
Musici	Meroni	»	6.10
	Frà Guerini	»	4.—
	Covi	»	4.—
	Magnani	»	4.—
	Smolsi	»	3.—
	Piatelli	»	3.—
Violini	Cogliati	»	6.10
	Carlo Rè	»	5.10
	Truffi	»	3.10
	Gio(vanni) Bat(tis)ta Rè	»	3.10
	Vinzio	»	3.10
	Gaetano Guerini	»	3.10
	Luigi Bottesini	»	3.10
	Marenghi	»	3.10
Viola	Stramezzi	»	6.—
Fagotto	Soldati	»	4.10
Violoncello		»	4.10
Contrabassi	Due Marsetti	»	6.10
	Bonamano	»	3.10
Clarino	Bottesini	»	3.10
	segue	£	100.—

v:

Somma retro	£	100.—
Due Oboè	»	8.—
Due Corni	»	8.—
Tromba Leani	»	3.10
Organista Piazzino	»	4.10

Italiane £ 95, cent(esi)mi 17. mil(lesi)mi 2., corrispondono di Milano a £ 124:— [...]
[firmato] Giuseppe Gazzaniga M° di Cappella

Doc. n.6: ASC, *Generalità (1835-1860)*, b.2ter, fasc.5, [18] settembre 1838, *Spese occorse in occasione del passaggio per Crema delle loro MM.II. d'Austria, e della incoronazione in Milano di Ferdinando I.*

r: Nota dei Professori, che devono eseguire l'Inno di S.M. / e Sinfonia, che occorrono, con obbligo di tutte le prove neces/sarie, nella felice occasione del suo arrivo in Crema.

Tenori / pel Coro.	Sig.r Maestro Pavesi	£	
	Pesadori Tenore di Concerto	»	
	Inzoli	»	13,—
	Bergami di Romano	»	
	Meroni	»	12,—
	Davide	»	11,—
Bassi.	Calzi	»	13,—
	Breda	»	12,—
	Magnani	»	11,—
Contralti.	Ortori	»	12,—
	Altro estero	»	
Soprano.	Pestagalli	»	10,—
N.°8. / Violini.	Stramezzi Primo Violino	»	
	Bottesini Luigi	»	14,—
	Rè	»	14,—
	Truffi	»	14,—
	Massari	»	12,—
	Ortori	»	10,—
	Due esteri	»	
Viola.	Stramezzi Paolo	»	18.50
Contrabassi / N.°3.	Freri Camillo	»	13,—
	Cerioli Antonio	»	12,—
	Altro estero	»	
Flauti. / N.°2.	Cervieri Vincenzo	»	13,—
	Ortori	»	10.50
Oboè / N.°2.	Terzi	»	12,—
	Guatelli	»	10,—
Clarini / N.°2.	Clarino Primo estero	»	
	Clarino Secondo Pellegrini	»	12,—

Corni / N.°2.	Bonamano Vincenzo	» 14,—
	Bonamano Antonio	» 12,—
Tromba.	Viscardi	» 12,—
Trombone	Cerioli Gaetano	» 14,—
Fagotto.	Peletti	» 11,50
Timpanista.	Corbellini	» 12,—
		£ 334,50

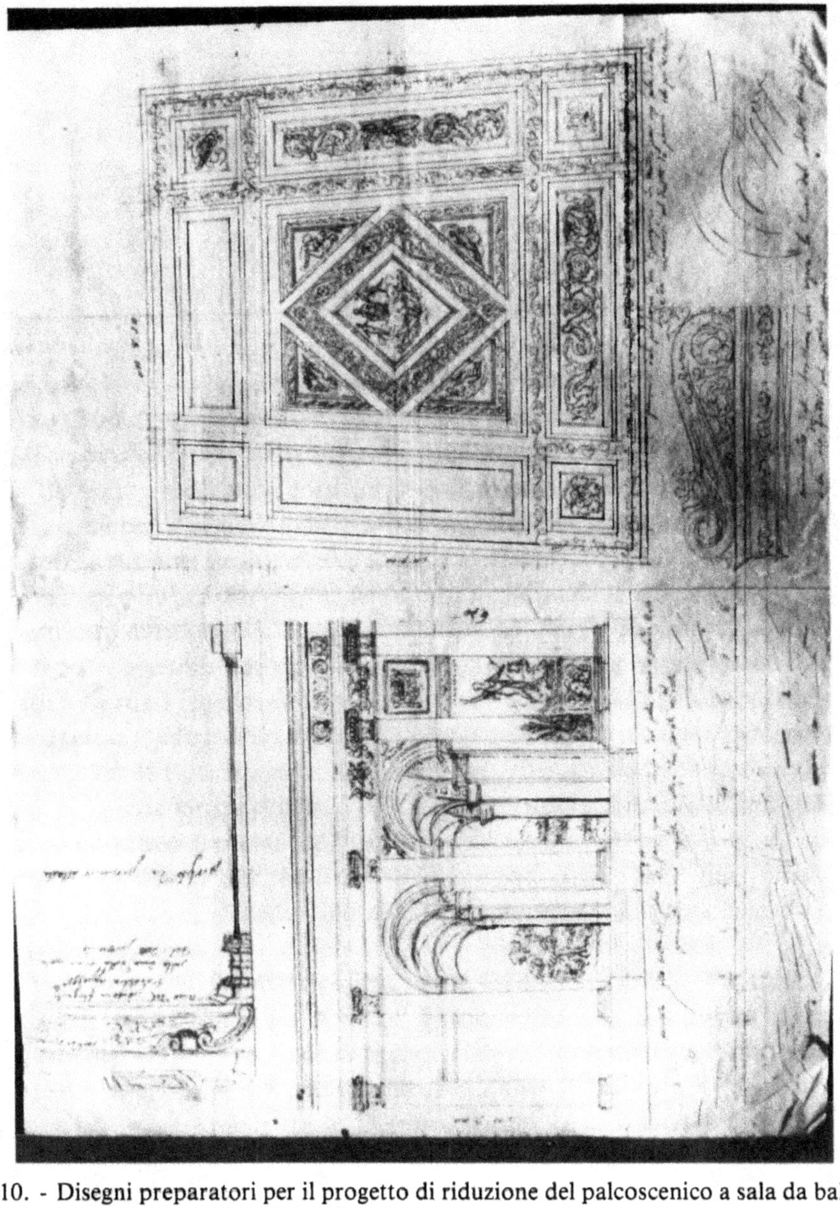

10. - Disegni preparatori per il progetto di riduzione del palcoscenico a sala da ballo (ATS, b.36, fasc.2, 1839).

LICIA SIRCH

ATTIVITÀ E ISTITUZIONI MUSICALI PRIVATE A CREMA (1800-1850 ca.)

Una rapida incursione nelle cronache dell'epoca e nella letteratura riguardante la vita culturale a Crema nella prima metà dell'Ottocento, dà senz'altro l'idea di attività musicali assai fiorenti anche al di fuori delle istituzioni del Teatro cittadino e della cappella del Duomo [1].

La ricerca specifica in merito si è rivelata però piuttosto deludente, non certamente per l'esiguità effettiva dell'oggetto d'indagine, quanto piuttosto perché proprio questo stesso oggetto — l'attività privata — sfugge per sua natura a quella documentazione tramite la quale le istituzioni pubbliche devono dare ragione di sé e conservare nel tempo la propria identità.

La documentazione sulla quale è quasi interamente basato questo breve studio è stata reperita negli stessi archivi delle maggiori istituzioni musicali cittadine (Teatro e cappella del Duomo); questa però più che testimoniare direttamente le varie iniziative musicali sorte privatamente, riferisce sui rapporti che queste ultime ebbero con le stesse istituzioni. I risultati finali della ricerca risentono pertanto dell'entità di tali testimonianze che, se da una parte hanno il merito di rendere noti importanti aspetti della vita musicale cremasca, hanno contribuito, dall'altra, a mantenerne nell'ombra alcuni tratti peculiari [2].

A dare una svolta decisiva e un notevole incremento alla vita musicale di Crema fra la fine del sec. XVIII e l'inizio del XIX fu la presenza in città di Giuseppe Gazzaniga e poi di Stefano Pavesi, entrambi celebrati artisti e maestri di cappella nel Duomo cittadino. Questo incremento di attività musicali — riscontrabile sia in Duomo, sia nel Teatro Sociale dove dalla fine del sec. XVIII si svolgevano regolari stagioni melodrammatiche [3] — determinò senz'altro la necessità di una scuola di musica, intesa innanzitutto come scuola di strumentisti per l'orchestra della cappella e del Teatro.

A questo proposito tutte le testimonianze convergono sulla figura di Carlo Cogliati (1756-1834), sacerdote nativo di Castelleone (Cremona), e violinista tanto abile da imporsi fin dal 1776 come capo dei secondi violini nell'orchestra della cappella cittadina [4]. Testimonianze già note indicavano nel marchese violinista Luigi Zurla il protettore del giovane Cogliati, colui che, invitandolo a Crema e ospitandolo nella propria dimora (a palazzo Barbara), avrebbe poi favorito il suo inserimento nella cappella [5]. Documenti di recentissimo reperimento precisano che nel 1782 il Cogliati subentrava all'anziano Giuseppe Pastori come direttore e primo violino dell'orchestra [6]. Vale anche la pena di ricordare che nello stesso palazzo Barbara si insediarono nel 1816 i Bottesini [7]; tra questa famiglia e il Cogliati doveva esserci anche un legame di parentela — oltre a quello facilmente accertabile di stretta amicizia e comunità d'interessi musicali — tanto che fra le pareti domestiche dei Bottesini l'abate violinista concluse la sua esistenza [8]. Il Cogliati divenne dunque dal 1782 primo violino dell'orchestra della cappella e, in quanto abile strumentista, svolse anche il ruolo di insegnante. Una delle prime testimonianze al proposito è fornita proprio da un suo allievo, Luigi Massari, brillante e intraprendente personaggio cremasco vissuto tra la fine del Settecento e l'inizio dell'Ottocento (1758-1847) [9]. Il Massari afferma nelle sue *Memorie* (1835 ca.) di aver appreso a suonare la viola dal Cogliati, il quale «ha fatto in Crema tanti bravi allievi di violino, violoncello, contrabbasso, corni da caccia, trombe che ha con ciò riformata in questa città l'orchestra in modo che d'ora in poi è sempre stata rinomata e celebre» [10]. Tutte le altre testimonianze oggi note sull'attività del Cogliati quale docente sono sostanzialmente d'accordo con questa ed anzi ricordano tra gli allievi il Leani, primo contrabbassista a Trieste, Giovanni Battista Re, violinista nel Teatro e nella cappella cittadini, i fratelli Pietro e Luigi Bottesini (rispettivamente clarinettista e violinista), Pietro Stramezzi, pure violinista ed anche Giovanni Bottesini, figlio di Pietro, il cui apprendistato musicale dovette iniziare con lo studio del violino [11].

Accertato che fu proprio il Cogliati a formare la generazione di musicisti operante a Crema nella prima metà del secolo e a creare un'orchestra tanto abile da divenire il decoro delle chiese e del Teatro cittadini e da essere cercata anche dai paesi circonvicini, rimane da stabilire quali fossero le modalità e l'entità di quella scuola.

Da un importante documento, datato 14 febbraio 1782 e conservato presso la Cattedrale di Crema, si apprende che fin da quegli anni esisteva una sorta di accordo tra il Cogliati e il Consorzio del SS. Sacramento della Cattedrale, accordo secondo il quale al violinista veniva delegato il ruolo di istruttore degli strumentisti operanti nell'orchestra della cappella. Alla base di questo accordo stava il riconoscimento al «Reverendo» della sua maestria come violinista, della sua capacità di docente e quindi della sua scuola che aveva carattere privato. Grazie a questi riconoscimenti veniva in qualche misura regolamentato l'accesso degli strumentisti nell'orchestra della cappella, nel senso che si privilegiavano gli allievi del Cogliati in grado di dar buona prova delle proprie capacità [12]. Se poi si ricorda che i musicisti professionisti della cappella facevano parte anche dell'orchestra del Teatro, si ha un'idea ancor più chiara del ruolo della scuola del Cogliati che, come nulla vieta di ritenere, perdurò sino alla morte del maestro.

Le attività nelle istituzioni musicali cremasche non esaurivano però i frutti del magistero del «Reverendo» violinista. Riferendo proprio sul Cogliati nei suoi *Cenni biografici* [13] il Braguti afferma tra l'altro che questi, oltre ad essere «educatore di giovanetti nei vari strumenti musicali» era anche direttore di una «accademia musicale». La locuzione risulta un po' misteriosa se si pensa che con il termine 'accademia' si intendeva allora un concerto vero e proprio. In effetti esisteva a Crema, a partire per lo meno dal 1825 un'attività concertistica documentabile, indipendente dal Teatro e dalla cappella, a cui faceva capo Pietro Bottesini e che prevedeva la costante presenza dell'orchestra cittadina. Alla luce dei documenti già citati e ricordando i legami di familiarità fra i Bottesini e il Cogliati non pare azzardato dedurre che a quest'ultimo spettasse quella che oggi è definita la direzione artistica di questa attività concertistica (ovvero dell'«accademia» dove avevano la possibilità di esibirsi i suoi allievi), mentre a Pietro Bottesini era riservata l'organizzazione della stessa. Prima di approfondire l'argomento relativo alle «accademie», si ricorda anche un'altra iniziativa didattico-musicale a carattere privato e precisamente quella del Massari il quale si vantava di essere stato docente di musica; in particolare avrebbe impartito l'insegnamento del violino, del corno da caccia, del contrabbasso e dell'oboe e avrebbe pure formato una compagnia di «dilettanti suonatori e cantanti» che si esibiva in feste sacre e profane presso la nobiltà cittadina [14]. Sulle dimensioni più che altro ludiche dell'attività musicale del Massari non sorge dubbio, soprattutto leggendone le disavventure; a suo merito — ma anche per dare un'idea più precisa delle svariate attività musicali cremasche e del livello di questi ritrovi musicali privati — va rilevato però che lo stesso Massari aveva dato l'avvio, in quanto insegnante, ad una famiglia di oboisti attivi fin dalla fine del Settecento nell'orchestra cittadina (i Terzi), che era riuscito ad organizzare nel teatrino nel palazzo del conte Luigi Tadini la rappresentazione di *I tre vecchi amanti* del Cimarosa [15], cantata ed eseguita da dilettanti locali con esiti del tutto sorprendenti (a detta degli intenditori presenti) ed infine che la sua preparazione musicale non doveva essere poi così dilettantesca se prestiamo fede alle sue parole quando afferma di aver copiato e studiato tutte le partiture delle opere rappresentate a Crema durante le locali stagioni operistiche [16].

Tornando alle «accademie» si fa presente che risalgono al 1825 dei documenti che testimoniano — anche se marginalmente — un'attività dell'orchestra cittadina al di fuori delle istituzioni del Teatro e della cappella. Questi documenti riferiscono sulla fondazione, avvenuta poco prima dell'aprile 1825, di una «società filarmonica» che aveva un'attività concertistica costante. Il fatto emerge in relazione ad una piccola disputa sorta fra il Teatro e i capo-comici che gestivano la stagione primaverile del 1825. Questi ultimi pretendevano di dare una recita in un venerdì (precisamente il 15 aprile 1825), giorno in cui «per costume» il Teatro doveva rimanere chiuso. Libera dagli impegni teatrali l'orchestra aveva preso accordi per dare il suo «solito» concerto ed aveva già ottenuto il permesso dalla direzione del Teatro. Nel negare d'altra parte alla compagnia il permesso di esibirsi senza orchestra, la direzione osservava che «la loro compagnia non avrebbe recitato [perchè] questa Direzione assicurò la Società Filarmonica, esistente da qualche tempo in Crema, che poteva in tale sera eseguire la solita sua Accademia di musica vocale, ed Istromentale che si eseguiva gratis» [17]. Da un altro documento, sempre relativo alla disputa, si viene inoltre a sapere che la concessione di effettuare l'accademia era stata data al «sig. Bottesini». In sintesi si può insomma pervenire alle conclusioni che esisteva da qualche tempo — e cioè prima dell'aprile 1825 — a Crema una Società Filarmonica, fenomeno questo diffuso anche in altre città italiane dell'epoca; l'attività della Società consisteva nelle accademie vocali e strumentali, ossia in concerti con cantanti e con l'orchestra, effettuati ogni venerdì, giorno in cui non si davano rappresentazioni a Teatro; anche se i citati documenti non sono molto chiari al proposito, pare che la sede dell'attività fosse lo stesso Teatro, come del resto confermano alcuni programmi. I componenti dell'orchestra filarmonica erano quelli dell'orchestra del Teatro e pertanto anche della cappella; come confermano anche i programmi dei concerti, Pietro Bottesini, padre di Giovanni, era uno dei promotori di quest'attività musicale.

Purtroppo non è stato possibile rintracciare altri dati riguardanti la Società Filarmonica cremasca, rimangono però alcuni programmi di concerti effettuati a Teatro che possono dare un'idea dell'attività dei filarmonici. Il primo programma di un'accademia strumentale risale all'ottobre del 1827; si tratta di un concerto organizzato dal violinista Angelo Casirola di Torino, improntato alla più palese ed ingenua spettacolarità: ciò che vuol essere esaltato è il virtuosismo del musicista e quello di un suo giovane allievo di sette anni. L'orchestra era formata dai «signori Dilettanti della città» [18]. Gli altri sporadici avvisi (quattro in tutto) comprendenti un arco di tempo che va dal gennaio del '39 al gennaio del '41, mettono in chiara evidenza il protagonismo della famiglia Bottesini. L'invito alle accademie parte in tre casi su quattro proprio da Pietro Bottesini; nel primo caso (3 gennaio 1839) vennero eseguiti e cantati dei pezzi d'opera, dei pezzi della banda militare e un tema con variazioni per clarinetto dello stesso Pietro che pertanto qui figura come compositore e virtuoso [19]. Il programma della seconda accademia (4 luglio 1839) comprende, oltre ai soliti pezzi d'opera, una *Sinfonia* di Giovanni Bottesini, allora alunno dell'I.R. Conservatorio di Milano. Si tratta di una testimonianza sulla prima esibizione pubblica di Giovanni che qualche mese dopo concluderà i suoi studi presso il Conservatorio e che qui si presenta ufficialmente non come virtuoso contrabbassista, bensì come compositore [20]. La terza accademia di cui ci è giunta notizia (11 dicembre 1839) è organizzata da un certo maestro Tommaso Fasano, clarinettista napoletano. Lo scopo dell'accademia è benefico e volto all'autofinanziamento. Nel programma figurano, oltre ai brani per clarinetto, una sinfonia di Pietro Stramezzi, primo violino dell'orchestra del Teatro, alcune trascrizioni strumentali di pezzi d'opera, trascrizioni di pezzi d'opera per banda e una *Fantasia* per contrabbasso eseguita e composta da Giovanni Bottesini. L'orchestra era quella cittadina, la banda quella militare dell'«I.R. Battaglione de' Cacciatori» [21]. Nel gennaio del '41 Pietro Bottesini e i figli Cesare e Giovanni figurano protagonisti di un altro concerto accademico, effettuato fra gli atti dell'opera rappresentata durante quella serata: *Il giuramento* di Mercadante. L'occasione segna finalmente il trionfo di Pietro: il figlio maggiore è divenuto primo violino e direttore dell'orchestra locale, Giovanni ha appena terminato brillantemente gli studi al Conservatorio di Milano, ottenendo anche il premio finale; durante la stagione operistica locale tutti e tre faranno parte dell'orchestra cittadina. Nel programma del citato concerto figurano un *Adagio e variazioni* per clarinetto e contrabbasso composto da Giovanni e da questi eseguito in coppia con il padre; un *Adagio e rondò* per violino composto ed eseguito da Cesare ed un *Capriccio* per contrabbasso di Giovanni [22]. Nell'aprile del '47, durante un'altra accademia solo strumentale — organizzata in onore del giovane violinista cremasco Vincenzo Corbellini — vennero eseguiti una *Sinfonia* di G. Bottesini, un concerto per violino di Charles de Beriot, le solite fantasie su pezzi d'opera, una fantasia-capriccio di Vieuxtemps, una sinfonia di Antonio Petrali e un pezzo del celebre clarinettista Ernesto Cavallini [23].

Nei vent'anni intercorrenti fra l'accademia iniziale e l'ultima citata molti cambiamenti sono dunque intercorsi: da rappresentazioni volte più che altro a suscitare in un pubblico provinciale la meraviglia per l'*énfant prodige,* all'esecuzione di pezzi di artisti di fama internazionale; accanto agli ormai tradizionali brani operistici e alle trascrizioni di pezzi d'opera, anche altri che denotano invece un diverso atteggiamento di apertura nei riguardi di uno strumentalismo alieno da matrici vocali e di impronta europea. Non pare dunque azzardato affermare che parte del merito di questo ampliamento di orizzonti culturali, del tutto ammirevole per una cittadina di provincia quale era Crema, vada da una parte al magistero del Cogliati e dall'altra all'intraprendenza dei Bottesini.

C'è un altro aspetto della storia musicale di Crema nel primo Ottocento sul quale pare interessante soffermarsi: si tratta della banda. Questo fenomeno musicale si venne formando spontaneamente, per iniziative private, nelle città e anche nei centri minori della penisola dalla fine del Settecento, fino ad ottenere il riconoscimento delle sue funzioni pubbliche da parte delle autorità municipali e quindi a divenire da queste gestito verso la metà del sec. XIX. La banda svolse ruoli caratteristici nella vita musicale dell'Italia ottocentesca, tanto da rappresentare — come ebbe a dire il sindaco di Crema nel 1855 — una sorta di «decoro» per la città stessa.

È ancora il Massari a fornire lo spunto d'avvio all'argomento con un riferimento ad una «banda civica» che egli stesso avrebbe organizzato verso la fine del sec. XVIII. Questa banda, in cui egli suonava l'oboe, era formata dai suoi allievi ed aveva un'attività di tutto rispetto (sempre stando al Massari): era utilizzata infatti durante delle funzioni sacre «e principalmente per accompagnar Processioni sia in città che in campagna» — ruoli questi tipici della banda sino ad oggi — ma soprattutto rallegrava ritrovi di nobili e borghesi della città [24].

In effetti, da un documento datato 1814, si potrebbe dedurre che nei primissimi anni del secolo Crema fosse sfornita di una Banda Civica [25]; solo negli anni '20 i documenti riportano dati ad essa relativi. Lo statuto dell'organismo, fortunatamente conservato, è databile 1844 e fa chiaramente luce sull'entità della società. Gli articoli del regolamento sono in gran parte norme che si occupano della disciplina dei soci (assenze, giustificazioni, contegno etc.); alcuni però contengono rivelazioni più specifiche. La sede sociale della Banda Civica era un locale nella casa del sig. Cazzulani Novarini, in contrada Carera; qui una volta alla settimana si riunivano gli strumentisti per provare. Tre erano le autorità preposte alla società: un direttore politico — eletto dalla maggioranza di soci — che tutelava l'ordine della società e l'ortodossia delle manifestazioni; un altro era l'amministratore dei proventi e delle spese; infine c'era il direttore musicale. La società si autofinanziava per le spese correnti e i proventi venivano suddivisi tra i soci. L'attività concertistica si svolgeva all'aperto ad esclusione dei mesi invernali più freddi e venivano eseguite due accademie al mese. Il maestro della banda faceva anche da istruttore agli strumentisti, senza però pretendere ulteriori remunerazioni. Fra le norme del regolamento va rilevata quella che dà la possibilità ad uno dei soci, ovvero degli strumentisti, di mettersi in luce come solista proponendo un pezzo o una trascrizione con parti obbligatorie, pezzo che tutti gli altri dovevano impegnarsi ad imparare. Nel '44 la banda contava venticinque elementi e fra questi alcuni erano attivi anche presso l'orchestra locale [26].

Oltre a questa attività concertistica gestita privatamente dai soci stessi, altre erano le funzioni pubbliche per le quali veniva richiesta la Banda Civica. Fra i primi documenti noti in cui viene chiamata in causa, uno, risalente al 1825, riguarda i festeggiamenti che la città di Crema offriva all'Arciduca Francesco Carlo e alla sua consorte Sofia, in onore della loro visita. Per l'occasione vennero date disposizioni sia alla Banda Civica, sia a quella militare; i complessi strumentali avevano il compito di sottolineare i momenti più importanti della giornata dei personaggi regali con pezzi appropriati, per esempio con l'inno all'Imperatore e altre marce. Dai medesimi documenti si apprende che già da allora alcuni componenti della Banda Civica — i professionisti, come venivano indicati — facevano anche parte dell'orchestra cittadina [27], mentre gli altri erano dei dilettanti.

Sempre nel corso degli anni '20 la banda inizia ad essere impiegata anche in alcune funzioni ecclesiastiche, ed in particolare per eseguire le processioni del *Corpus Domini* e della festività del Santo Patrono [28].

Dalla metà degli anni '30 il corpo bandistico acquista una sua funzione anche all'interno del Teatro: fin dal '33 poteva sostituire l'orchestra durante i due balli sociali stagionali [29]; dalla stagione '37-38 interviene costantemente nelle medesime situazioni. Va anche sottolineato che la sostituzione non era dovuta ad altri impegni da parte dell'orchestra [30], ma forse a motivi di ordine economico; va comunque evidenziato il fatto che i documenti dell'epoca rivelano una presenza sempre più frequente, in varie occasioni, della banda musicale.

Dalle testimonianze riportate si può concludere che a Crema, come del resto in molte altre città italiane dell'epoca, la banda non costituiva tanto un'orchestra di second'ordine, quanto piuttosto un complesso strumentale alternativo, con funzioni e ruoli particolari e non interscambiabili. Con il passare degli anni il ruolo 'decorativo' e la funzione divulgatrice della Banda Civica divengono così importanti da essere ritenuti quasi indispensabili sia agli occhi dei cittadini sia a quelli delle autorità. Le richieste della sua presenza dovettero aumentare a tal punto che si formò a Crema un'altra banda, quella dei sedicenti «dilettanti tubarmonici». Lo statuto di questo secondo corpo bandistico cremasco risale con molta probabilità alla fine degli anni '30 [31]. Le norme statutarie non differiscono sostanzialmente da quelle della Banda Civica; anche qui figurano i tre direttori: politico, musicale ed amministrativo; quest'ultimo ha anche funzioni manageriali, stipulando e procurando contratti per la società e anche questo elemento dà la misura della crescente attività delle bande in generale. Il direttore artistico aveva il compito di istruire la società in tutto quanto concernesse l'andamento musicale e di trascrivere pezzi di autori stranieri e italiani o di scriverne *ex novo*. Le riunioni erano bisettimanali (martedì e venerdì) e ogni mese veniva appreso un nuovo pezzo scelto dal maestro ma anche approvato dai soci. L'attività concertistica si svolgeva da aprile ad agosto. All'epoca della redazione dello statuto i componenti della società erano ventuno e alcuni dei loro nomi figuravano non solo fra quelli degli orchestrali, ma anche fra quelli della Banda Civica [32]. Anche le attività musicali e i repertori (trascrizioni di pezzi operistici, ballabili, marce, fantasie su brani d'opera) dei due complessi erano per lo più gli stessi; pure i Tubarmonici operavano a Teatro. Nella stagione '46-47, ad esempio, stipularono con l'impresario teatrale che gestiva la stagione, un contratto che prevedeva il loro intervento sul palcoscenico, qualora l'opera rappresentata lo richiedesse, e durante le due consuete feste da ballo [33]. Durante gli anni '40 sostituirono la Banda Civica durante le processioni annuali del *Corpus Domini* e della festa patronale [34].

Nel novembre del '45 la Banda Civica e i Tubarmonici avrebbero voluto fondersi in un unico organismo. A caldeggiare il progetto fu proprio il sindaco Quarini che vedeva con soddisfazione l'istituzione di una Banda Municipale, dipendente direttamente dal Comune. L'interpellata polizia distrettuale di Lodi (a cui faceva capo allora la provincia) rispose però negativamente adducendo motivazioni di carattere unicamente 'burocratico' e suggerendo invece la sottomissione dei Tubarmonici alla Banda Civica, con il riconoscimento di un unico regolamento. In effetti il progetto di unificazione e di istituzionalizzazione non andò in porto. Si trattava comunque di un primo riconoscimento alla banda e alle sue funzioni pubbliche da parte della Municipalità. Nel progetto di unificazione, probabilmente redatto dalla stessa autorità municipale, quest'ultima afferma di esercitare un patrocinio sulla banda affidandole ufficialmente un ruolo pubblico: suonare in occasioni di solennità e festività anche sacre ed in particolare nel giorno dell'anniversario dell'Imperatore e nelle processioni del *Corpus Domini* e di S. Pantaleone. Nulla di nuovo dunque: ciò che però interessava effettivamente al sindaco era il 'decoro' che la città stessa avrebbe potuto ricevere con la presenza di una banda, espressione della dignità e dell'identità culturale cittadina [35].

Dieci anni dopo il progetto di riunificazione e di istituzione di una Banda Civica venne riformulato (a quanto ci è dato di capire dalla documentazione piuttosto lacunosa) dall'Ing. Francioli, da Giovanni Corbellini e da Giovanni Ottolini, personaggi di rilievo fra i Tubarmonici, il secondo come direttore musicale, l'ultimo come direttore amministrativo. Questa volta la petizione, inoltrata all'autorità di polizia di Lodi, ottenne esiti positivi; all'autorizzazione si posero soltanto due clausole a carattere cautelativo e cioè che il direttore politico dovesse essere nominato dalla stessa commissione distrettuale di Polizia e che nell'uniforme non dovesse comparire «qualsiasi sorta di spadino». Appare chiaro che il timore delle autorità austriache fosse quello che i concerti e le riunioni musicali si trasformassero in ritrovi sovversivi. Comunque il progetto andò in porto; anche il sindaco di Crema, nel prendere atto dell'autorizzazione, si felicitò ufficialmente per l'istituzione di un corpo bandistico municipale. Come avveniva altrove, ora anche Crema avrebbe potuto godere del 'decoro' di una banda municipale attiva in tutte le occasioni previste [36].

A merito di Crema e della sua civiltà musicale va osservato che la Banda Civica piacentina venne istituzionalizzata nel 1861 (ed ebbe come primo direttore A. Ponchielli), quella cremonese nello stesso anno; quella cremasca, che aveva alle sue spalle una discreta e comunque emblematica storia, ottenne il patrocinio del Municipio nel 1855.

NOTE

(1) Era quanto mi proponevo di approfondire in questa sede dopo aver brevemente riferito su Giovanni Bottesini, in *La giovinezza e gli studi,* in AA.VV. *Giovanni Bottesini,* a cura di Gaspare Nello Vetro, Parma, Centro Studi e Ricerche dell'Amm. Università di Parma, 1989, pp.27-40.

(2) Anche le indagini effettuate presso gli archivi di case nobiliari cremasche non hanno dato esiti positivi o perché inaccessibili, o perché lacunosi o semplicemente perché privi della documentazione oggetto della nostra indagine.

(3) Vedi l'Appendice (tab. n.1) alla relazione di Elena Mariani in questo volume.

(4) ACSS, vol VII *Unioni e Determinazioni 1767-1806,* c.33 in data 28 aprile 1776. Questa documentazione mi è stata gentilmente segnalata da Flavio Arpini che l'ha recentemente reperita.

(5) Cfr. PAOLO MARAZZI, *Cenno necrologico a Carlo Cogliati,* in GIOVANNI SOLERA, *Almanacco cremasco per l'anno 1850,* Crema, tipografia A. Ronchetti, 1850, pp.172-174, ripreso da PAOLO LUIGI BRAGUTI, *Cenni biografici [di illustri cremaschi],* BC, mss.24/1 n.243.

(6) ACSS, vol. VII *Unioni* cit., c.52v sg. datato 14 febbraio 1782. Il documento è interamente riprodotto in Appendice all'articolo di Flavio Arpini incluso nel presente volume.

(7) Cfr. MARIO PEROLINI, *Vicende degli edifici monumentali e storici di Crema,* Crema, ed. «al grillo», 1975, pp.76-77.

(8) LUIGI BARBIERI, *Compendio cronologico della storia di Crema dalla sua fondazione fino ai nostri giorni,* Crema, tipografia G. Anselmi, 1887, p.101.

(9) Cfr. FRANCESCO SFORZA BENVENUTI, *Dizionario Biografico Cremasco,* Crema, tipografia Cazzamalli, 1888, pp.190-196.

(10) [LUIGI MASSARI], *Memorie di Luigi Massari per l'Istoria di sua vita scritte da lui stesso all'età di anni settantasette sino all'anno che potrà arrivare a terminarla,* BC, ms. 29 (cit. dalla trascrizione dattiloscritta, BC, Misc. Cr. H/11$^{1-2}$, vol.I, p.10.

(11) Cfr. GIOVANNI SOLERA, *op. cit.,* pp.72-74; PAOLO LUIGI BRAGUTI, *ms. cit.,* c.243; FRANCESCO SFORZA BENVENUTI, *op. cit.,* p. 216.

(12) Vedi nota 6.

(13) *Op. cit.*

(14) LUIGI MASSARI, *op. cit.,* vol.I, p.12.

(15) *Ibidem,* vol.I, p.12 e sgg. La citazione è letterale ma si tratta con molta probabilità di *Gli amanti comici,* opera rappresentata a Crema nel carnevale del 1797, cfr. *s.v.* in *The New Grove Dictionary of Music & Musicians,* a cura di Stanley Sadie, 20 voll., London, Macmillan Publishers, 1980, vol. IV, p.400b. In base alla documentazione schedata nell'Appendice (tab. n.1) all'articolo di Elena Mariani, la rappresentazione non sembrerebbe essere avvenuta nel teatro pubblico di Crema ma, sulla scorta dell'informazione del Massari, in quello privato Tadini.

(16) *Ibidem,* vol.I, p.15.

(17) ATS, b.8, fasc.3 (n.10), 14 aprile 1825.

(18) BC, avviso teatrale n. 7.

(19) BC, avviso teatrale n. 26.

(20) BC, avviso teatrale n. 35.

(21) BC, avviso teatrale n. 41.

(22) BC, avviso teatrale n. 53.

(23) BC, avviso teatrale n. 135.

(24) LUIGI MASSARI, *op. cit.*, vol.I, p.16.

(25) Vedi AC, cat. I *Affari generali*, classe: *Case regnanti (1805-1831)*, nella nota spese per i festeggiamenti nel giorno dell'onomastico di «S.M.I.R.A. Francesco I» si documenta un pagamento ad Angelo Magri, capo della Banda Civica di Trescore, e ai suoi 18 suonatori.

(26) AC, cat. XI *Istruzione pubblica*, 1845: *accademia di bande, canto e suono, Capitoli per la Società costituente la Banda civica della R. Città di Crema.* Vedi anche l'Appendice (doc. n.1).

(27) AC, cat. I *Affari generali*, classe: *Case regnanti (1805-1831), Crema 15 giugno 1825, Programma* e *Istruzioni per la banda civica.*

(28) Cfr. in ACSS le cartelle *Ricapiti* dal 1824 al 1846 e il *Giornale 1825-1852*, che documentano l'impiego della Banda Civica e, a partire dal 1840, anche dei «Tubarmonici». Un elenco dei documenti è alla nota 24 dell'articolo di Flavio Arpini in questo volume.

(29) ATS, b.9, fasc. 10 (n.4) «Milano, 8 aprile 1833».

(30) ATS, b.10, fasc. 1 (n.1) 19 febbraio 1838. I componenti della banda in tale documento risultano essere: Antonio Cerioli, Paolo Terzi, Pietro Viscardi, Vincenzo Bonamano, Giovanni Nava, Antonio Bonamano, Guatelli Francesco, Cesare Ornesi, Gerolamo Agrati, Antonio Agrati, Andrea Nava, Giuseppe Carniti, Lorenzo Stoppani, Pietro Terzi, Luigi Benelli, Scipione Andreotti, Giuseppe Tecchi, Remigio Agrati, Corbellini, Cavalli, Stoppani.

(31) AC, cat. XI *Istruzione pubblica*, 1845: *accademia di bande, canto e suono, Capitolato preposto alla Società tubarmonica Civica all'oggetto di mantenere l'ordine e la disciplina a cui ogni socio dovrà rigorosamente assoggettarsi, dopo la sanzione ottenuta dalla Superiore Autorità.*

(32) Si vedano gli articoli del capitolato trascritti in Appendice (doc. n.2).

(33) ATS, b.11, fasc.22 (n.2).

(34) Cfr. nota 28.

(35) AC, cat. XI *Istruzione pubblica*, 1845: *accademia di bande, canto e suono, Progetto di Regolamento per la Banda Civica Municipale da attivarsi nella R. Città di Crema*, documento datato 8 novembre 1845 e inoltre la lettera allegata, indirizzata all'«I.R. Deleg. Pr.» di Lodi, nello stesso giorno dal sindaco Quarini. Cfr. Appendice (doc. n.3).

(36) AC, cat. XI *Istruzione pubblica: accademia di bande, canto e suono*, lettera datata 5 maggio 1855; cfr. la trascrizione in Appendice (doc. n.4) e il progetto già presentato nel 1845, nell'Appendice (doc. n.3).

APPENDICE

TRASCRIZIONE DI DOCUMENTI

I documenti trascritti appartengono all'AC; sono state conservate la grafia e la punteggiatura originali, intervenendo solo per ovviare a possibili incomprensioni; le abbreviazioni sono state per lo più sciolte evidenziando l'integrazione con l'uso delle parentesi tonde.

Doc. n.1: AC, cat. XI *Istruzione pubblica,* 1845: *accademia di bande, canto e suono, Capitoli per la Società costituente la Banda civica della R. Città di Crema.*

I. Al fine di conseguire un retto andamento di detta Società ogni individuo componente la medesima sarà tenuto a prestar obbedienza in tutto e per tutto a colui che dalla Superiorità sarà prescelto a Direttore Politico.
II. Una volta alla settimana ogni socio dovrà intervenire all'ora destinata nella sala del sign. Cazzulani Novarini posta in Contrada Carera per fare le prove dei pezzi di musica che dovranno essere eseguiti in pubblico [...]
IV. Per le spese occorribili alle prove, ogni due volte che si suona ogni individuo componente la Società, dovrà sborsare cent(esimi) 25 [...].
V. Ogni socio dovrà aderire al desiderio di qualche socio medesimo che presentasse al Maestro della Banda un qualche pezzo musicale perchè fosse ridotto con obbligazione all'istromento che suona l'istesso presentatore, presentandosi in tutto e per tutto affinchè sia eseguito a dovere [...]
IX. Dovrà la Società due volte al mese prodursi in pubblico per suonare, eccettuati i mesi di Novembre, Docembre, Gennajo e Febbrajo [...].
XVIII. Avendo il Direttore politico accordato una qualche permissione, se qualcuno dei Soci fosse accordato coll'orchestra, dovrà prevenirlo tre giorni prima affinchè il Direttore Politico possa regolarsi. Nessuno poi dei Soci potrà accordarsi coll'orchestra, quando saprà di esser per quel tal giorno impegnato colla Banda. [...]
Ciascheduno dei Soci componenti la Banda suddetta promette esatta osservanza di tutti i capitoli stessi nella presente scrittura [...].

*Corbellini Giovanni Maestro
Guatelli Francesco Delegato Politico
Cavalli Angelo
*Gio(vanni) Ottolini

Contini Francesco
Zappatini Agostino
Bonamanno Vincenzo
Nava Gio(vanni) Amministratore
Andreotti Scipione
Viscardi Pietro
*Paolo Terzi
*Bacchetta Fortunato
Bonanni Anto(nio)
Sacchi Pietro
Rho Luigi
Tecchi Rocco
Stopani Gio(vanni)
Stopani Lorenzo
Benelli Luigi Censore
Delle Donne Francesco
Gnaga Silvio
*Cesare Casalini
Rossetti Giuseppe
Pavesi Carlo
Mezzani Lorenzo

* I nomi segnati con asterisco figureranno anche come soci della banda dei Tubarmonici. Vedi il documento seguente.

Doc. n.2: AC, cat. XI *Istruzione pubblica,* 1845: *accademia di bande, canto e suono, Capitolato preposto alla Società tubarmonica Civica all'oggetto di mantenervi l'ordine e la disciplina a cui ogni socio dovrà rigorosamente assoggettarsi, dopo la sanzione ottenuta dalla Superiore Autorità.*

I. La Società verrà costituita con istrumenti propri d'una banda, e dovrà perdurare tre anni senza [che] possano i componenti ritirarsi sotto qualunque causa pria che sia scorsa tale epoca.
II. Si eleggerà dal seno della Società stessa uno col titolo di Amministratore, il quale farà anche le funzioni di cassiere, riterrà presso di sè la cassa degli introiti, stipulerà contratti sì per oggetti musicali che per pubbliche funzioni a cui venisse la società chiamata e per qualunque altro oggetto economico riguardante la società stessa. [...]
III. Avrà questa società un Direttore Politico, che non sarà membro della società, il qua-

le avrà solo l'obbligo di mantenere l'ordine nella società [...] Dovrà il Direttore Politico essere scelto fra gli onesti cittadini salva però sempre la superiore sanzione.
III 1/2. Avrà pure la società un Direttore di Musica, o Maestro, il quale ridurrà i pezzi di musica scelti fra le migliori opere di autori Musicali, sì Italiani che stranieri. Egli trascriverà ed istruirà la società in tutto quanto concerne l'andamento musicale, al quale Direttore dovranno i Soci sottostare, ed obbedire sotto ogni rapporto a lui concernente; questi rimarrà in carica sino allo sciogliersi della società.
IV. Qualunque reclamo de' socj sarà portato innanzi alla Direzione, o politica, o musicale secondo il genere del reclamo stesso e questo nei casi di questione deciderà e col suo voto scioglierà la controversia.
V. L'amministratore o cassiere conserverà ogni scritto, carta e musica spettante alla Società, e sarà anche l'immediato custode d'ogni mobile ed istrumento sì di ragione della società, che estraneo.
VI. Si faranno due riunioni accademiche per ogni settimana, una nel martedì l'altra nel venerdì e queste avranno principio all'incominciar della sera, determinandone l'ora secondo le diversità delle stagioni. [...]
XVI. La Società è in diritto di ripetere [?] dal Maestro un pezzo di musica almeno per ogni mese composto nuovamente o tradotto da buon autore. [...] Nel caso di una musica di non pubblico aggradimento debbonsi udire i reclami dei socj e l'unanime voto di questo giudicherà come non avvenuto il pezzo musicale disapprovato, e potranno pretendere una nuova composizione; perchè poi i reclami siano valutabili, debbono provenire dalla maggioranza de' Socj.
XVII. [...] Il Direttore Politico [nelle accademie] sceglierà i pezzi da eseguirsi, ed ognuno de' Socj nell'eseguire la propria parte non dovrà dipartirsi da quanto trovasi in esso scritto. Se due terzi de' Socj si dichiarassero contro la scelta del pezzo di musica da suonarsi, il Direttore deciderà qual'altro pezzo s'abbia ad eseguire.
XX. Niun socio potrà pretendere di suonare a solo ne' diversi componimenti, e nel caso affermativo sarà necessaria l'approvazione del Direttore musicale.
XXI. Due volte al mese cominciando da Aprile a tutto agosto nella (second)a e nella (quart)a Domenica d'ogni mese, o nell'immediato Lunedì delle indicate Domeniche, eccetto il caso di proibizioni da parte dell'Autorità Politica Locale, o superiore, tutta la Società dovrà suonare in pubblico dopo l'imbrunire della sera per eseguire alcuni pezzi di musica.
XXII. Qualora il Direttore Politico e Direttore musicale determinassero, dietro l'approvazione della maggiorità de' socj, di recarsi altrove, sia in Crema o fuori di essa (e nel secondo caso quando la Società sia provveduta dei necessarj comodi) ogni socio sarà obbligato ad intervenirvi comminatoria come nel precedente articolo. Trattandosi poi di quei socj che sono suonatori di professione saranno pur essi obbligati d'intervenire a suonare nel luogo al quale è stata straordinariamente richiesta la società a meno che non comprovassero chiaramente avanti la Direzione tre g(ior)ni prima del dì prefisso per la sortita riunione, di essere stati prima accapparrati per qualche funzione fuori di città.

Questa riserva però non avrà luogo per le solenni giornate del Corpus Domini e S. Pantaleone di ciascuno dei tre anni che durerà quest'associazione.
XXIII. La sala delle accademie sarà libera a qualunque persona d'ogni sesso educata e civile, ma sempre dietro licenza del Direttore.
XXIV. A spese della società dovrà provvedersi di carta di musica sopra cui devonsi scrivere le differenti composizioni [...].
XXV. Se occorressero da farsi delle spese straordinarie che necessitassero una qualche somma di danaro, si potrà aprire dal Direttore una volontaria sottoscrizione; quei socj che non si sottoscriveranno non potranno partecipare dei vantaggi che potessero provenire come effetto di queste spese [...].
XXXI. Una parte di questa società ed anche unita con altri filarmonici estranei non potrà recarsi in nessun luogo a suonare in forma di Banda [...].
Sottoscritti: *Corbellini Gio(vanni) Maestro - *Ottolini Gio(vanni) - Tosetti Luigi - *Paolo Terzi - *Bacchetta Fortunato - Nava Domenico - Olivieri Franco - Agrati Ant(oni)o - Agrati Remigio - Vailati Ant(oni)o - Casiraghi Cesare - Cerioli Ant(oni)o - Leva Daniele - Crespi Andrea - Crespi Alcide - Danielli Franco - Zaninetti Paolo - Frigoli Pietro - Merico Giuseppe - *Casilini Cesare - Fasoli Vincenzo - Vailati Carlo.

Doc. n.3: AC, Cat. XI *Istruzione pubblica,* 1845: *accademia di bande, canto e suono, Progetto di Regolamento per la Banda Civica Municipale da attivarsi nella R. Città di Crema.*

8 novembre 1845
I. Esistendo in Crema due corpi di suonatori costituenti separate Bande Musicali questi saranno concentrati in una sola col titolo di Banda Municipale, e sotto la protezione della Congregazione Municipale.
II. Al suddetto scopo vi sarà un Direttore onorario preso dal Corpo Municipale, il quale avrà anche le incombenze di Delegato Politico da cui dipenderanno immediatamente tutti gli individui componenti la Banda.
III. Oltre il suddetto Direttore onorario vi dovrà essere un Direttore o Maestro di Musica il quale sarà stipendiato col fondo od i mezzi che già avesse o potrà procacciarsi successivamente colla prestazione dell'opera sua la Società come sopra stabilita preferibilmente ad ogni altra spesa.
IV. L'ammissione dei Membri al suddetto Corpo nel suo principio avrà luogo in concorso di quel Perito in Musica che verrà scelto dalla Congregazione Municipale e successivamente dal Maestro Direttore della Banda stipendiato dal Corpo, coll'assenso del Direttore Politico.

V. La scelta del Maestro come sopra verrà fatta dal Municipio in concorso dei componenti le bande attuali.
VI. Non si potrà fare qualsiasi unione senza il permesso e l'assistenza del Delegato Politico, e queste si terranno nel luogo che verrà a ciò destinato.
VII. Per il patrocinio che intende accordare il Municipio all'effetto migliore della Banda che oltre d'essere di pubblico decoro dovrà prestarsi anche nelle occasioni di solennità e funzioni che verranno in seguito indicate, la Congregazione municipale presterà di mano in mano quel sussidio a carico Comunale che si rendesse necessario [...].
VIII. Per l'istruzione necessaria e per abilitarsi ad eseguire quei pezzi di musica che verranno scelti dal Maestro Direttore dovranno tutti i componenti la Banda intervenire all'ora e nel luogo a ciò destinati non meno di una volta alla settimana. [...]
IX. Le spese per le suddette prove ad istruzione saranno sostenute col fondo della Società. [...]
XI. Ogni qual volta il Corpo della Banda venga chiesto per una qualche circostanza di solennità o funzione, festa da ballo, accademie od altro complessivamente o separatamente in città o fuori dovrà previamente ottenerne l'assenso dal Delegato Politico [...].
XII. Tutto il danaro che o già si trovasse esistere presso le due Società attuali da concentrarsi o che pei titoli su espressi la Società costituita venisse di mano a percepire, sarà versato in apposita cassa da tenersi presso il Cassiere, il quale non potrà nè ricevere danaro, nè fare pagamento senza ordine in iscritto dei due Socj che saranno delegati all'economia della Società col visto.
XIII. In tutto ciò che riguarda andamento tecnico di detta Società ciascun membro sarà subordinato al Maestro Direttore dovendo eseguire ogni suo ordine [...].
XIV. La Banda dovrà prestarsi ogni qual volta ne fosse richiesta dalla Congregazione Municipale con quel compenso che sarà ritenuto conveniente e soprattutto nell'Anniversario del Giorno Natalizio di S.M. e nelle due solenni Processioni del *Corpus Domini* e di S. Pantaleone, nelle quali dovrà senza opposizione tenersi in quel posto che le verrà assegnato dal Cerimoniere Vescovile. [...]
XV. Dovrà la Società prodursi in pubblico due volte al mese nella località, giorno ed ora che le verranno fissati dal Direttore Politico, eccettuati i mesi di Novembre, Dicembre, Gennajo e Febbrajo, e sarà cura del Maestro che ogni volta eseguiscano due pezzi nuovi od uno almeno. [...]
XIX. Il Maestro Direttore dovrà avere nel collare e paramenti della sua uniforme a spallari, un distintivo sopra gli altri, e questi oltre all'abilità siccome dirigente la Musica ed Istruttore dovrà essere anche esperto suonatore uno degli Istrumenti necessarj nella banda come clarino, tromba, flauto oboe ecc. [...]
XXI. Qualora uno o più dei membri della Banda fosse entrato in impegno per una tale giornata coll'orchestra dovrà tosto renderne inteso il Direttore Politico per sua norma. [...]

Doc. n.4: AC, cat. XI *Istruzione pubblica: accademia di bande, canto e suono,* lettera datata 5 maggio 1855

La Cong(regazione) Municipale
All'Inclita I.R. Deleg(azion)e Prov(incia)le di Lodi

5 maggio 1855

Richiesta col riverito Decreto 2 corr(en)te N. 4238. La scrivente per le eventuali sue operazioni sulla proposta attuazione della Società filarmonica in questa città, la medesima presa opportuna cognizione del Capitolato unito all'istanza prodotta al Commissariato di polizia Comunale dai Sig.ri Ing.re Francioli, Maestro Corbellini e Cassiere Ottolini e trovatolo di aggradimento, non può che emettere voto favorevole onde venga approvata l'avanzata supplica, interessando anche a questo Corpo Municipale che sia Istituita una tale Società per di lei intervento nell'occasione di festeggiare la presenza di qualche Augusto membro della regnante casa d'Austria o Dignitario e nelle pubbliche solennità a maggior decoro del paese e per procurare un vantaggio ai membri che la compongono i quali troverebbero in quest'istituzione una fonte di guadagno che ora viene lucrato dalle filarmoniche di altri paesi nei quali fu autorizzata una simile Società ed a cui ricorre nell'occasione delle sacre processioni a altre solennità specialmente la campagna ove si conserva una tale usanza.

Anche rapporto dell'Ing.re Sig.r Felice Francioli proposto a Direttore di d(ett)a Società la scrivente ha nulla in contrario, trovandolo persona fornita bastantemente di senno e prudenza per assumere tale incarico [...].

Aggiunge pertanto anche la scrivente le proprie raccomandazioni onde al pari di tanti altri paesi possa essere riattivata la d(ett)a Società che sempre ebbe ad esistere in questa città e l'autorizzazione a vestire l'uniforme secondo il modello proposto o con quelle variazioni che si credono di apportare. [...]

Quarini

QUADERNI PUBBLICATI

1 — Incontro con il medioevo (1ª ristampa).

2 — Incontro con l'ambiente.

3 — Incontro con i mass media.

4 — Incontro con l'arte organaria.

5 — Crema 1185. Una contrastata autonomia politica e territoriale.

6 — Incontro con la poesia e la narrativa.

7 — Crema monumentale e artistica.

8 — I caalér da la lüna.

9 — Incontro con la poesia e la narrativa / 2.

10 — Giovanni Bottesini e la civiltà musicale cremasca.

Ristampato e ripubblicato da Stephen Street nel 2021 con il permesso.
Parte del progetto Bottesini Urtext ® www.bottesiniurtext.com
www.stephenstreet.com

www.ingramcontent.com/pod-product-compliance
Lightning Source LLC
Chambersburg PA
CBHW070348090426
42733CB00009B/1338